Editorial

Liebe Leserin, lieber Leser,

als das älteste meiner drei Kinder vor bald zwölf Jahren geboren wurde, begann für mich eine Zeit des Staunens. Zum einen darüber, wie rasant sich mein Alltag änderte, jetzt, da es ein kleines Bündel Leben gab, das einen brauchte (wie mir schien: vor allem nachts), um das man sich Sorgen machte, meistens unbegründet, und das jetzt Zeit forderte, viel Zeit.

Zum anderen staunte ich darüber, wie sehr sich meine Tochter Marie veränderte – wie mir manchmal schien: von Tag zu Tag. Ihre bei der Geburt pechschwarzen Haare wurden nach kurzer Zeit blond; ihre zu Beginn noch nicht fokussierenden Augen begannen schon bald ihre Umgebung wahrzunehmen; ihr Händchen schloss sich irgendwann um einen meiner Finger; dann das erste Lächeln.

Was ging in ihr vor (und später in meinen Söhnen Friedrich und Johann), als sie das erste Mal bewusst das Gesicht ihrer Mutter wahrnahm? Als es ihr gelang, sich endlich allein vom Rücken auf den Bauch zu rollen? Als sie lernte, sich hinzusetzen, dann zu krabbeln, dann aufzustehen – und schließlich laufend die Welt zu erforschen?

Das vorliegende Heft ist der Versuch, Antworten zu finden auf Fragen wie diese. Denn die wissenschaftliche Erforschung der Kindheit hat in den vergangenen Jahren große Fortschritte gemacht. So wissen Entwicklungspsychologen und Neurobiologen heute viel genauer, wie die Sinne eines Babys reifen. Wie die Vernetzung der Nervenzellen im kindlichen Denkorgan abläuft. Wie sich die Bindung zwischen Mutter und Kind festigt. Und wie wichtig Bewegung und Körpererfahrung für die Entwicklung des Geistes sind.

Neben zehn Beiträgen zur körperlichen Entwicklung eines Kindes in den ersten zwölf Lebensjahren werden Sie auf den folgenden gut 150 Seiten auch die Kapitel „Bindung und Familie" sowie „Schule und Erziehung" finden. Und da hat sich in letzter Zeit ebenfalls einiges getan, etwa bei der Geschwisterforschung oder bei der Frage, was der Konsum digitaler Medien in Kopf und Seele von Heranwachsenden bewirkt.

Nur einer unserer Gesprächspartner erlaubte sich einen Blick zurück, als wir ihn um Auskunft baten – in diesem Fall über den Weg zur richtigen Erziehung: Dr. Bernhard Bueb, drei Jahrzehnte lang Leiter des Internats Schule Schloss Salem und derzeit bekanntester Kritiker des deutschen Erziehungssystems.

Bueb, dessen Bücher über Pädagogik und Schule zu Bestsellern wurden, plädiert für die Wiederentdeckung von Sekundärtugenden wie Anstrengungsbereitschaft und Disziplin, die in Deutschland lange verpönt waren, weil sie in dem Verdacht des Untertanengeistes standen.

Er argumentiert, fast alle unsere Schulen legten viel zu großen Wert auf Wissensvermittlung und vernachlässigten dabei ihre wichtigsten Aufgaben: die Charakterbildung sowie die Stärkung des Selbstwertgefühls ihrer Schutzbefohlenen.

Der Psychodynamik von Geschwisterbeziehungen auf der Spur: Fotograf David Maupilé (o. r.) und Redakteur Rainer Harf (o. l.), der das Konzept dieses Heftes erstellt und die Produktion koordiniert hat

Um die Schulen in dieser Hinsicht zu verbessern, schlägt Bueb aber Reformen vor, die durchaus nicht rückwärtsgewandt sind. Etwa die Umwandlung vieler Lehrstätten in Ganztagsschulen, den konsequenten Ausbau der Erlebnispädagogik sowie die Möglichkeit für Schüler, einmal im Jahr ihre Lehrer zu bewerten – auf dass die so ihre Schwächen besser erkennen.

Bueb weiß, wovon er spricht: Er hat selbst viele Jahre unter seinen Lehrern gelitten.

Herzlich Ihr

Aufbruch ins Leben. Erst seit Kurzem durchschauen Forscher die komplexe Biologie, die eine Geburt überhaupt ermöglicht. Seite 32

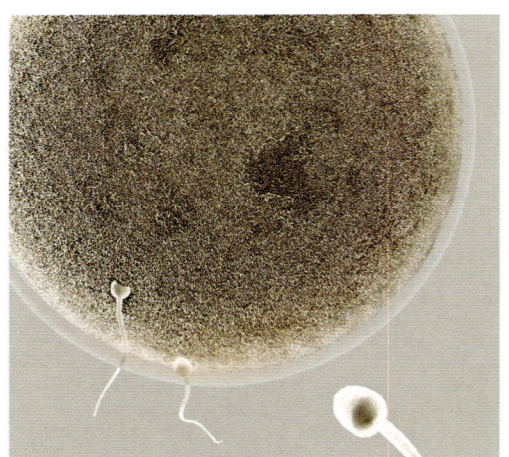

Die Welt des Ungeborenen. Wie Erfahrungen im Mutterleib das spätere Leben prägen. Seite 24

Das stärkste Band im Leben. Keine andere Beziehung scheint für ein Kind so wichtig zu sein wie die zu seiner Mutter. Doch was ist wirklich dran am Mythos Mutterliebe? Seite 62

Im Sog der virtuellen Welten. Der Neurobiologe Gerald Hüther erklärt, was im Hirn von Kindern geschieht, die viel fernsehen oder mit dem Computer spielen. Seite 106

»In der Gemeinschaft lernen«: Gespräch mit Bernhard Bueb, dem bekanntesten Kritiker des deutschen Erziehungswesens. Seite 142

Von der Liebe unter Rivalen. Die Beziehungen unter Geschwistern sind urwüchsiger und spontaner als alle anderen menschlichen Bindungen. Seite 90

Das vergessene Geschlecht. Schon lange sind Jungs nicht mehr die »Stärkeren«. Sie sind unflexibler, gewalttätiger und schlechtere Schüler als Mädchen. Weshalb? Seite 114

Der schwierige Balanceakt. Geht es auch ohne Schreien, Fluchen und Stress? Familienforscher glauben, den effektivsten Erziehungsstil gefunden zu haben. Seite 130

Inhalt

KÖRPER UND ENTWICKLUNG

Stationen der Kindheit Die wichtigsten Entwicklungsphasen auf einen Blick **6**

Das Wunder der frühen Jahre Vom Säugling zum Teen: Wie Kinder die Welt entdecken **8**

Die Welt des Ungeborenen Wie prägend die Monate im Mutterleib sind **24**

Aufbruch ins Leben Die verblüffende Biologie der Geburt **32**

Das Jahr eins So viel wie in den ersten 365 Tagen lernt ein Mensch nie wieder **40**

Die Evolution des Stillens Erfolgsgeschichte der idealen Babynahrung **50**

Wie der Mensch auf die Beine kommt Der lange Weg zum aufrechten Gang **56**

Die Entdeckung des Wortes Wie Kinder sich die Sprache aneignen **72**

Vom Sinn des Sinnlosen Weshalb kein anderes Wesen so viel spielt wie der Mensch **80**

Was Eltern wissen sollten Antworten auf acht grundlegende Fragen zur Gesundheit **150**

BINDUNG UND FAMILIE

Das stärkste Band im Leben Wie wichtig ist die leibliche Mutter für das Kind? **62**

Von der Liebe unter Rivalen Die Psychologie der Geschwisterbindung **90**

Das vergessene Geschlecht Weshalb Jungs heute so viele Probleme haben **114**

»Ich möchte nicht zurück zu Mama« New York, 1875: der erste Kinderschutzbund **128**

SCHULE UND ERZIEHUNG

Die Entdeckung der Kindheit Wie Jean-Jacques Rousseau die Pädagogik revolutionierte **88**

Im Sog der virtuellen Welten Digitale Medien und das kindliche Gehirn **106**

Der schwierige Balanceakt Auf der Suche nach der idealen Erziehung **130**

»In der Gemeinschaft lernen« Bernhard Bueb über Schule und »Peergroups« **142**

Impressum, Bildnachweis **149**
Vorschau **154**

Redaktionsschluss dieser Ausgabe: 7. November 2008

Alle Fakten und Daten in dieser Ausgabe sind vom GEOkompakt-Verifikationsteam auf ihre Präzision, Relevanz und Richtigkeit überprüft worden.

Informationen zum Thema und Kontakt zur Redaktion unter www.geokompakt.de

Titelbild: Jean Bernard Adoue

Entwicklungsstufen

Stationen der Kindheit

Text: Bertram Weiß
Illustration: Jochen Stuhrmann

Vom ersten Schrei zum ersten Schritt

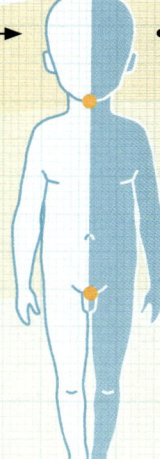

1 Jahr

- **Körper:** In den ersten Lebenswochen bestimmen mindestens zehn angeborene Reflexe das Verhalten des Säuglings, darunter Saug-, Schluck- und Greifreflex. Mit drei Monaten kann er den Kopf heben und aufrecht halten, mit sieben Monaten sitzt er frei. Allmählich erprobt das Baby die Fortbewegung, rollt über den Boden und beginnt zu krabbeln. Mit etwa einem Jahr verfügt es über Balance, Muskelkraft und Gelenkigkeit, um selbstständig zu laufen. Im ersten Lebensjahr verdreifacht sich das Körpergewicht.
- **Geist:** Schon kurz nach der Geburt erkennt das Kind Stimme und Geruch seiner Mutter und zeigt Interesse an Gesichtern. Im ersten Jahr lernt es immer mehr, über Gesten und Mimik zu kommunizieren. Mit acht Monaten beginnt es, Funktionen von Gegenständen zu begreifen und sie „richtig" zu benutzen.
- **Sprache:** Anfangs kommuniziert der Säugling durch Schreie. Allmählich kommen andere Laute wie Gurren hinzu. Im sechsten Monat lernt er, Silben zu verdoppeln („dada") und auf seinen eigenen Namen zu reagieren. Im Alter von etwa einem Jahr spricht das Kind erste klare Wörter.

Bei der Geburt ist ein Kind im Mittel ca. 51 cm lang und wiegt ca. 3,4 kg.

Größe: ca. 82 cm, Gewicht: ca. 11 kg

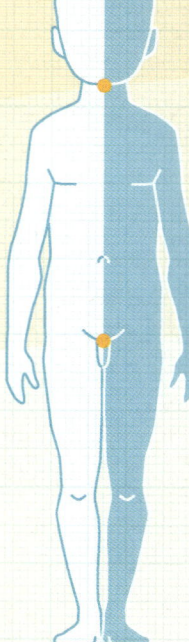

5 Jahre

Das Alter der vielen Fragen

- **Körper:** Das Wachstum schwächt sich bis zum fünften Lebensjahr weiter ab. Bis Ende des dritten Lebensjahres ist das Milchgebiss vollständig. Am Ende des vierten Lebensjahres benötigen die meisten Kinder keine Windeln mehr. Im Alter von drei bis vier Jahren ähnelt das Gangbild des Kindes bereits dem eines Erwachsenen.
- **Geist:** Im dritten Lebensjahr entwickelt ein Kind erstmals Schuldgefühle. Mit drei Jahren hinterfragt es Dinge („Warum?", „Wie?"). Im fünften Lebensjahr lernt es zu lügen und beginnt zu verstehen, dass sich die eigenen Gedanken von denen anderer Menschen unterscheiden.
- **Sprache:** Im dritten Lebensjahr formt ein Kind oft schon Drei-Wort-Sätze aus Subjekt, Prädikat und Objekt. Auch beginnt es zu zählen und erfreut sich zunehmend an Reimen und Liedern. Mit vier Jahren kann ein Kind fehlerlos Fragen stellen und Sätze aus bis zu sechs Wörtern bilden.

Größe: ca. 114 cm, Gewicht: ca. 21 kg

Der Weg des ABC-Schützen

- **Körper:** Zur Zeit des Schuleintritts beginnen die zweiten Zähne das Milchgebiss zu ersetzen. Die Kinder meistern bereits komplizierte Bewegungsabläufe, spielen etwa Musikinstrumente. Sie haben nun eher Schwierigkeiten, einzuschlafen als durchzuschlafen.
- **Geist:** Im sechsten Lebensjahr erlangt das Kind ein stabiles Bewusstsein seiner Identität und beginnt sich mit dem eigenen Geschlecht zu identifizieren. Es kann Schein und Wirklichkeit immer besser trennen, versteht etwa Verkleidungen. Mit sieben Jahren verfügt das Kind über ein „Metagedächtnis": Es ist sich bewusst darüber, dass es Gelerntes wieder vergessen kann.
- **Sprache:** Bis zum sechsten Lebensjahr hat das Kind gelernt, weitgehend fehlerlos zu sprechen, und kann sogar komplexere Geschichten erzählen. Es muss nicht mehr über Formulierungen nachdenken. Bis zum siebten Lebensjahr wächst sein Wortschatz im Durchschnitt auf 14 000 Begriffe an. In der Schule setzt das Kind Buchstaben und Laute in Beziehung und wendet einfache Rechtschreibregeln an.

Ein Baby kann weder sprechen noch laufen. Es ist sich nicht einmal seiner eigenen Existenz bewusst. Doch im Verlauf weniger Jahre reift es zu einem Menschen mit ausgeprägter Persönlichkeit heran. Mit eigenem Tempo durchläuft jedes Kind stets die gleichen Entwicklungsstufen

Die Entdeckung des »Ich«

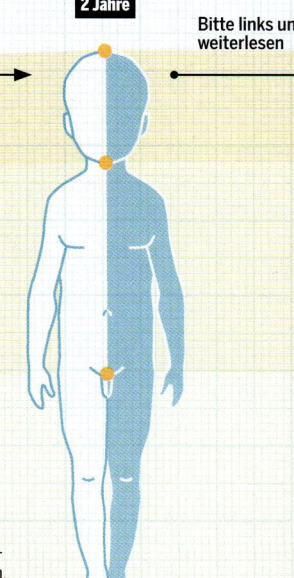

2 Jahre

Bitte links unten weiterlesen

- **Körper:** Zu Beginn des zweiten Lebensjahres entspricht das bis dahin lange unvollkommene Sehvermögen des Kleinkindes nun dem eines Erwachsenen. Zunehmend verändern sich die kindlichen Proportionen: Der Kopf wird im Verhältnis zur übrigen Körperlänge immer kleiner. Solange das Haupt noch relativ groß ist, droht ein Kind leicht umzukippen. Im Verlauf des zweiten Lebensjahres verlangsamt sich das Wachstum deutlich. Die Kleinkinder nehmen oftmals weniger Nahrung zu sich als Säuglinge. Immer sicherer bewegt sich das Kind nun: Es läuft, rennt und steigt Treppen hinauf.

- **Geist:** Das Kind beginnt, vertraute Menschen zu umarmen und zu begrüßen – und zeigt Trotz oder Anteilnahme. Aber es lernt auch, sich zu verstellen und seine Gefühle zu verbergen. Im Spiel fängt es an, Dinge umzudeuten (Symbolspiel) – tut zum Beispiel so, als wäre in einem leeren Becher Flüssigkeit, die sich ausschütten ließe: ein Hinweis darauf, dass es ein Verständnis von Zusammenhängen und Bedeutungen entwickelt hat. Auch kann sich das Kind schließlich selbst im Spiegel erkennen, denn es erlebt eine „psychische Geburt": Es entwickelt ein Ich-Bewusstsein. Gegen Ende des zweiten Jahres macht sich eine zunehmende Unabhängigkeit von den Eltern bemerkbar.

- **Sprache:** Mit 18 Monaten beherrscht ein Kind im Schnitt etwa 20 Begriffe und beginnt einfache Zweiwortsätze zu bilden wie etwa „Puppe kommt" oder „Mehr Milch". Danach setzt normalerweise eine „Benennungsexplosion" ein: Mancher Zweijährige verfügt bereits über ein Vokabular von 450 Wörtern.

Hirngewicht ca. 80 Prozent des Erwachsenen; Größe: ca. 92 cm, Gewicht: ca. 14 kg

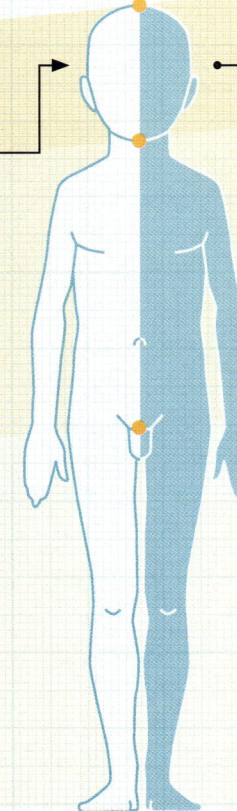

8 Jahre

Zwischen Kind und Teenager

12 Jahre

- **Körper:** Im Alter von zehn bis zwölf Jahren beginnt bei Mädchen die Pubertät. Durch die hormonelle Umstellung wachsen Brüste und Hüften, die Menstruation setzt etwas später ein. Bei Jungen wachsen Muskelmasse und Geschlechtsorgane deutlich ab zwölf Jahren.

- **Geist:** In den ersten Schuljahren reift das logische Denken weiter heran. Komplexe Gedankengänge und die sogenannte Metakognition – das Nachdenken über die eigenen Gedanken – gehören wie selbstverständlich zu den Fähigkeiten von Acht- bis Neunjährigen. Mit etwa zehn Jahren können Kinder perspektivisch und dreidimensional zeichnen. Immer häufiger messen sie ihre Leistungen mit denen anderer und wenden sich vermehrt Beschäftigungen in Gruppen zu, etwa Räuber-und-Gendarm-Spielen oder Mannschaftssport. Sie entwickeln enge Bindungen zu Freunden, haben aber in der Regel wenig Kontakt zu Gleichaltrigen des anderen Geschlechts. Mit der Pubertät, in der die Kindheit ausklingt und die Adoleszenz beginnt, setzen Selbstzweifel, die Suche nach Werten und die Entfremdung gegenüber der eigenen Familie ein.

- **Sprache:** Das Kind entwickelt immer mehr Verständnis für Metaphern, Doppeldeutigkeiten und Sprachwitz. Es lernt etwa im Alter von elf Jahren, Geschichten auf einen Höhepunkt hin zu erzählen. Mit der Pubertät eignet sich der heranwachsende Mensch eine seiner Zeit gemäße Jugendsprache an.

Größe: ca. 133 cm, Gewicht: ca. 30 kg

Größe: ca. 156 cm, Gewicht: ca. 49 kg; Mädchen sind etwas größer und schwerer als Jungen

GEOkompakt 7

Das Wunder der frühen Jahre

Als hilfloses Wesen kommt ein Baby zur Welt, und doch ist es bestens gerüstet, um in atemraubender Geschwindigkeit zu lernen: seine Sinne zu benutzen, seinen Körper zu beherrschen, zu sprechen. Um sich ein Bild von der Welt zu machen, von seinen Mitmenschen – und schließlich von sich selbst

ÜBUNG MACHT DEN MENSCHEN
...

Wenn diese Jungen voller Begeisterung in einen See springen, dann haben sie nicht nur Spaß, sondern fördern nebenbei Körperbeherrschung und Sinne. Die Kindheit ist ein Reifungsprozess, bei dem sich Körper und Geist durch permanentes Training weiterentwickeln.

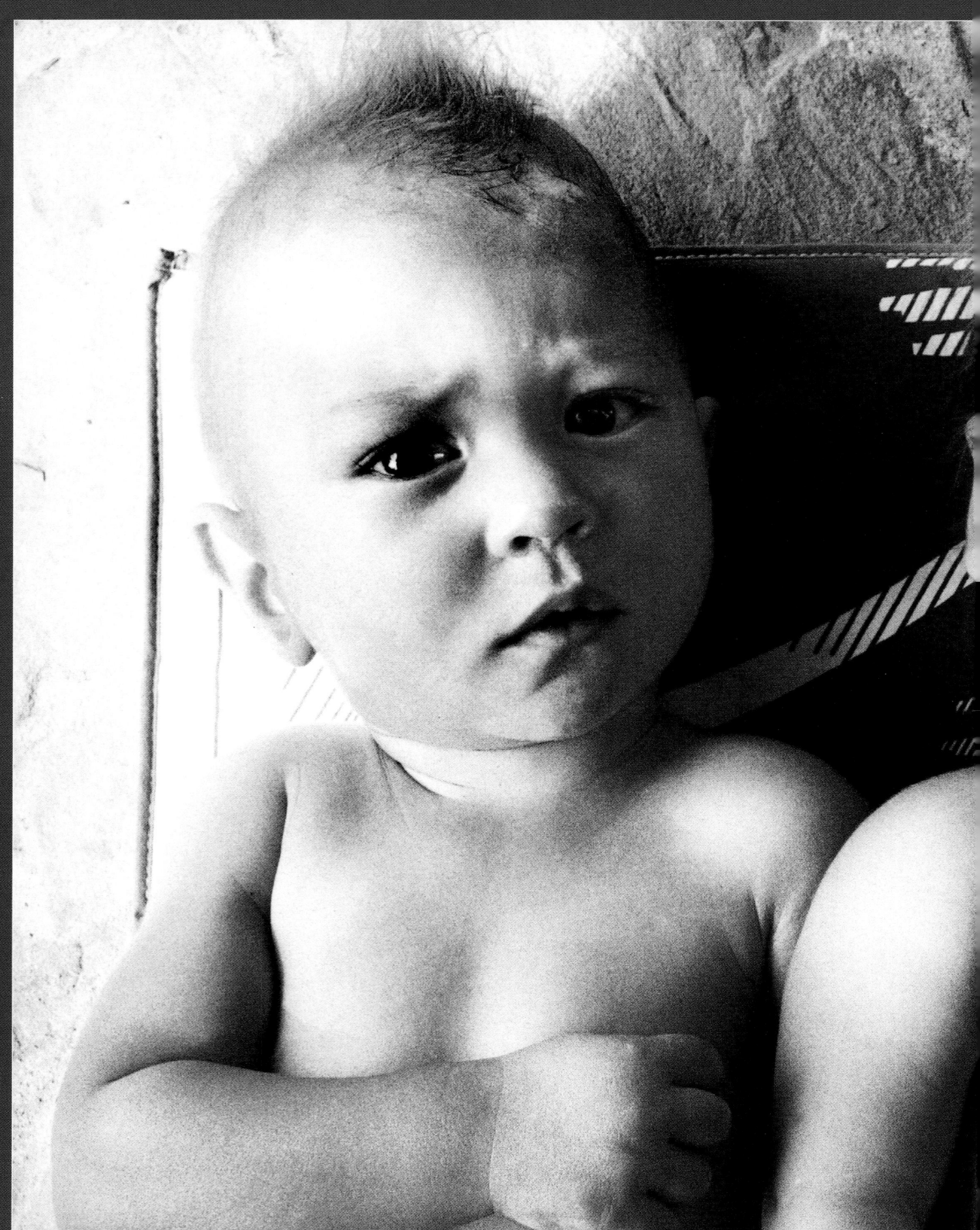

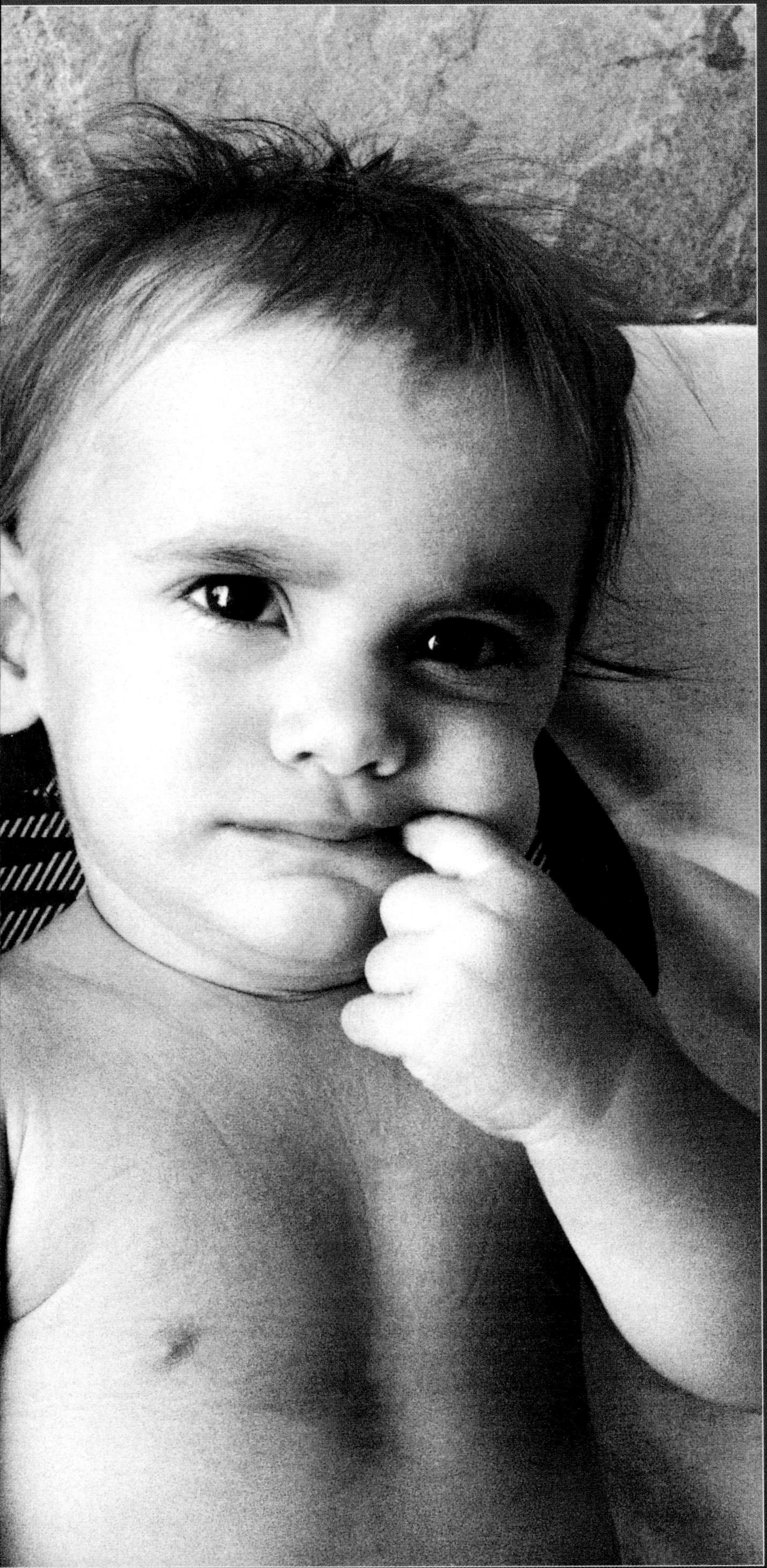

DIE ERKUNDUNG DER WELT

•••

Schon vom ersten Tag an reagieren Kinder auf Gesichter. Sie können jedoch noch nicht scharf sehen und registrieren nur starke Kontraste. Doch binnen sechs Monaten verbessert sich die Sehfähigkeit enorm.

•••

Babys werden mit einem Greifreflex geboren; später steuert das Großhirn die Bewegungen.

•••

Zwar wirkt das Neugeborene völlig hilflos, doch es kann bereits gut riechen, schmecken und hören.

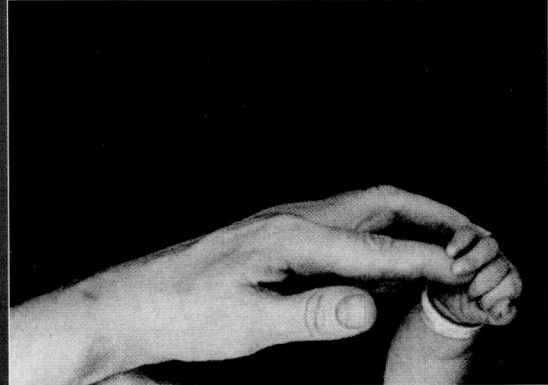

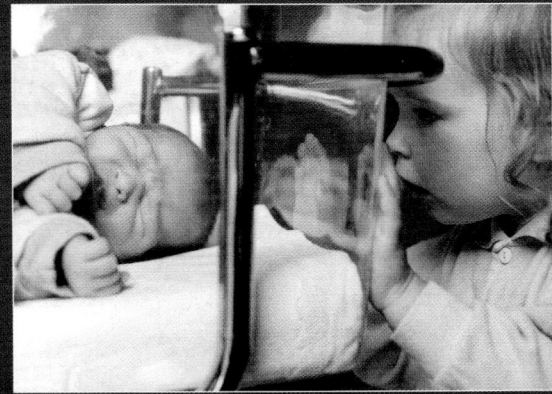

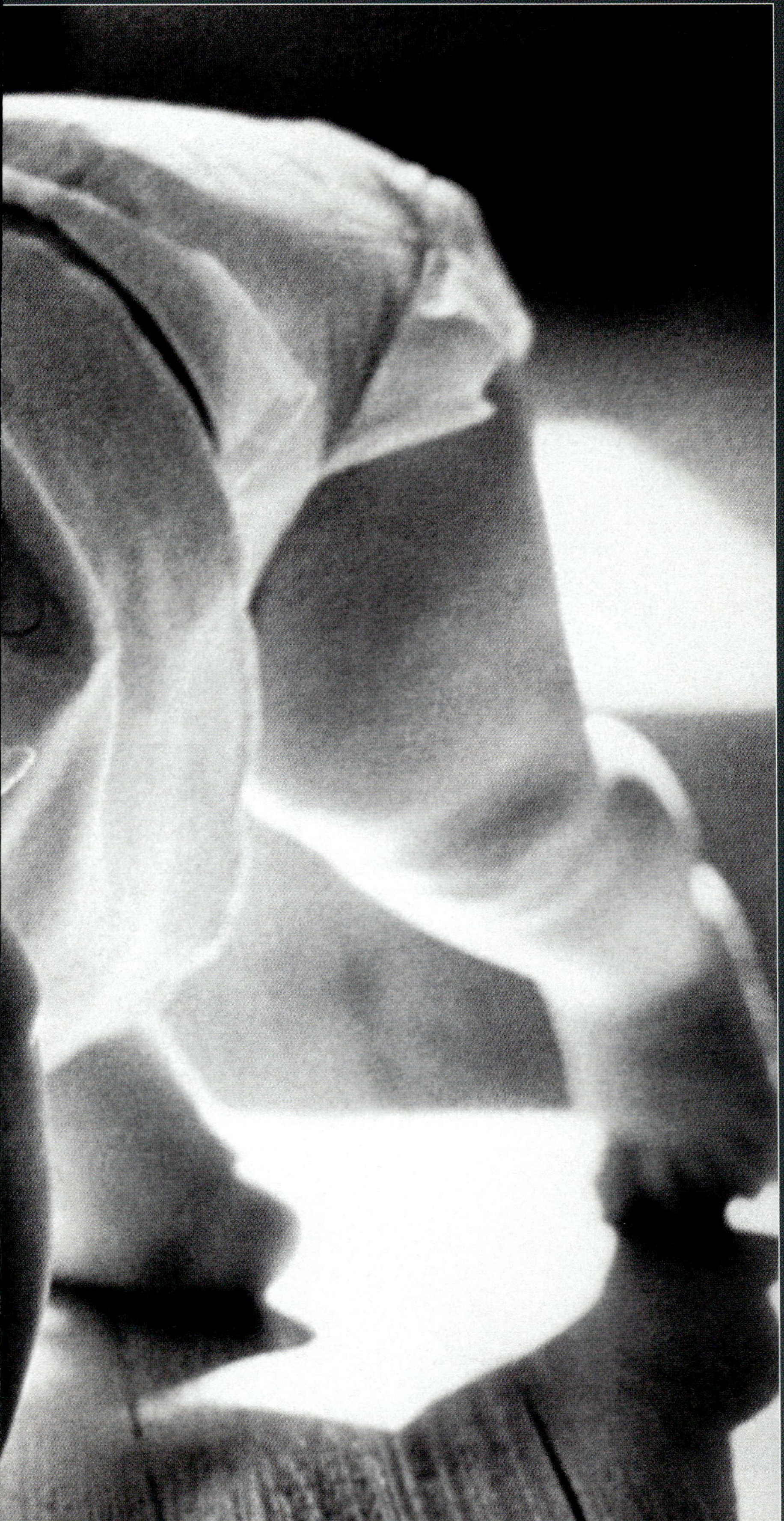

DER LANGE WEG ZUM AUFRECHTEN GANG

•••

Erst dreht sich das Baby, dann sitzt es, krabbelt und versucht sich schließlich aufzurichten. Ein perfektes Zusammenspiel von neuronalen Schaltkreisen, Muskeln, Gleichgewicht und Augen ist zum Gehen nötig.

•••

Mit den ersten Schritten ist das Ziel noch nicht erreicht: Der Fuß muss noch reifen.

•••

Nach etwa zwölf Monaten kommt es zum magischen Moment: Das Baby läuft erstmals frei auf zwei Beinen – zunächst noch unsicher trippelnd und nur kurze Strecken.

TYPISCH JUNGE, TYPISCH MÄDCHEN

•••

☐ Jungs geben gern an, setzen auf Kraft, brauchen viel Bewegung und sind wettbewerbsorientiert – so verhalten sie sich in allen Kulturen. Kaum ein Forscher zweifelt daran, dass es angeborene Unterschiede zwischen den Geschlechtern gibt.

•••

☐ Für schöne Kleider ist kaum ein Junge zu begeistern.

•••

☐ Auch Schminken interessiert eher Mädchen – bereits Einjährige zeigen geschlechtstypische Vorlieben.

AUF DER SUCHE NACH DEM RICHTIGEN WEG

•••

Was tun, wenn das kindliche Chaos die Eltern überwältigt? Eines ist klar: Schimpfen, Schreien und Schlagen helfen nicht weiter.

•••

Sprösslinge versuchen energisch, ihren Willen durchsetzen – da sie schwächer sind als Erwachsene, häufig mit Gebrüll.

•••

Das Bild von der unschuldigen Kindheit ist ein Klischee: Neid, Missgunst und Streit gehören zum Spielen dazu.

DIE FASZINATION DES FREIRAUMS

•••

Von unseren Affen-Vorfahren haben wir das Talent zum Klettern geerbt. Auch junge Tiere spielen, doch beim Menschen hält der Spieltrieb ein Leben lang an. Er beflügelt ihn zu Fantasie und Kunst.

•••

Der spielerische Umgang mit Tieren hilft, Verantwortung für andere zu übernehmen.

•••

„Regelspiele" wie das mit den Murmeln funktionieren nur, wenn alle Spieler sich an Absprachen halten – und sie bereiten auf die Erwachsenen-Welt vor.

GENOSSEN UND GEGNER ZUGLEICH
•••
Geschwister rivalisieren, grenzen sich ab, streiten um die Zuwendung von Vater und Mutter. Und doch ist ihre Vertrautheit oft größer als in jeder anderen Beziehung.
•••
Zwischen dem dritten und fünften Lebensjahr verbringen Geschwister häufig mehr als doppelt so viel Zeit miteinander wie mit den Eltern.
•••
Nicht etwa die Mutter, sondern die ältere Schwester ist meist das wichtigste Vorbild für Mädchen.

AUFBRUCH IN EIN NEUES LEBEN
• • •

Mit der Pubertät endet die Kindheit, es beginnt ein neuer Abschnitt: die Abnabelung von den Eltern, die Suche nach neuen Freunden, der erste Schritt in die Welt der Erwachsenen.

• • •

Die „Peergroup", die Gruppe der Gleichaltrigen, wird für Jugendliche zum Mittelpunkt.

• • •

Beim Tanzen auf der Party bietet sich die Möglichkeit, einen ersten unverfänglichen Kontakt zu Wesen wie von einem anderen Stern aufzunehmen: dem anderen Geschlecht. ◻

Embryonalentwicklung

1. TAG

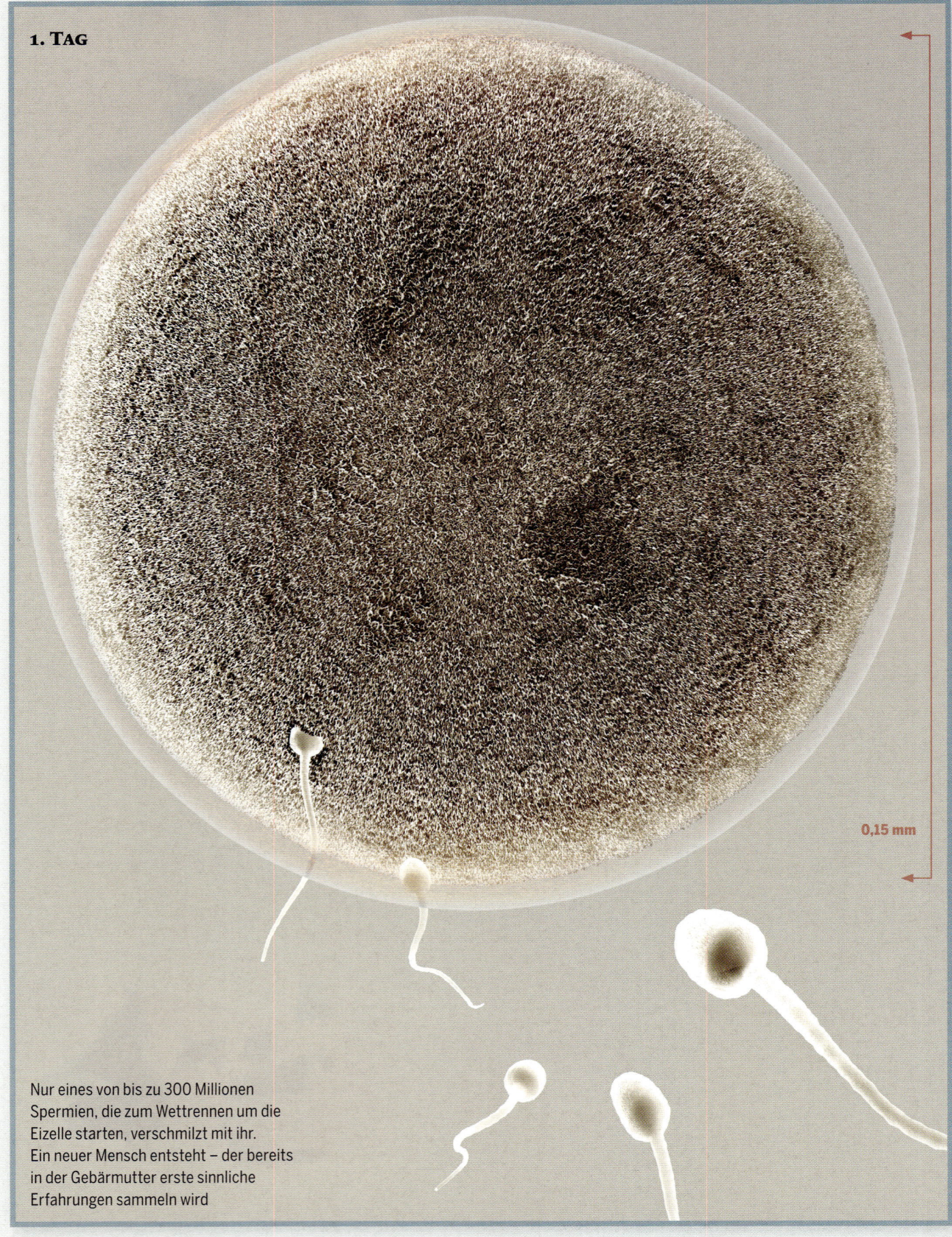

0,15 mm

Nur eines von bis zu 300 Millionen Spermien, die zum Wettrennen um die Eizelle starten, verschmilzt mit ihr. Ein neuer Mensch entsteht – der bereits in der Gebärmutter erste sinnliche Erfahrungen sammeln wird

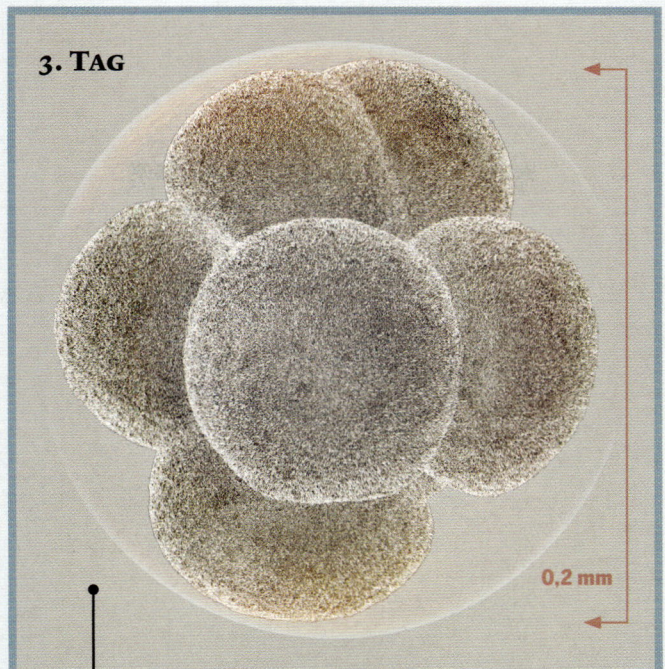

3. TAG — 0,2 mm

Nach mehrfacher Teilung der befruchteten Eizelle besteht der Keim aus acht Zellen. Er wird durch den Eileiter bis kurz vor die Gebärmutter transportiert

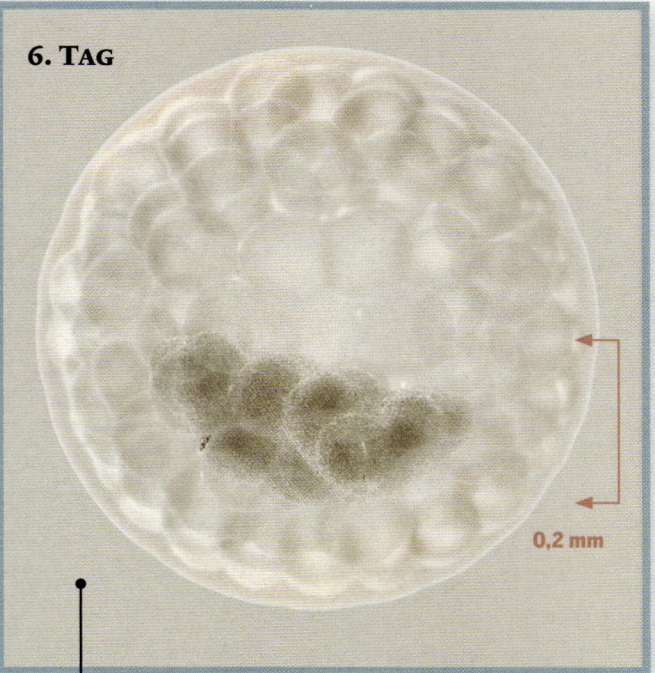

6. TAG — 0,2 mm

Der Keim ist nun eine Hohlkugel, in deren Innerem der eigentliche Embryo heranreift. Sie nistet sich in die Gebärmutter ein, wo ihn die Plazenta (Mutterkuchen) später ernähren wird

Die Welt des Ungeborenen

Text: Katharina Kramer; Illustrationen: Tim Wehrmann

Noch bis vor wenigen Jahrzehnten hielten Ärzte ein im Mutterleib heranwachsendes Kind für ein taubes, blindes Wesen, das nichts empfindet, ohne Gedächtnis ist und keinen Schmerz verspürt. Heute wissen sie, dass das Ungeborene bereits über verblüffende Fähigkeiten verfügt

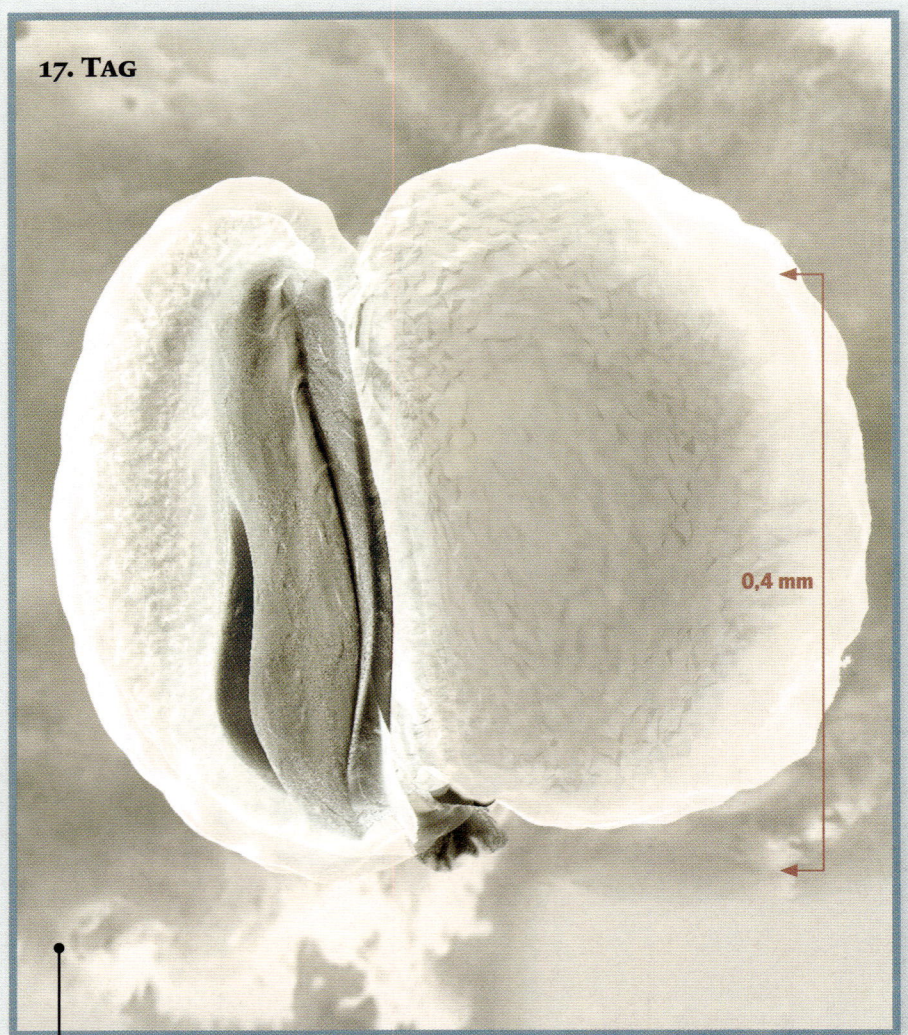

17. TAG

0,4 mm

Der Embryo (länglich, im Inneren des Keims) besteht jetzt aus zwei »Keimblättern«. Aus dem einen werden sich später Hautzellen, Sinnesorgane und Nerven entwickeln, aus dem anderen Magen, Darm und Lunge. Die »Primitivrinne« (links unten beim Embryo) legt fest, wo Kopf und After sein werden. Bei den Ausstülpungen seitlich des Embryos handelt es sich um die innere Eihaut (Amnion, links) und den Dottersack

belfast, Frühjahr 1988: Auf der Babystation des Royal Victoria Hospital baut der Psychologe Peter Hepper ein Tonbandgerät auf. Dann spielt er den Neugeborenen nacheinander die Titelmelodie der Fernsehserie *Neighbours* vor und beobachtet deren Reaktionen. Einige beginnen zu weinen und zappeln umher. Andere reagieren gar nicht. Die Hälfte der kleinen Probanden aber wird ganz still, wendet den Kopf zum Lautsprecher – und lauscht.

Es ist erstaunlich: Die Mütter dieser Kinder haben während der Schwangerschaft regelmäßig *Neighbours* gesehen. Die Mütter aller anderen Neugeborenen dagegen hatten sich nie für die Serie interessiert. Menschen vermögen sich, so Heppers Schlussfolgerung, schon im Mutterleib Melodien einzuprägen. Bereits vor der Geburt also hat der werdende Mensch ein Gedächtnis und ist zum Lernen fähig.

Noch bis in die 1970er Jahre wurde das Kind im Mutterleib unterschätzt. Man hielt es für taub und blind, und ein Gedächtnis oder die Fähigkeit zu lernen traute man ihm schon gar nicht zu. Viele Mediziner glaubten daher, dass Frühgeborene keinen Schmerz empfinden, und operierten sie ohne Narkose.

Doch inzwischen haben technische Fortschritte ein ganz anderes Bild vom Leben im Uterus an den Tag gebracht. Ultraschallaufnahmen sind heute so scharf wie Fotos. Mit modernen Verfahren können Forscher sogar die Herzaktivitäten von Föten präzise messen. Immer geschickter entlocken sie wenige Tage alten Babys ihre vorgeburtlichen Erfahrungen.

Die Analysen zeigen, dass Kinder schon im Mutterleib am Leben ihrer Umwelt teilnehmen und auf diese Weise optimal auf die Umstände vorbereitet werden, die sie erwarten. Um zu ergründen, wie genau das geschieht, untersuchen Wissenschaftler eine ganze Palette vorgeburtlicher Erfahrungen: Was hört der Fötus? Was riecht und schmeckt er? Wie lernt er, und was fühlt er?

DIE SINNE DES UNGEBORENEN entwickeln sich in der gleichen Reihenfolge wie bei allen Säugetieren und Vögeln: Zuerst bildet sich der Gleichgewichts- und Bewegungssinn heraus. Dann folgt der Tastsinn, darauf Geruch und Geschmack, schließlich das Hören und ganz am Ende das Sehen. Bereits im mittleren Schwangerschaftsdrittel beginnen alle Sinne zu funktionieren.

Einen wichtigen Kontakt zur Außenwelt schafft das Gehör für den Fötus. Forscher haben festgestellt, dass Ungeborene schon ab der 27. Lebenswoche auf ungewohnte Außengeräusche reagieren: Ihr Herz schlägt schneller, sie zucken zusammen oder blinken mit den Augenlidern. Zunächst geschieht dies nur bei lauten Stimuli von 110 Dezibel, was dem Dröhnen eines Presslufthammers entspricht. In den folgenden Wochen schärft sich dann das Gehör.

Die französische Psychologin Carolyn Granier-Deferre von der Universität Paris Descartes spielte Föten in der 34. bis 39. Lebenswoche eine kurze Klaviermelodie vor. Die Mütter bat sie, Kopfhörer aufzusetzen. Auf diese Weise verhinderte die Forscherin, dass die Mutter die Musik hörte und sich ihre Empfindungen auf den Fötus übertrugen.

Während die Klaviermelodie erklang, maß Carolyn Granier-Deferre die Herzfrequenz der Ungeborenen. Die Tonfolge wurde nun so oft wiederholt, bis der Herzschlag zur normalen Frequenz zurückgekehrt war. Ein Zeichen dafür, dass die Probanden sich an die Melodie gewöhnt hatten. Dann wurde ein neues Klavierstückchen gespielt. Sofort verän-

Das Becken wirkt wie ein Verstärker für den Schall der mütterlichen Stimme

derte sich wieder die Herzfrequenz der Ungeborenen. Granier-Deferre folgerte, dass die Föten den ersten Stimulus gelernt hatten und ihn vom zweiten unterscheiden konnten.

Biologisch ist das pränatale Lernen durchaus sinnvoll: Der Fötus gewöhnt sich bereits an Geräusche, die er nach der Geburt mit hoher Wahrscheinlichkeit ebenfalls vernehmen wird.

Das gibt ihm ein Gefühl von Geborgenheit. Und zudem ist er nicht vollkommen überfordert angesichts der vielen neuen Sinneseindrücke.

BESONDERS GUT LERNT DER FÖTUS im Uterus jenen Menschen kennen, der ihm auch nach der Geburt das Überleben sichern wird: die Mutter.

Ihre Stimme ist das Eindrucksvollste, was der Fötus im Uterus hört. Kraftvoll schallt sie über Knochenleitungen – vor allem über die Wirbelsäule und das Becken – direkt in das Innenohr des Nachwuchses. Dabei bilden die mütterlichen

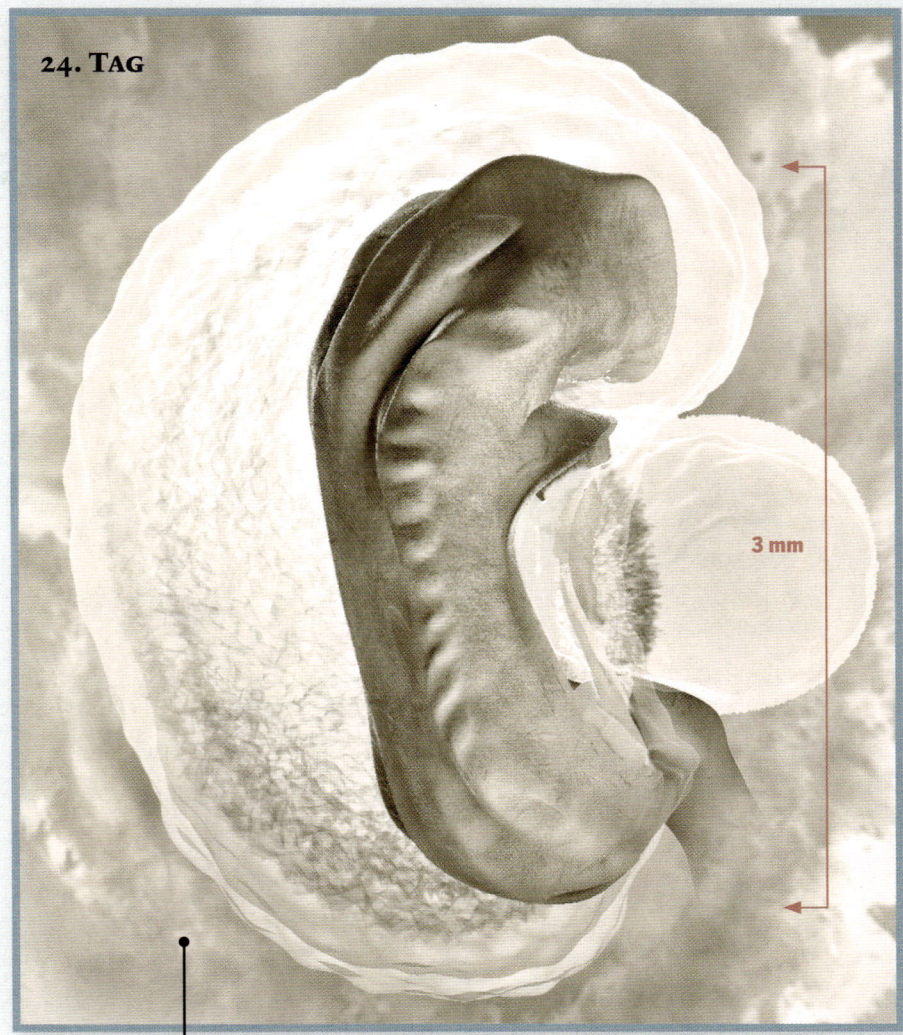

24. TAG

3 mm

Der Embryo hat oben bereits eine Kopffalte, die sich zum Gehirn entwickeln wird. Beidseits des zukünftigen Rückens bilden sich kleine Zellverbände – die »Somiten«. Aus ihnen gehen später unter anderem Muskelzellen hervor

Beckenschalen eine Art Verstärker: Im Bereich von 2500 bis 3000 Hertz geraten sie in Schwingung – genau auf der Frequenz von Frauenstimmen.

Wenn die Mutter spricht, kann der Fötus das also nicht nur hören, sondern über Schwingungen sogar fühlen. „Das Ungeborene badet regelrecht in der mütterlichen Stimme", sagt Ludwig Janus, Experte für pränatale Psychologie in Heidelberg.

Wie sehr sich die Stimme der Mutter bereits vor der Geburt einprägt, wies Anthony DeCasper von der University of North Carolina nach. Der Entwicklungspsychologe ließ Neugeborene an einem Schnuller nuckeln, der mit einem Tonabspielgerät verkabelt war. Je nachdem, wie schnell die Babys saugten, hörten sie die Stimme ihrer Mutter oder die einer fremden Frau – sie konnten also über die Art ihres Nuckelns selbst bestimmen, welche Stimme sie hören wollten. Ergebnis: Stets entschieden sie sich für die Stimme ihrer Mutter.

Auch die Körpergeräusche der Mutter klingen laut und eindringlich in den Ohren des Fötus. Ihr Herzschlag, das Gurgeln ihres Darms und Magens, das Rauschen ihres Blutes und ihrer Atemluft schallen mit bis zu 60 Dezibel in den Uterus, das entspricht der Lautstärke von Gruppengesprächen. Auch diese Geräusche vermitteln dem reifenden Menschen Geborgenheit. Neugeborene schreien weniger und sind entspannter, wenn ihnen eine Tonaufnahme des mütterlichen Herzschlags vorgespielt wird, berichtet der Göttinger Neurobiologe Gerald Hüther: „Nicht umsonst ist die Nähe zum mütterlichen Herzen für Babys der Lieblingsplatz."

Klänge aus der Außenwelt dringen dagegen nur dann zum Fötus durch, wenn sie die mütterlichen Körpergeräusche übertönen. Obendrein müssen sich die Schallwellen erst ihren Weg durch die Bauchwand der Mutter, den Uterus und das Fruchtwasser bahnen. Zudem klingen sie im Ohr des Fötus dumpf, denn er hört vor allem tiefe Frequenzen. Folglich vernimmt das Ungeborene Männerstimmen klarer als Frauenstimmen.

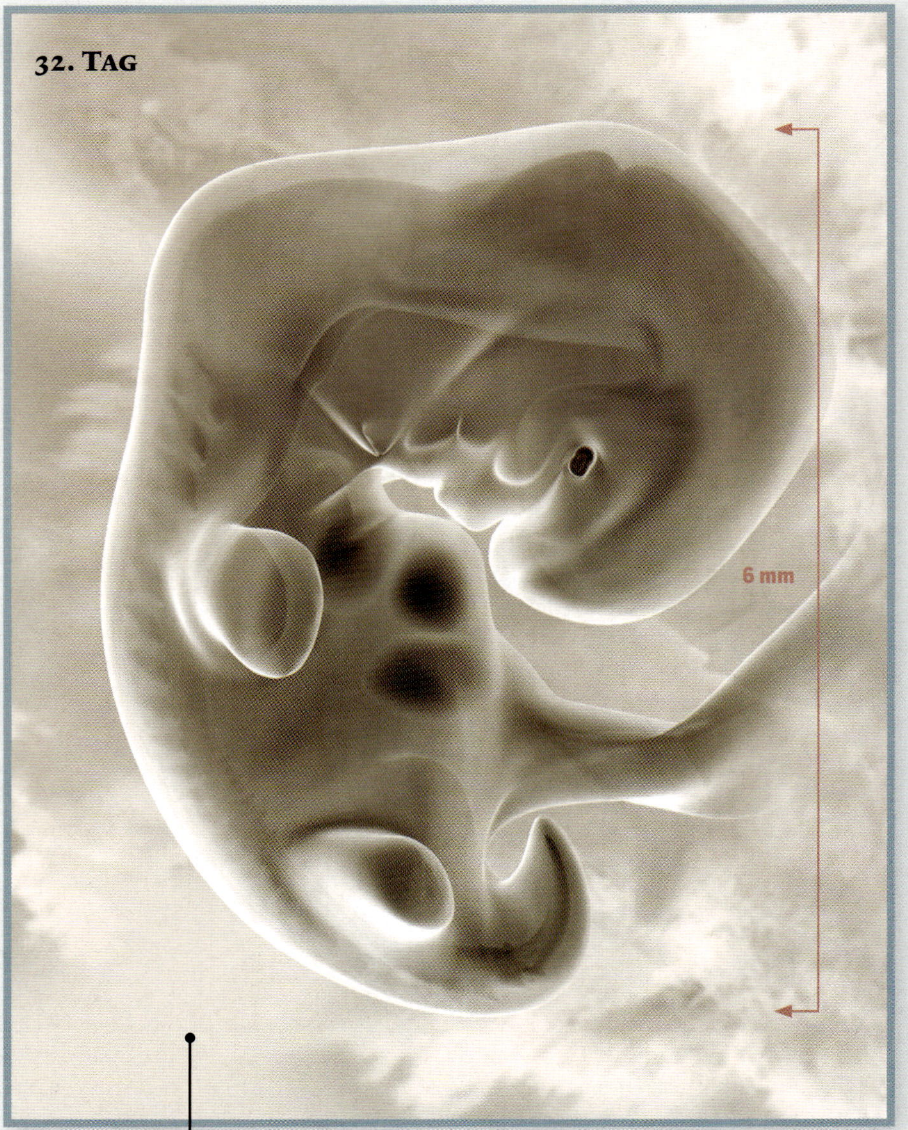

Eine Diät während der Schwangerschaft kann zu Übergewicht bei Kindern führen

Hohe Geigenklänge dringen schlechter zum Kind durch als ein Schlagzeug, eine Tuba – oder Flugzeuglärm.

Tatsächlich hat eine Untersuchung im Umfeld des Flughafens von Osaka gezeigt, wie effektiv Föten auf Reize ihrer künftigen Umgebung vorbereitet werden. Schlafende Neugeborene, die im Mutterleib bereits drei Monate lang dem Fluglärm ausgesetzt waren, wurden durch das Getöse nicht geweckt – im Gegensatz zu anderen Babys.

Gegen Ende der Schwangerschaft ist das Gehör des Fötus bereits so scharf wie das des Neugeborenen. Jetzt dringen sogar Gespräche aus der Außenwelt zu ihm durch. Vereinzelt sind ganze Wörter im Mutterleib wahrnehmbar – das ergaben Tonaufnahmen, die Forscher in der Gebärmutter von Frauen gemacht hatten. Besser hört der Nachwuchs aber ganz andere Merkmale seiner künftigen

32. TAG

6 mm

Arm- und Beinknospen sowie die Anlage der Augen haben sich entwickelt. Das Herz schlägt bereits seit der dritten Lebenswoche und hat sich in Kammern und Vorhöfe gegliedert. Auch der Magen-Darm-Trakt ist schon angelegt

Muttersprache: deren Melodie und den typischen Rhythmus.

Die Entwicklungspsychologin Robin Panneton Cooper von der Virginia Tech University spielte zwei Tage alten Neugeborenen Aufnahmen mit amerikanischen oder spanischen Texten vor. Auch bei diesem Test konnten die Neugeborenen über die Art ihres Nuckelns die eine oder andere Aufnahme abrufen – und stets lauschten sie ihrer eigenen Muttersprache länger als der Fremdsprache. Dass schon Neugeborene eine Vorliebe und ein Ohr für ihre spätere Sprache haben, gibt ihnen nicht nur ein Gefühl der Vertrautheit: „Ihre akustische Sensibilität", betont der Lernpsychologe Vladimir Sloutsky von der Ohio State University, „ist zudem eine optimale Vorbereitung für das Sprachenlernen, das ihre ersten Lebensjahre bestimmt."

Auch über Gerüche und Geschmacksstoffe wird der Nachwuchs schon im Mutterleib auf seine spätere Umgebung eingestellt. Das Aroma der mütterlichen

48. TAG

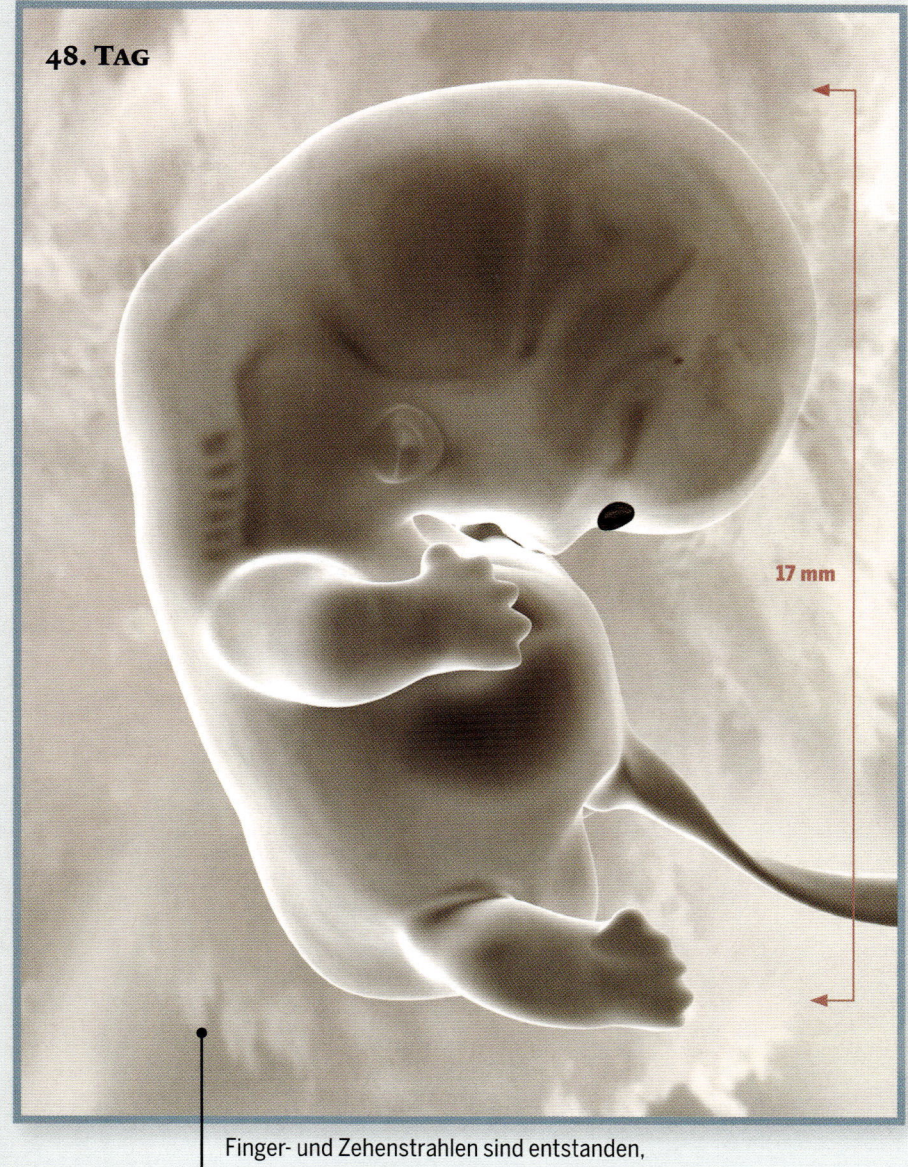

17 mm

Finger- und Zehenstrahlen sind entstanden, Teile von Mund und Nase werden gebildet, die Nasenspitze tritt hervor. Die Augenlider bilden sich allmählich, und die Verknöcherung des Skeletts beginnt. Der Rumpf beginnt sich zu verlängern und zu strecken

Nahrung geht direkt in das Fruchtwasser über und stimuliert dort die kindlichen Geruchs- und Geschmacksrezeptoren. Das gilt umso mehr, wenn der Fötus gegen Ende der Schwangerschaft regelmäßig Fruchtwasser trinkt.

Wie prägend diese vorgeburtliche Erfahrung ist, hat Benoist Schaal nachgewiesen, der Leiter des Europäischen Zentrums für Geschmackswissenschaften in Dijon. Er bat werdende Mütter, während der letzten beiden Schwangerschaftswochen anishaltige Kekse und Bonbons zu essen. Kaum waren die Kinder auf der Welt, hielt der Forscher ihnen eine Anis-Geruchsprobe unter die Nase. Sofort wurden sie munter, fingen an zu lecken oder saugen.

Neugeborene, deren Mütter kein Anis zu sich genommen hatten, reagierten dagegen anders: Sie verzogen das Gesicht, weinten – oder zeigten einfach keine Reaktion. „Vertraute Aromastoffe", folgert Schaal, „bilden eine olfaktorische Brücke zwischen dem Leben im Mutterleib und in der Außenwelt."

Ein bereits vertrauter Geruch weist dem Neugeborenen denn auch den Weg zu seiner wichtigsten Nahrungsquelle – der mütterlichen Brust. Die Aromen aus dem Fruchtwasser finden sich nämlich auch in der Muttermilch. „Nicht irgendwelche Instinkte regeln das Suchverhalten nach der Brustwarze", sagt der Neurobiologe Hüther, „sondern es geht eigentlich nur der Nase nach. Das Neugeborene weiß, wie der Ort riecht, der Vertrautheit, Sicherheit und Nahrung verspricht."

Der Nachwuchs stellt sich aber nicht nur auf den Speiseplan der Mutter ein, sondern auch auf die Nahrungsmenge, die ihn nach der Geburt erwartet. Isst die Mutter während der Schwangerschaft wenig, weil sie hungert oder eine Diät macht, wird das Verdauungssystem des Fötus auf eine optimale Verwertung geringer Nahrungsmengen ausgerichtet.

Das geschieht über bestimmte Hormone im Blut der Mutter, die das Ungeborene über die Plazenta (den Mutterkuchen) erreichen. Bei mütterlicher Mangelernährung produziert die Leber des Fötus mehr Blutzucker und damit mehr Energie. Die Bauchspeicheldrüse stellt relativ wenig Insulin her, dadurch werden Fettzellen langsamer abgebaut.

Wissenschaftler haben für Prozesse dieser Art den Begriff „fötale Programmierung" geprägt, da sie die Körperfunktionen des Menschen ein Leben lang bestimmen – und zwar irreversibel. „Probleme tauchen dann auf, wenn später plötzlich doch viel Nahrung zur Verfügung steht", sagt der Neurologe Matthias Schwab vom Universitätsklinikum Jena. Dann führt der geringe Insulingehalt im Blut zu Fettleibigkeit und Diabetes: „Einer der Gründe, weshalb man in den USA viele schlanke Mütter mit dicken Kindern sieht, sind Diäten während der Schwangerschaft."

DIE STRESS-EMPFINDLICHKEIT wird ebenfalls auf das Kind übertragen. Dabei ist der ganz normale Alltagsstress sogar

57. TAG (3. MONAT)

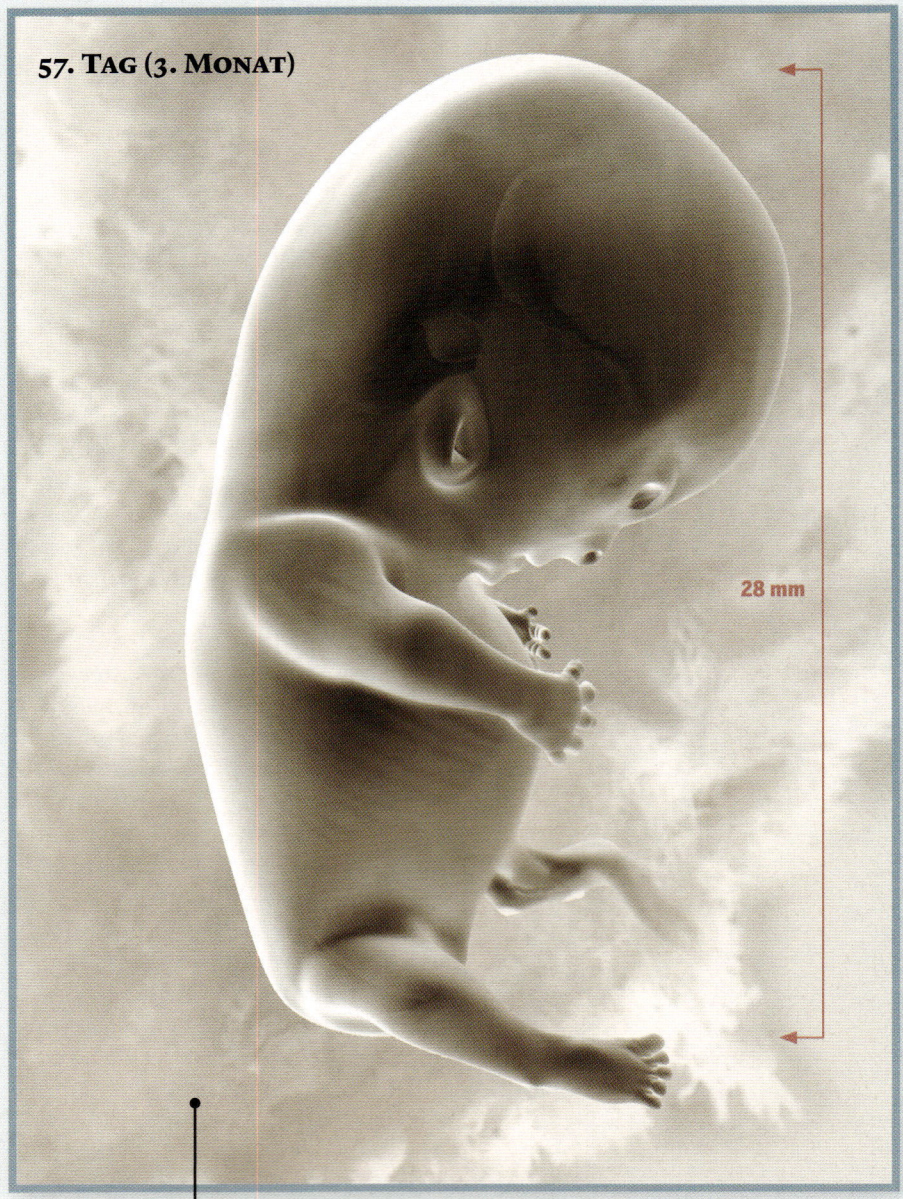

28 mm

Alle Organe sind angelegt; nun geht es darum, zu wachsen und zu reifen. Ab jetzt wird das Kind nicht mehr Embryo, sondern Fötus genannt. Vom dritten bis zum fünften Schwangerschaftsmonat nimmt vor allem die Länge des Ungeborenen zu

gut für das Ungeborene. Das fand die amerikanische Entwicklungspsychologin Janet A. DiPietro von der Johns Hopkins University in Baltimore in einer Studie mit 94 Müttern heraus, die sie während der Schwangerschaft nach Stress und Befindlichkeit befragte. Zwei Jahre nach der Geburt kontrollierte sie, wie weit sich der Nachwuchs inzwischen körperlich und mental entwickelt hatte.

Kinder, deren Mütter in der Schwangerschaft auch mal gestresst und besorgt waren, hatten einen leichten Vorsprung gegenüber den Sprösslingen ständig ausgeglichener Frauen. Nicht einmal häufige Niedergeschlagenheit während der Schwangerschaft wirkte sich negativ auf den Nachwuchs aus.

Wie lässt sich das erklären? Möglicherweise begünstigt ein größeres Gefühlsspektrum, zu dem Stress und Angst ebenso wie Freude und Gelassenheit gehören, eine optimale Vernetzung der Synapsen im Gehirn. „Wenn eine Mutter stärkere Stimmungsschwankungen hat", so DiPietro, „verändern sich die Geräusche in ihrem Verdauungstrakt und ihrem Herz-Kreislauf-System häufiger und intensiver. Das sind zusätzliche Stimuli für den Fötus, die vermutlich seine neuronale Entwicklung fördern."

Das Ungeborene spürt körperlich, was die Mutter empfindet

Wenn eine Schwangere jedoch besonders lange und stark angespannt ist, kann das nachteilige Folgen für das Kind haben. Dann gerät über die Nabelschnur eine größere Menge des Stress-Hormons Cortisol in den Körper des Fötus. Der gewöhnt sich dadurch an einen höheren Cortisolspiegel und wird zeitlebens vermehrt Stress-Hormone ausschütten – die Kinder sind ständig in einer Art Alarmbereitschaft.

„Das ist vorteilhaft, wenn die späteren Lebensbedingungen des Kindes extrem schwierig sind und einen hohen Grad an Vorsicht und Anspannung verlangen", so Matthias Schwab.

Doch in einer verhältnismäßig behüteten Umgebung, wie sie heute häufig besteht, kann eine solch geringe Stress-Resistenz zu kognitiven Problemen und Verhaltensauffälligkeiten wie ADHS führen, wie zahlreiche Studien nahelegen (siehe Seite 150).

TATSÄCHLICH SPÜRT DER FÖTUS die Befindlichkeit seiner Mutter regelrecht körperlich. Wenn sie beispielsweise gern singt, geschieht aus der Sicht des Fötus etwas Spektakuläres: All ihre Körpergeräusche synchronisieren sich, und ihre Bauchdecke wird weich. Folglich verbindet der Fötus Gesang mit einem Gefühl von Behaglichkeit und Weite. Nach der Geburt wird das Baby sich wahrscheinlich schnell von Wiegenliedern beruhigen lassen und sich später zu Gesang hingezogen fühlen.

Umgekehrt spürt der Nachwuchs auch, wenn die Mutter unzufrieden ist. Denn dann werden ihre Körpergeräusche disharmonisch, die Bauchdecke verhärtet sich, das Ungeborene wird zusammengedrückt.

„Auch deshalb funktionieren keine pränatalen Lernprogramme, bei denen der Fötus mit klassischer Musik oder Fremdsprachen beschallt wird", erklärt Hüther. Eine Schwangere, die Rockmusik liebe, aber um des Nachwuchses willen Mozart höre, beschere ihrem Sprössling unangenehme Körper-Erfahrungen und vielleicht sogar eine nachhaltige Abneigung gegen klassische Musik.

„Das Entscheidende ist eben nicht, was die Mutter während der Schwangerschaft unternimmt", so Gerald Hüther, „sondern die Begeisterung, die sie dabei empfindet. Die steckt den Nachwuchs an."

DOCH SO BEEINDRUCKEND die Fähigkeiten auch sind, die sich bereits im Mutterleib entwickeln: Die Zeit vor der Geburt sollte nicht überbewertet werden, so der Entwicklungspsychologe Axel Schölmerich von der Ruhr-Universität Bochum. „Im Mutterleib wird ein Grundstein gelegt, damit das Neugeborene sich in seiner Umwelt zurechtfindet und überleben kann. Aber es bleibt noch viel Raum für Veränderungen. Plastizität spielt bei der Entwicklung des Menschen eine zentrale Rolle."

Das stellte auch Peter Hepper in einer zweiten Versuchsreihe mit der Titelmelodie der Seifenoper *Neighbours* fest. Diesmal waren seine Probanden schon drei Wochen alt. Ihre Mütter hatten die Serie während der Schwangerschaft regelmäßig gesehen, seit der Geburt jedoch gar nicht mehr. Als die Titelmelodie nun erstmalig außerhalb des Uterus an die Ohren der Kleinen drang, zeigten sie keinerlei Reaktion.

So, als hätten sie die Musik nie zuvor vernommen. □

Katharina Kramer ist Journalistin in Hamburg. Wissenschaftliche Beratung: **PD Dr. Matthias Schwab**, Klinik für Neurologie, Universität Jena.

Literatur: Gerald Hüther, Inge Krens, „Das Geheimnis der ersten neun Monate – Unsere frühesten Prägungen", Patmos. Lesley Regan, „Meine Schwangerschaft Woche für Woche. Medizinischer Hintergrund und Ratgeber", Dorling Kindersley.

MEMO | ENTWICKLUNG

››› UNGEBORENE lernen bereits im Uterus ihre Muttersprache kennen.

››› DIE VERDAUUNG des Fötus stellt sich auf das zukünftige Nahrungsangebot ein.

››› AROMASTOFFE in der Nahrung der Mutter prägen die Vorlieben der Babys.

››› DIE STRESS-EMPFINDLICHKEIT der Mutter wird durch hormonelle Mechanismen auf das Ungeborene übertragen.

››› DEN GESANG der Schwangeren verbindet der Fötus mit behaglichem Gefühl.

---

21. WOCHE (6. MONAT)

20 cm

Die Organe des Fötus reifen weiter aus. Ab der 21. Entwicklungswoche ist die Lunge grundsätzlich funktionsfähig. Damit ist der frühestmögliche Zeitpunkt erreicht, zu dem Frühgeborene auch außerhalb des Uterus überleben könnten. In den letzten beiden Schwangerschaftsmonaten erhöht sich das Gewicht des Fötus enorm. Und mit dem sich zunehmend verbessernden Geruchs- und Hörsinn bereitet er sich auf sein Leben außerhalb des Mutterleibs vor

| Geburt |

Aufbruch in

Kein Wechsel ist so drastisch, keine Reise im Leben eines Menschen so gefährlich wie die Geburt: Eben noch eingebettet in die Wärme und Flüssigkeit der Gebärmutter, durch die Nabelschnur mit Nährstoffen und Sauerstoff versorgt, soll das Baby nun Luft atmen, Nahrung über den Mund aufnehmen, eigene Körperwärme produzieren und sich in einer hellen, lauten Welt orientieren. Nur dank raffinierter physiologischer Umstellungen ist es ihm möglich, diesen abrupten Wandel zu überleben

Text: Ute Kehse

s Leben

Das Neugeborene hat eine stundenlange Tortur hinter sich, es braucht nun Wärme und Körperkontakt

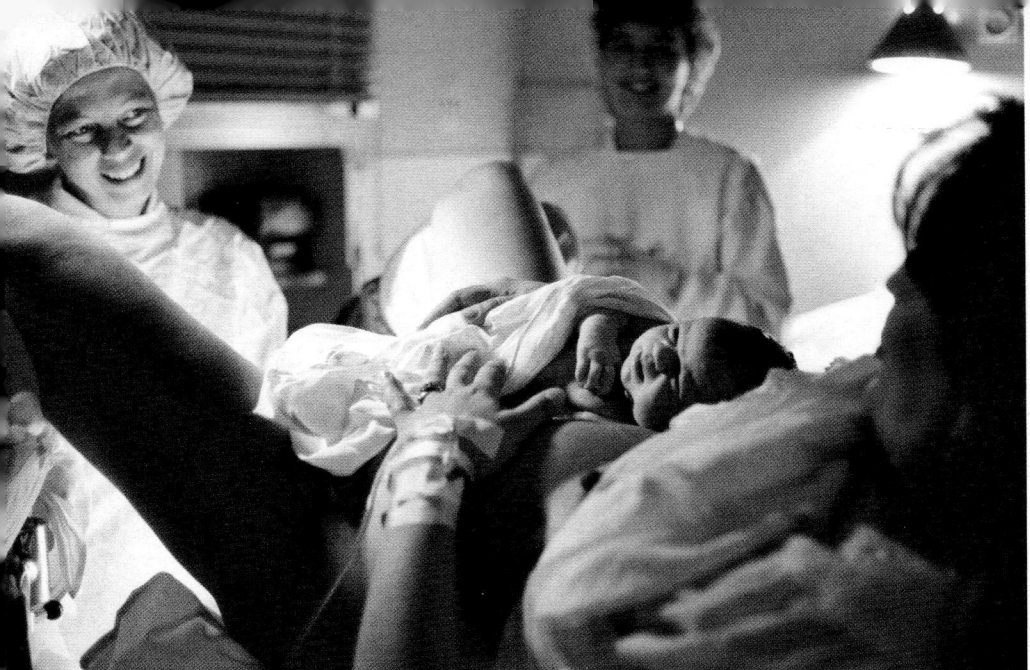

Weil der Geburtskanal beim Menschen so eng ist, verschieben sich die Schädelknochen eines Babys – erst nach einigen Tagen hat der Kopf wieder seine normale Form

Zu Beginn seines Lebens ruht ein Mensch in einer Art flüssigem Paradies – er schwebt in der Dunkelheit des warmen Uterus, der Gebärmutter. Neun Monate lang muss er sich dort um fast nichts kümmern. Er muss weder atmen noch essen. Nichts bedroht ihn im Normalfall, während seine Organe langsam reifen und er heranwächst. Dann, von einem Tag auf den anderen, kommt der dramatische Moment. Der Augenblick, in dem er in eine andere Welt katapultiert wird: die Geburt.

Plötzlich wird sein Körper abgeschnitten von der ständigen Versorgung durch die Mutter. Erstmals spürt er kühle Luft auf seiner Haut, dringen laute, ungefilterte Geräusche in seine Ohren. Erstmals zieht die volle Schwerkraft an seinen Gliedern. Und um nicht zu ersticken, muss der neugeborene Mensch in der Lage sein zu atmen.

Nach rund 40 Schwangerschaftswochen sind die meisten Kinder bereit für diesen Weltenwechsel. Ihre Organe sind funktionstüchtig – sie werden jetzt erstmals Luft holen und ihren Kreislauf der Außenwelt anpassen.

Doch wie kommt es, dass ein Mensch meist genau zum richtigen Zeitpunkt geboren wird? Wie meistert das Neugeborene die dramatische Umstellung?

Erst seit wenigen Jahren kommen Forscher jenen erstaunlichen Mechanismen auf die Spur, die der menschlichen Geburt zugrunde liegen. So gibt es immer mehr Hinweise, dass die Geburt einer Entzündungsreaktion gleicht – und dass der Geburtszeitpunkt, anders als bei vielen anderen Säugetieren, offenbar nicht allein vom Reifegrad des Kindes abhängt.

So viel zumindest ist sicher, wenn auch noch nicht in allen Einzelheiten bekannt: In einem fein austarierten Wechselspiel zwischen Mutter und Kind wird schon früh in der Schwangerschaft eine komplexe Maschinerie in Gang gesetzt, die das Kind auf die gefährliche Passage vorbereitet.

EINE ENTSCHEIDENDE ROLLE spielt dabei ein Organ, das vom frühen Embryo gebildet wird und den mütterlichen mit dem kindlichen Organismus verbindet: der Mutterkuchen (Plazenta).

Denn das gerade einmal drei bis vier Tage alte befruchtete Ei verwandelt sich – nach der Passage des Eileiters – in der Gebärmutter von einer kompakten Kugel in einen Hohlkörper, der aus zwei Zellschichten aufgebaut ist (siehe Seite 24).

Aus der innen gelegenen Zellschicht („Embryoblast") wird sich das Kind entwickeln. Die äußere Zellschicht (der „Trophoblast") schiebt sich mithilfe von Enzymen in die Gebärmutterschleimhaut. Das Ei „nistet sich ein".

Die äußere Zellschicht wächst und differenziert sich während der nächsten Wochen zur Plazenta, die sich wie ein zerfaserter Schwamm an der Wand der Gebärmutter ausbreitet. Sie übernimmt die Versorgung des Ungeborenen.

Die Plazenta ersetzt den Magen-Darm-Trakt, die Niere und die Lunge – all jene Organe des Fötus also, die während der Schwangerschaft noch nicht oder noch nicht voll aktiv sind.

Gleich einem Filter entnimmt sie dem mütterlichen Blut Nährstoffe und gibt sie über die Nabelschnur an den Fötus weiter. Ein Strom aus Traubenzucker, unterschiedlichen Vitaminen und Mineralien sowie Aminosäuren gelangt so in das Blut des Ungeborenen.

Umgekehrt transportiert der Mutterkuchen all jene Abfallstoffe aus dem kindlichen Körper ab, die ein Mensch nach der Geburt mit dem Urin ausscheidet oder in der Leber abbaut. Zudem filtert die Plazenta Kohlendioxid aus dem fötalen Blut und überführt es in das Blut der Mutter, sodass sie das Gas über ihre Lunge ausatmen kann.

Sauerstoff erhält der Fötus ebenfalls durch die Plazenta: Sie ist gewissermaßen sein Atemorgan. Darauf hat sich auch sein Herz-Kreislauf-System eingestellt, das anders als bei einem Erwachsenen aufgebaut ist: So ist die noch ungenutzte Lunge des Fötus fast

vollständig von seinem Blutkreislauf abgekoppelt.

Und bei einem Erwachsenen sind beide Herzhälften voneinander getrennt (in rechte und linke Herzkammer) – beim Ungeborenen dagegen stehen sie noch durch eine offene Gewebeklappe miteinander in Verbindung. Auf diese Weise fließt der größte Teil des fötalen Blutes durch dieses Loch in die andere Herzkammer – und nur ein kleiner Teil gelangt in die Lunge.

Für die Bedürfnisse des Fötus ist diese Arbeitsweise optimal. Doch wenn das Baby den Mutterleib verlässt, muss das System sofort umgestellt werden, sonst droht Sauerstoffmangel.

Noch aber gelangt genügend Atemgas durch die Plazenta aus dem mütterlichen Blut in das des Fötus. Zudem arbeitet das Verbindungsorgan auch als Drüse. Es stellt Hormone her und scheidet sie in das Blut aus, darunter eine Aminosäurenkette namens CRH (Corticotropin Releasing Hormone).

Diese Substanz wird normalerweise im menschlichen Gehirn als Reaktion

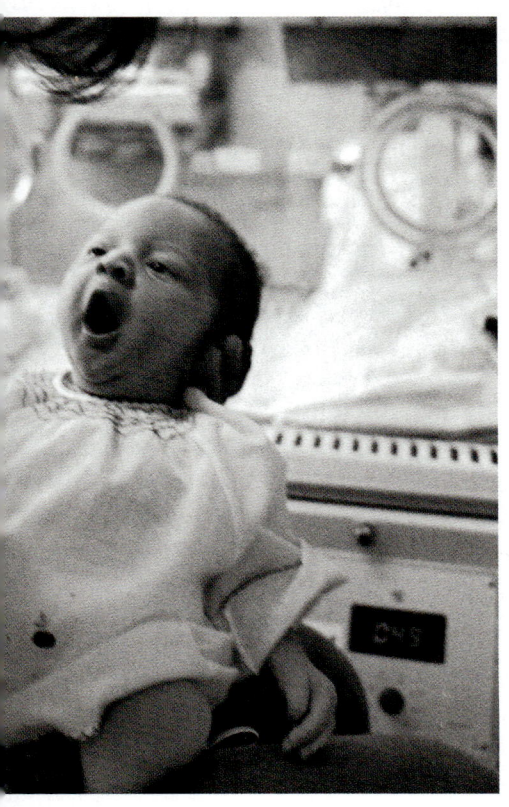

Der erste Schrei dient dazu, die Lunge schneller von Flüssigkeit zu befreien. Von da an kann sich der kleine Körper selbst mit Sauerstoff versorgen

Nach der Geburt schließt sich im Herzen ein Loch

auf Stresssituationen freigesetzt. Sie scheint aber auch eine entscheidende Rolle für das Timing bei der Geburt zu spielen: als eine Art Schwangerschaftsuhr, die den entscheidenden Anstoß für die Geburt gibt.

Die Konzentration von CRH im mütterlichen Blut ist zu Beginn der Schwangerschaft noch gering. Das Hormon regt nun die Nebennieren der Mutter und des Fötus an, ein weiteres Hormon auszuschütten: Cortisol. Das wiederum bringt die Plazenta dazu, immer mehr CRH freizusetzen. Die beiden Stoffe befördern also die Produktion des jeweils anderen – dadurch steigen die Mengen der beiden Hormone mit der Zeit immer weiter an.

Forscher haben Hinweise darauf gefunden, dass sich mit der Zunahme der Hormone der Körper des Kindes auf die bevorstehende Trennung einstellt: Die steigende Menge an CRH sorgt über komplexe Regelkreise dafür, dass der Fötus schneller heranreift – vor allem seine Lunge, die ja sofort nach der Geburt funktionieren muss.

Im Mutterleib ist sie noch mit Flüssigkeit gefüllt, die von den Zellen der Lunge produziert wird. Die Flüssigkeit dehnt das Lungengewebe wie einen wassergefüllten Ballon. Sie verhindert dadurch, dass das filigrane Gewebe in sich zusammenfällt, und treibt so das Wachstum des Organs voran.

Um nach der Geburt alle beteiligten Muskeln, Nervenzellen und Gewebe koordinieren zu können, trainiert der Fötus (meist, wenn er wach ist) seine Brustmuskulatur mit schnellen, oberflächlichen Atembewegungen. Dabei atmet er Flüssigkeit ein und aus.

Die Kraft, die er zum Atmen benötigen wird, erwirbt er sich durch immer wiederkehrenden Schluckauf: So wird das Zwerchfell gekräftigt.

Besonders wichtig für die Lungenreifung ist ein Oberflächenfilm auf den Lungenbläschen, der ähnliche Eigenschaften hat wie ein Spülmittel. Dieser Film reduziert unter anderem die Oberflächenspannung der Lunge und sorgt damit dafür, dass sich das Lungengewebe nach der Geburt beim ersten echten Atemzug entfalten kann. Und er verhin-

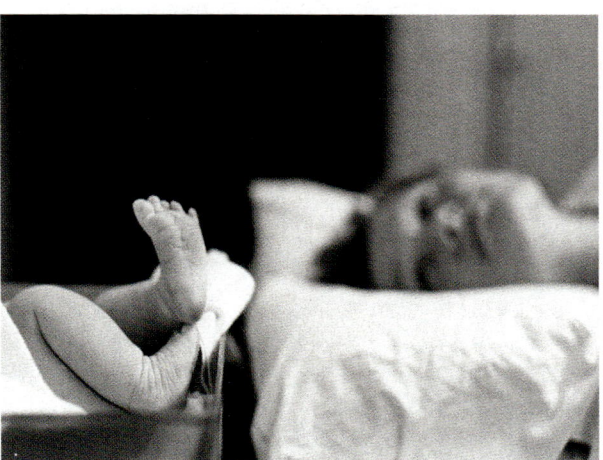

Die Haltung der Beine ähnelt beim Neugeborenen noch der im Uterus. Erst mit einem Jahr sind sie zum Laufen bereit

dert bei der anschließenden ersten Ausatmung, dass die Lungenbläschen kollabieren und in sich zusammenfallen.

Der Körper des Fötus sondert die Substanz jedoch erst in den letzten zwei Monaten der Schwangerschaft ab. Möglicherweise gibt das ungeborene Kind seiner Mutter damit auch (biochemisch) zu verstehen, dass es bald bereit ist, geboren zu werden: In der Substanz befindet sich ein Eiweiß, das ins Fruchtwasser gelangt. Dort löst es eine immunologische Abwehrreaktion aus, in deren Folge sich die Gebärmutterwand, die Fruchtblase und der Muttermund leicht entzünden.

Weitere Geburtssignale senden die Nebennieren des Fötus. Nachdem sie gegen Ende der Schwangerschaft immer größere Mengen an Cortisol ausgeschüttet haben, geben sie kurz vor der Geburt einen weiteren Stoff ab, den die

Der Vorteil der ewigen Jugend

Der Mensch sieht aus wie ein kindlicher Affe, und er verhält sich auch so – vielleicht liegt genau darin das Geheimnis seines evolutionären Erfolges

Vergleicht man den Schädel eines Schimpansenbabys mit dem eines Menschen sowie dem eines erwachsenen Schimpansen, fällt Erstaunliches auf: Der kleine Affe ähnelt weit mehr einem voll entwickelten *Homo sapiens* als seinem geschlechtsreifen Artgenossen. Denn seine Schädelform ist eher rundlich, das Gesicht flach und ohne vorstehende Schnauze: ähnlich wie bei einem Menschen. Umgekehrt haben Frauen und Männer – im Gegensatz zu ausgewachsenen Affen – etwas ausgesprochen Kindliches an sich.

Bereits 1926 schrieb ein niederländischer Anatom, *Homo sapiens* sehe aus wie ein geschlechtsreifer Affenfötus. Dazu gehört auch die Nacktheit des Menschen: Sein Behaarungsmuster entspricht dem eines 26 Wochen alten Schimpansen im Mutterleib. Der US-Anthropologe Ashley Montagu stellte 1961 fest: „Der Mensch wird unreifer geboren und bleibt länger unreif als jedes andere Tier." Weshalb?

Wissenschaftler nennen das Phänomen „Neotenie" (Entwicklungsverzögerung): die Beibehaltung kindlicher und jugendlicher Merkmale im Erwachsenenalter. Und sie glauben, dass es keine zufällige Eigenheit des Menschen ist, sondern evolutionär maßgeblich zum Erfolg des *Homo sapiens* beigetragen hat.

So hatte der Mensch beispielsweise durch sein enormes Gehirn einen erheblichen Überlebensvorteil. Doch damit der vergleichsweise riesige Kopf eines Babys durch den engen Geburtskanal des Beckens passt, kommt es – im Vergleich zu anderen Primaten – als Frühgeburt auf die Welt. Später wäre der Schädel einfach zu groß.

Das Becken der affenähnlichen Menschenvorfahren begann sich bereits vor weit mehr als vier Millionen Jahren zu verengen, als sie den aufrechten Gang entwickelten. Da ihre Gehirne noch nicht größer waren als die von Schimpansen, war das zunächst kein Problem. Vor rund 2,5 Millionen Jahren jedoch nahm das Hirnvolumen bei den ersten Menschen immer mehr zu – bis es an die Grenzen des engen Geburtskanals stieß. Nun hätte es mit der Evolution des Gehirns eigentlich zu Ende sein müssen.

Doch die Natur fand einen Ausweg: Es gab auch Urmenschen, deren Babys besonders früh auf die Welt kamen und deren Gehirne sich nach der Geburt weiter entfalteten. Auf diese Weise steigerten sie ihre geistige Kapazität nochmals und waren ihren Konkurrenten überlegen. Das aber erklärt die Unreife und Hilflosigkeit der menschlichen Neugeborenen.

Auch die weitere Entwicklung und Reifung eines Menschen dauert länger als bei jedem Affen: sechs Jahre Abhängigkeit als Kind, danach noch bis zu 14 Jahre als Jugendlicher. Das ermöglicht den Eltern, sich intensiv um den Nachwuchs zu kümmern, ihm Sprache, Kultur, Sozialverhalten und alle Kenntnisse zum Überleben zu vermitteln. Die enorme Neugier der Kinder, ihre Lernfähigkeit und Freude am Spielen fördern diese Erfahrungsweitergabe zwischen den Generationen – und damit den Erfolg des Menschen im Laufe der Evolution.

Je nach Geschlecht sind neotene Eigenschaften unterschiedlich verteilt. So entwickeln sich Männer in Bezug auf ihren Körperbau weiter weg vom Baby als Frauen: Männer haben stärkeren Haarwuchs, eine größere Statur, gröbere Knochen- und Schädelformen.

Wenn es jedoch um ihr Verhalten geht – so sieht es zumindest der britische Zoologe Desmond Morris –, bleiben die Männer näher am Kind: Sie neigen zu hoher Risikobereitschaft, die auch für das kindliche Spiel typisch ist, und probieren gern Unbekanntes aus. Das sei auch ein Grund dafür, dass es mehr männliche als weibliche Erfinder gibt, meint Morris. Frauen dagegen seien sensibler, einfühlsamer und fürsorglicher, hätten bessere Fähigkeiten, den Nachwuchs zu betreuen. Insgesamt seien sie in ihrem Verhalten weniger kindlich.

Vom Körperbau dagegen ähneln Frauen Kindern weitaus stärker als die Männer. Das betrifft unter anderem Körperproportionen, Fettverteilung, Gesichtszüge und die Höhe der Stimme. Für Morris ist das ebenfalls mit unserer Evolutionsgeschichte zu erklären: Weil die Männer in der Urzeit darauf geprägt waren, Babys rührend zu finden und sie zu beschützen, übertrugen sie ihre Fürsorge nun auch auf Frauen, die kindlich aussahen. Je mehr kindliche Züge eine Frau aufwies, desto eher weckte sie den Beschützerinstinkt des Mannes und hatte damit bessere Überlebenschancen.

So gesehen ist die Neotenie in der weiblichen Anatomie einfach ein Trick, um die Männer an sich zu binden.

Henning Engeln

Plazenta in das Geschlechtshormon Östrogen umwandelt. Dieses Hormon löst vermutlich, zusammen mit anderen Stoffen, eine Umprogrammierung der Gebärmutter aus: von Entspannung auf rhythmische Kontraktionen.

Während der gesamten Schwangerschaft war die muskulöse Gebärmutter durch die hohe Konzentration eines anderen Hormons ruhiggestellt – gleich einem Herzmuskel, dessen Schlag etwa bei einer Herzoperation durch ein Narkosemittel unterdrückt wurde.

Wenige Wochen vor der Geburt wird diese strikte Wehenhemmung außer Kraft gesetzt. Das Organ, das den Fötus monatelang schützte und versorgte, beginnt ihn aktiv hinunterzudrücken.

AUCH DER MUTTERMUND verändert sich jetzt. Dieser ringförmige Schließmuskel riegelt das untere Ende der Gebärmutter bis zur Geburt zuverlässig ab – ähnlich einer Kordel, die einen Sack zusammenschnürt. Der Verschluss besteht zu rund 15 Prozent aus Muskelzellen, den Rest bilden vor allem Fasern aus Eiweiß, die sich ineinander verdrillen und dem Gewebe Festigkeit geben.

Angeregt durch die Entzündungs-Botenstoffe aus der kindlichen Lunge,

Schon im Uterus hat der Fötus **Atembewegungen** trainiert

produziert die Fruchtblase etwa zwei Wochen vor der Geburt Hormone und Enzyme, die den Muttermund nach und nach dünner und weicher machen, indem sie die Bindungen zwischen den Fasern auflösen. Zudem strömen Zellen des mütterlichen Immunsystems herbei, weiße Blutkörperchen.

Normalerweise bekämpfen sie Krankheitserreger. Nun verdauen sie die nicht mehr so stabilen Fasern im Muttermund. Die streng geordnete Eiweißstruktur verschwimmt, dazwischen eingelagerte Muskelzellen entspannen sich.

Noch wenige Stunden bis zur Geburt: Jetzt bewegen sich Kontraktionen im Uterus wellenförmig in Richtung Muttermund. Die Wehen beginnen am oberen Ende der Gebärmutter, dort zieht sich der Muskelsack zuerst zusammen. Dann wandert die Kontraktion wie eine Welle nach unten. Am oberen Ende verkürzt sich der Uterus immer mehr. Daher wird mit jeder Wehe das Kind nicht nur tiefer in das Becken der Mutter gepresst, sondern auch dort gehalten.

Unter dem Druck öffnet sich der Muttermund immer mehr. Schließlich ist er etwa zehn Zentimeter weit geöffnet, die jetzt überdehnte Fruchtblase platzt. Noch gut zwei Stunden bis zur Geburt (bei einer Erstgebärenden; bei weiteren Geburten dauert die Endphase teilweise nur noch zehn Minuten).

Das Baby muss nun die entscheidende Strecke bis zur Außenwelt überwinden – den Geburtskanal. Der Raum zwischen den Hüftknochen, dem Kreuzbein und dem Schambein der Mutter ist wie ein Ofenrohr gebogen. Der Kopf des Babys passt in der Regel knapp hindurch, allerdings nicht auf direktem Wege. Damit es überhaupt hinauskann, muss es sich korkenzieherartig durch die Öffnung winden.

Für die nächsten Verwandten des Menschen ist die Geburt lange nicht so mühsam: Bei Schimpansen ist der Kopfdurchmesser des Neugeborenen kleiner als der Durchmesser des Beckenkanals, das Junge kann ohne größere Schwierigkeiten einfach hindurchgleiten.

Beim Menschen dagegen hat der Geburtskanal im Laufe der Evolution

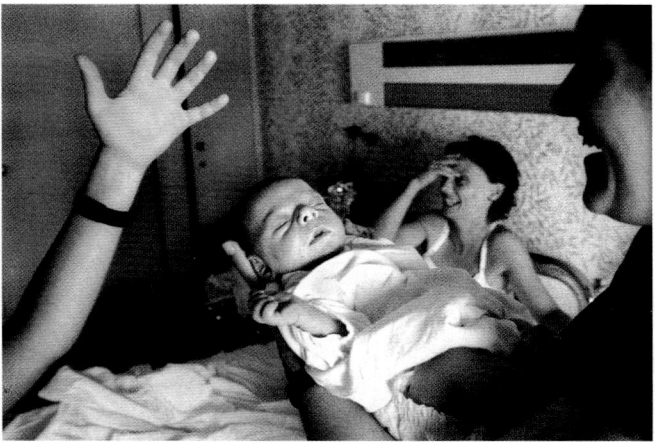

Völlig hilflos und passiv wirkt das Baby zunächst, doch mithilfe seiner Sinne beginnt es sofort, die Welt zu erkunden

Neugeborene können mit anderen Babys wenig anfangen. Sie konzentrieren sich auf ihre Sinne: Geruch und Geschmack sind gut ausgeprägt, das Gehör wird optimiert, das Sehen bedarf noch größer Verfeinerung

einen gravierenden Wandel durchgemacht: Mit dem aufrechten Gang wurde die Hüfte – von der Seite betrachtet – schmaler. Der Abstand zwischen der Gelenkpfanne, in der der Oberschenkelknochen sitzt, und dem unteren Teil der Wirbelsäule schrumpfte. Dadurch verengte sich der Geburtskanal.

Für die ersten aufrecht gehenden Affenmenschen stellte das kein Problem dar, ihre Schädel waren verhältnismäßig klein. Doch je größer das Gehirn und damit der Kopf wurde, desto beschwerlicher und gefährlicher gestaltete sich die Passage durch den Geburtskanal. Wohl kein anderes Säugetier kommt so mühsam zur Welt wie der Mensch.

Hätte das Baby bei der Geburt den gleichen Entwicklungsstand wie bei anderen Primaten, wäre der Geburtskanal der Frau zu eng. Das Problem wird dadurch umgangen, dass der Mensch als Frühgeburt zur Welt kommt und sich außerhalb des Mutterleibes weiterentwickelt (siehe Kasten Seite 36).

MEIST ÜBER STUNDEN ist der Fötus dem enormen Druck der Wehen ausgesetzt, sein Kopf wird zusammengequetscht. Die Schädelknochen sind noch nicht miteinander verwachsen, sodass sie sich übereinanderschieben können. Zudem sind sie noch recht flexibel und verkraften es, eingedrückt zu werden, ohne dass das Baby Schäden davonträgt. Dadurch haben manche Neugeborene ein paar Tage lang deformierte Köpfe.

MEMO | GEBURT

》》》 **DIE PLAZENTA** übernimmt beim Ungeborenen Funktionen von Lunge, Magen-Darm-Trakt und Niere.

》》》 **EIN WECHSELSPIEL** vieler Stoffe wie der Hormone von Fötus und Mutter leiten die Geburt ein.

》》》 **EINE ART ENTZÜNDUNGSREAKTION** weicht den Muttermund auf.

》》》 **DIE GEBÄRMUTTER,** die das Kind neun Monate versorgte und schützte, presst es bei der Geburt hinaus.

Oft bilden sich durch den Druck beim spiralförmigen Zwängen durch den Geburtskanal Schwellungen. Stresshormone überfluten den kindlichen Organismus. In seinem Blut herrscht Sauerstoffmangel. Ein Erwachsener würde unter gleichen Umständen wohl in Ohnmacht fallen. Doch der Fötus hält selbst diese physiologische Tortur aus.

Die Natur hat sich sogar die Enge des mütterlichen Beckens zunutze gemacht: Bei der Passage durch den Geburtskanal wird ein Teil der Flüssigkeit aus den oberen Atemwegen gepresst. Und Wehen und Geburt lösen eine Hormonkaskade aus, die die Lunge optimal auf den ersten Einsatz vorbereitet.

Wenn das Baby den Geburtskanal verlässt, also geboren wird, weitet sich der vorher eingeengte Brustkorb. Ohne

Der erste aktive Atemzug endet mit einem Schrei

eigenes Zutun des Kindes wird das erste Mal Luft in die Atemwege gesogen.

Die ungewohnten Reize, denen das Neugeborene ausgesetzt ist – Kälte, Berührung, Helligkeit, Geräusche –, stimulieren nun die Atmung. Und auch der Sauerstoffmangel im Körper regt das Baby an, aktiv zu werden.

Der anschließende Atemzug ist besonders schwer. Denn die Lungenbläschen enthalten meist noch einen Rest Flüssigkeit. Das Neugeborene muss einen erheblichen Widerstand überwinden, um Luft bis in die Verästelungen der Lunge zu saugen. Es hält die Luft an, bis es den Druck nicht mehr halten kann. Nun strömt die Luft durch seine Stimmritze mit großer Kraft wieder hinaus – der erste Schrei ertönt.

Wenn sich dann die Lungenbläschen nach und nach mit Gas füllen und aufblähen, weitet sich auch das Netz der winzigen Adern in der Lunge – erstmals werden diese Gefäße nun von Blut durchströmt und können Sauerstoff aufnehmen. Auf einen Schlag ändern sich die Druckverhältnisse im kindlichen Blutsystem und stellen den Organismus vollends auf Lungenatmung um.

Im Herzen wird die zuvor lose Gewebeklappe genau auf das Loch zwischen den beiden Herzhälften gedrückt; sie sind nun voneinander getrennt.

Fortan fließt das gesamte Blut von der rechten Herzhälfte in die Lunge, wird dort mit Sauerstoff angereichert und strömt anschließend in die linke Herzhälfte, von wo aus es in den Körper gepumpt wird. Innerhalb weniger Tage verwächst die Klappe mit dem umliegenden Herzgewebe.

Damit ist die Umstellung aber noch nicht beendet. Der Stoffwechsel muss sich ebenfalls anpassen, denn das Baby ist ja nun von der Versorgung durch die Plazenta abgeschnitten. Schnell mobilisiert das Neugeborene Energiereserven: Bestimmte Moleküle setzen Zuckerstoffe aus der Leber frei – ein Vorrat, der etwa zwölf Stunden hält.

AUCH DIE ERSTE MUTTERMILCH hilft dem Neugeborenen, den Weltenwechsel zu meistern. Diese sogenannte Vormilch liefert zwar noch wenig Energie, aber sie trägt dazu bei, den kindlichen Stoffwechsel und Darm so umzustellen, dass er unter anderem jene Fette zu verdauen vermag, die in der normalen Muttermilch vorhanden sind (siehe Seite 50). Zudem regt die Milch den Darm des Babys an, auch eigene Fettvorräte abzubauen, und spendet dem Neugeborenen Antikörper, die Keime abwehren.

Denn an diese Gefahrenträger muss sich das Kind erst gewöhnen. Neun Monate lang hat es im Schutze einer in der Regel keimfreien Welt gelebt – nun beginnt sich das Immunsystem zu entwickeln. Es wird Monate dauern, bis sich auch dieser Teil des Menschen der Außenwelt angepasst hat.

Doch nicht nur Krankheitserreger wirken plötzlich auf den Säugling ein – er muss viel mehr Reize und Informationen aufnehmen, filtern und verarbeiten als im Uterus. Das soziale und kulturelle Umfeld nimmt von nun an starken Einfluss auf seine weitere Entwicklung.

Die Phase der Ruhe und Ordnung im „Paradies Mutterleib" ist für immer vorbei. □

Ute Kehse, 39, lebt als Wissenschaftsautorin in Delmenhorst und ist selbst Mutter zweier Kinder.

Literatur: Lesley Regan, „Meine Schwangerschaft Woche für Woche: Medizinischer Hintergrund und praktischer Rat", Dorling & Kindersley.

GEO berichtet in exklusiven und aktuellen Reportagen über die wichtigen Themen unserer Zeit. Erscheint 12x im Jahr.

GEOkompakt ist monothematisch und widmet sich den großen Fragen der Allgemeinbildung in außergewöhnlicher visueller Opulenz. Erscheint 4x im Jahr.

GEO Special berichtet jeweils über ein Land, eine Region oder eine Stadt. Erscheint 6x im Jahr.

Gratis!

GEOSAISON zeigt die schönsten Reiseziele rund um den Globus. Erscheint 12x im Jahr.

GEOlino ist das Erlebnisheft für Kinder von 8 bis 14 Jahren. Erscheint 12x im Jahr.

GEO EPOCHE ist das Geschichtsmagazin von GEO. Erscheint 6x im Jahr.

6-teiliges Outdoor-Set »Free«
Ob Großstadtdschungel oder Amazonas – dieses Set enthält alles, was man zum Überleben braucht. Fernglas 4x30, Taschenmesser, Taschenleuchte (inkl. Batterie), Kompass und Regenponcho. Maße: ca. 11 x 13,4 x 6,6 cm.

Jetzt Ihre Wunschzeitschrift frei Haus lesen:
mit bis zu 13% Ersparnis + Dankeschön gratis!

GEO-Familienangebot-Vorteilscoupon

Ihre Vorteile:
- Bis zu 13% sparen!
- Outdoor-Set »Free« gratis!
- Lieferung frei Haus!
- Nach 1 Jahr jederzeit kündbar!
- Geld-zurück-Garantie für zu viel bezahlte Hefte!

Abonnenten-Service Österreich
Tel.: 0820/00 10 85
Geo-kompakt@abo-service.at

Leser-Service Schweiz
Tel.: 041/329 22 20
Geokompakt@leserservice.ch

Bitte Bestellnummer aus dem Vorteilscoupon angeben.

Weitere Angebote unter www.geo.de/abo

Verlag: Gruner+Jahr AG & Co KG, Dr. Gerd Brüne, Am Baumwall 11, 20459 Hamburg. AG Hamburg, HRA 102257.
Vertrieb: DPV Deutscher Pressevertrieb GmbH, Dr. Olaf Conrad, Düsternstr. 1, 20355 Hamburg. AG Hamburg, HRB 95 752.

*14 Cent/Min. aus dem deutschen Festnetz, Mobilfunkpreise können abweichen.

Ja, ich bestelle die angekreuzten Zeitschriften. Zum Dank für meine Bestellung erhalte ich **das Outdoor-Set »Free«** nach Zahlungseingang **gratis.** Die Lieferung aller Hefte erfolgt frei Haus. Ich gehe kein Risiko ein, denn ich kann nach einem Jahr jederzeit kündigen. Das Geld für bezahlte, aber nicht gelieferte Ausgaben erhalte ich zurück.

GEO (12 Hefte) für mich, Bestell-Nr. ☐ **603450**, als Geschenk ☐ **603451**
Erscheint 12x jährlich zum Preis von zzt. € 5,30 (D)/€ 6,– (A)/Fr. 10.50 (CH) pro Heft.

GEO EPOCHE (6 Hefte) für mich, Bestell-Nr. ☐ **603454**, als Geschenk ☐ **603455**
Erscheint 6x jährlich zum Preis von zzt. € 7,50 (D)/€ 8,15 (A)/Fr. 14.70 (CH) pro Heft.

GEO Special (6 Hefte) für mich, Bestell-Nr. ☐ **603458**, als Geschenk ☐ **603459**
Erscheint 6x jährlich zum Preis von zzt. € 6,95 (D)/€ 8,10 (A)/Fr. 13.60 (CH) pro Heft.

GEOSAISON (12 Hefte) für mich, Bestell-Nr. ☐ **603452**, als Geschenk ☐ **603453**
Erscheint 12x jährlich zum Preis von zzt. € 4,20 (D)/€ 4,90 (A)/Fr. 8.15 (CH) pro Heft.

GEOlino (12 Hefte) für mich, Bestell-Nr. ☐ **603456**, als Geschenk ☐ **603457**
Erscheint 12x jährlich zum Preis von zzt. € 3,05 (D)/€ 3,25 (A)/Fr. 5.70 (CH) pro Heft.

GEOkompakt (4 Hefte) für mich, Bestell-Nr. ☐ **603448**, als Geschenk ☐ **603449**
Erscheint 4x jährlich zum Preis von zzt. € 7,25 (D)/€ 8,15 (A)/Fr. 14.20 (CH) pro Heft.

☐ Ja, ich bin damit einverstanden, dass GEO und Gruner+Jahr mich künftig per Telefon oder E-Mail über interessante Angebote informieren.

Widerrufsrecht: Die Bestellung kann ich innerhalb der folgenden zwei Wochen ohne Begründung beim GEOkompakt Kunden-Service, 20080 Hamburg, in Textform (z.B. Brief oder E-Mail) oder durch Rücksendung der Zeitschrift widerrufen. Zur Fristwahrung genügt die rechtzeitige Absendung.

Datum   Unterschrift

Meine Adresse: (Bitte auf jeden Fall ausfüllen.)

Name
Vorname   Geburtsdatum
Straße/Nr.
PLZ   Wohnort
Telefon-Nr.   E-Mail-Adresse
Ich zahle bequem per Bankeinzug:
Bankleitzahl   Kontonummer
Geldinstitut

Anschrift des Geschenkempfängers: (Nur ausfüllen, wenn Sie einen GEO-Titel verschenken möchten.)

Name
Vorname   Geburtsdatum
Straße/Nr.
PLZ   Wohnort
Dauer der Geschenklieferung:
☐ unbefristet (mindestens 1 Jahr) ☐ 1 Jahr

Vorteilscoupon einsenden an: GEOkompakt, Kunden-Service, 20080 Hamburg

Oder anrufen unter: 01805/861 80 00*

Einfach per E-Mail: Geokompakt-Service@guj.de

| Säuglingsalter |

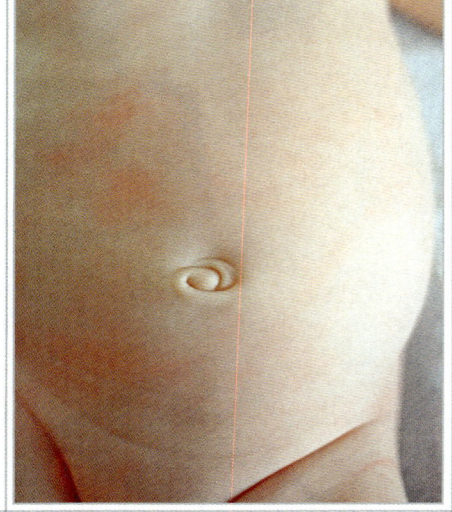

Babyhaut ist ein feinfühliger Sensor für Berührungen, die für die geistige und körperliche Entwicklung enorm wichtig sind

Eine neue Phase im Babyleben: Mit etwa vier Monaten drehen sich Kleinkinder erstmals auf den Bauch

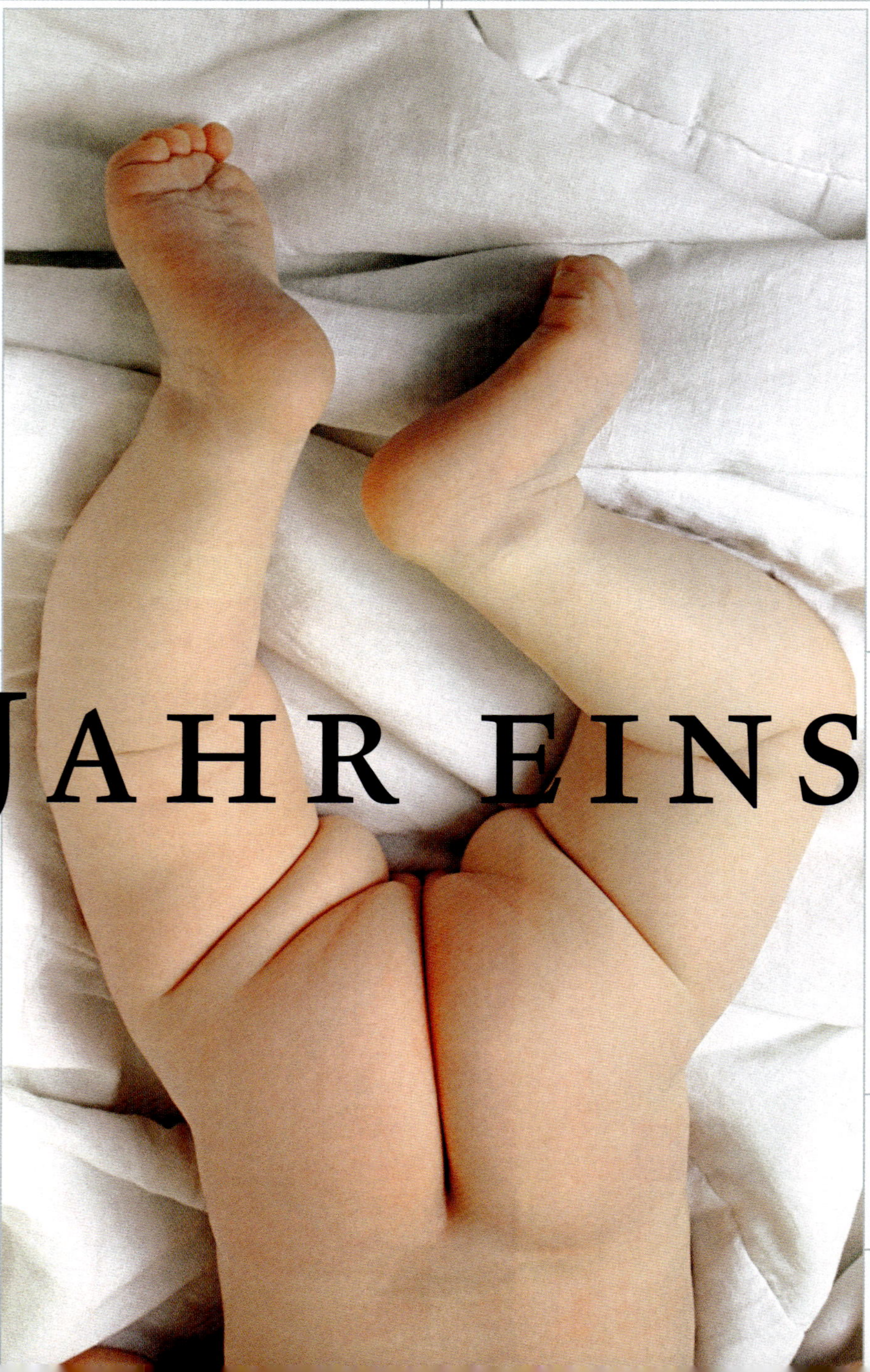

Das Jahr eins

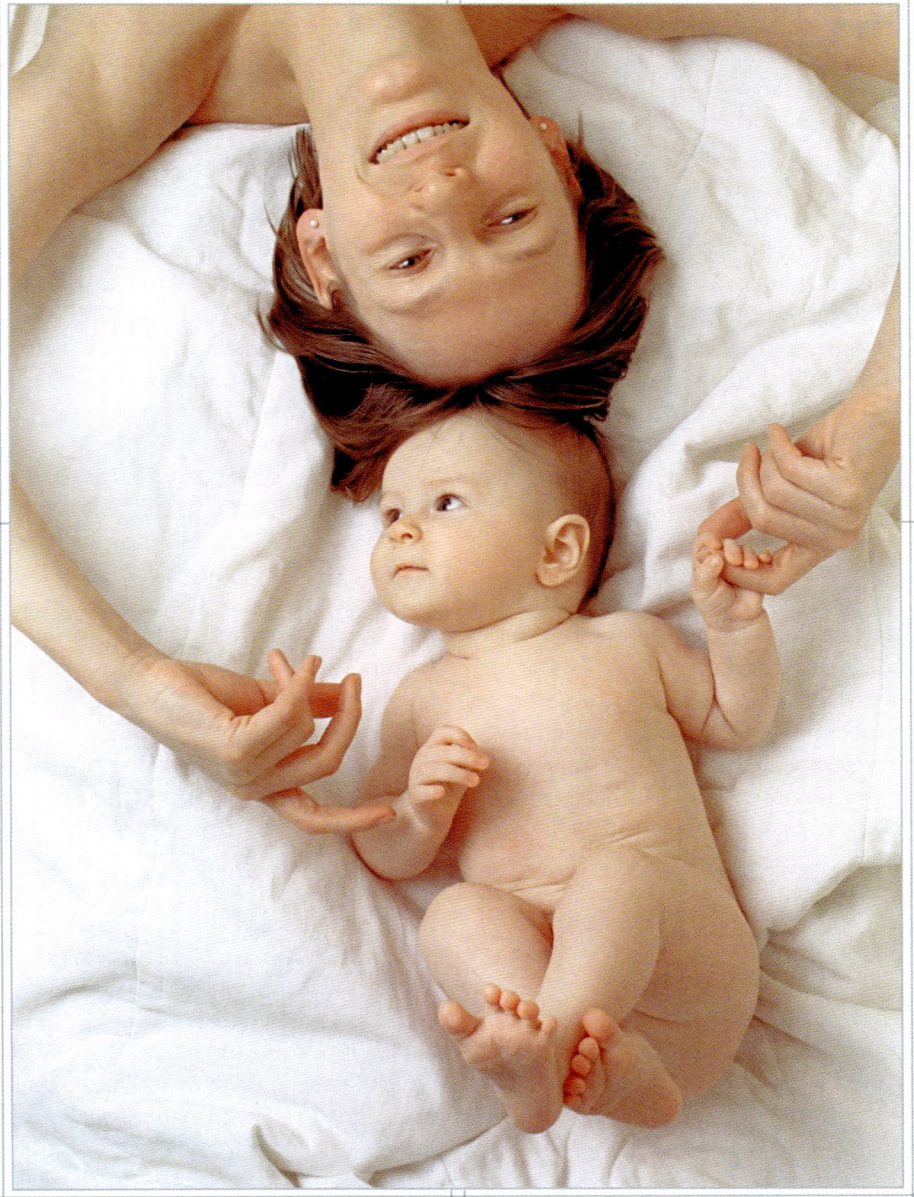

Zum Greifen nah: Mit drei Monaten können Kinder Dinge willkürlich anfassen, zuvor packen sie im Reflex zu

Gut geschützt. Besonders Frühgeborene fühlen sich wohl, wenn sie um sich herum Begrenzungen spüren

In den ersten 365 Tagen lernt ein Mensch mehr als im gesamten Rest seines Lebens. Nach diesen zwölf Monaten kann er sich mitteilen, erkennt Gesetzmäßigkeiten, findet sich in vertrauter Umgebung zurecht und denkt über Ursache und Wirkung nach. Die GEOkompakt-Autorin Alexandra Rigos erzählt von der ersten und größten Entdeckungsreise ihrer Tochter Irene

Fotos: Michael Hagedorn

Das Erste, was ich von Irene sehe, ist ihr Ärmchen. Schützend hält sich meine neugeborene Tochter damit die Augen zu. Vorbei ist die Zeit im Uterus. Die Dunkelheit. Die gedämpften Geräusche.

Gleißend hell, schrill und laut muss für sie nun die neue Umgebung sein. Von einem Moment auf den nächsten ist mein Baby einem Sperrfeuer von Wahrnehmungen ausgesetzt, das ihm vermutlich ähnlich bunt und zusammenhanglos erscheint wie einem Erwachsenen der Blick in ein Kaleidoskop.

Alles, was Irene sieht, ist unscharf, als versperre eine Milchglasscheibe ihre Sicht. Dinge tauchen aus dem Nichts auf und huschen durch den Raum. Doch sie weiß sie nicht zu deuten. Sie hat nicht einmal eine Vorstellung davon, was ein „Ding" ist, und erst recht kein Bewusstsein ihrer selbst.

3460 Gramm Gewicht und 51 Zentimeter Körperlänge bringt sie mit auf die Welt – sowie rund 100 Milliarden Hirnzellen, die bereitstehen, der Flut äußerer Reize einen Sinn abzuringen.

Rasend schnell wird das Babygehirn lernen, Informationen zu verarbeiten und Regeln im scheinbaren Chaos zu erkennen. Noch ein paar Minuten lang verbirgt Irene im Kreißsaal ihr Gesicht, dann zieht sie den Arm weg und beginnt, die Welt zu entdecken.

Um sich in ihrer Umgebung zu orientieren, nutzt sie weniger ihr Gehör und das noch unvollkommene Sehvermögen, sondern vor allem die Nahsinne Geruch, Geschmack und Tastempfinden.

Schon im Uterus können Babys riechen und schmecken, und da die Aromen der mütterlichen Mahlzeiten ins Fruchtwasser gelangen, hatte der Fötus ausreichend Gelegenheit, diese Sinne zu schulen.

Daher sind sowohl das Riechen als auch das Schmecken bei der Geburt bereits gut entwickelt, auch wenn diese Nahsinne in den folgenden Monaten feiner abgestimmt werden und das Gehirn die Reize mit der Zeit schneller verarbeitet. Schließlich ist Irene auf diese Sinne angewiesen, um schnell die Mutterbrust zu finden.

Die Wahrnehmung von Berührungsreizen ist überdies wichtig für die gesunde Entwicklung körperlicher und geistiger Fähigkeiten. Nicht zuletzt vermitteln die Nahsinne jene Bindung zur Mutter, die im Laufe der Evolution überlebenswichtig war (siehe Seite 62).

Bereits nach wenigen Stunden vermag Irene meinen Geruch von dem anderer Frauen zu unterscheiden.

Dabei ist sie als Mädchen gleichaltrigen Jungen gegenüber im Vorteil: Bereits als Babys haben Frauen eine feinere Nase, neugeborene Jungen zeigen keine so ausgeprägte Präferenz für den Geruch einer stillenden Mutter.

Dagegen teilen alle Neugeborenen die gleichen Geschmacksvorlieben: Sie mögen Süßes. Auf Salziges in mäßiger Konzentration reagieren sie dagegen gleichgültig. Bei bitteren sowie sauren Aromen verziehen sie sogar angewidert das Gesicht. Füttert man Babys mit Zuckerlösung unterschiedlicher Stärke, ziehen sie generell die süßere Flüssigkeit vor und mögen sogar raffinierten Haushaltszucker lieber als die in der Muttermilch enthaltene, aber weniger süße Laktose.

Die kindliche Vorliebe für Süßes ist also kein Ergebnis falscher Erziehung. Sondern angeboren – sie hat einen evolutionären Sinn: Zucker geht direkt ins Blut über und sorgt so für eine schnelle Energiezufuhr.

Wie der Geruch ist auch die Stimme der Mutter einem Neugeborenen vertraut, kennt es sie doch – wenn auch durch die Bauchdecke gedämpft – aus der Zeit im Uterus: Bereits ab der 32. Schwangerschaftswoche sind die Ohren grundsätzlich funktionsfähig. Ein Baby kann sich sogar an Melodien erinnern, die seine Mutter während der Schwangerschaft häufig gehört hat (siehe Seite 24).

Dennoch scheint die Welt der Töne für Irene noch keine wichtige Rolle zu spielen, denn Neugeborene reagieren nur auf ziemlich laute Geräusche. Das Zusammenwirken von Ohr, Hörnerv und Gehirn muss sich erst noch einspielen. So verbessert sich etwa das Richtungshören, und die Verortung von Lauten wird immer genauer.

Dabei geht allerdings eine besondere Gabe verloren – vielleicht die einzige, die Babys Erwachsenen voraushaben: Sie sind in der Lage, zwischen Lauten aller Sprachen zu differenzieren. Japanische Säuglinge hören beispielsweise den Unterschied zwischen „l" und „r", den ihre Eltern nicht mehr wahrnehmen können. Doch schon ab etwa sechs Monaten beginnt diese universelle Fähigkeit nachzulassen, und im Alter von zehn bis zwölf Monaten ist sie schließlich wieder verschwunden, während die Sensibilität für Laute der Muttersprache wächst (siehe Seite 72).

Angeborener Überlebensreflex: Geraten Säuglinge mit dem Kopf unter Wasser, halten sie automatisch die Luft an

UNVERWANDT STARRT mich Irene beim Trinken an, während ich sie mit der Flasche füttere. Dabei nimmt sie allerdings weniger meinen lächelnden Mund wahr, ja nicht einmal meine markante Nase. Vielmehr orientiert sie sich an der Form meines Gesichts und dem Ansatz meiner Haare: Babys schauen lieber auf klare Hell-dunkel-Kanten und kontrastreiche Muster, da sie graduelle Unterschiede noch kaum wahrnehmen. Zudem sehen sie am Rand ihres Gesichtsfelds besser als in der Mitte.

Denn gerade die Fovea, der Bereich des schärfsten Sehens auf der Netzhaut, ist zum Zeitpunkt der Geburt sehr spärlich mit einem bestimmten Typ von

Zehn Milliarden Synapsen entstehen nun im Sehzentrum des Gehirns – täglich

Schon Ungeborene können schmecken und riechen. Dem Säugling weisen diese Sinne den Weg zur Nahrungsquelle

Sehzellen, den Zapfen, bestückt. Danach beginnen sich dann die wenigen, aber dicken Zapfen der Fovea zu strecken und schaffen dadurch Platz für zusätzliche Sinneszellen.

Zudem ist der Augenmuskel noch nicht voll ausgereift und vermag daher die Linse nicht komplett zu krümmen, sodass das Baby den Blick nur wenig fokussieren kann. Die Sehschärfe eines Neugeborenen entspricht nur etwa fünf bis zehn Prozent von der eines normalsichtigen Erwachsenen, doch von Tag zu Tag kann das Babyauge Details und schwache Kontraste besser auflösen sowie Farben deutlicher wahrnehmen.

Trotz ihrer eingeschränkten Sehfähigkeiten reagieren Neugeborene vom ersten Tag an auf das mütterliche Gesicht. Manche erkennen auch die Züge des Vaters, sofern er genug Zeit mit dem Nachwuchs verbringt.

Ein lebhaftes Interesse an Gesichtern sowie die Fähigkeit, diese zu erkennen, ist dem menschlichen Gehirn einprogrammiert: Unmittelbar nach der Geburt schon können Babys mit ihrem Blick einer sich langsam bewegenden Strichzeichnung mit Augen, Mund und Nase folgen. Sind die Merkmale falsch angeordnet, interessiert die Skizze dagegen weniger.

Und kein Spielzeug fasziniert Irene mehr als die Clownspuppe ihrer vierjährigen Schwester Dora: mit dem breiten roten Mund, der Knollennase und den riesigen Augen. Sie scheint meiner Tochter ideale Kontraste zu bieten, an denen sie ihr Sehvermögen trainieren kann.

Das Sehen müssen Babys lernen, indem sie vor allem ihre Umwelt betrachten. Denn ihre immer bessere Wahrnehmungsfähigkeit hängt nicht allein vom Reifen der Sinnesorgane ab. Ebenso wichtig sind die Veränderungen, welche die Sinneseindrücke im Gehirn auslösen.

Exemplarisch lässt sich so am Sehen verfolgen, wie das kindliche Gehirn im Wechselspiel von genetischer Programmierung und äußeren Reizen Schritt für Schritt seine Fähigkeiten erweitert: Obwohl die visuelle Wahrnehmung als einziger Sinn im Mutterleib praktisch nicht angeregt wird, bilden sich bereits ab dem fünften Schwangerschaftsmonat erste Kontaktstellen (Synapsen) zwi-

GEOkompakt 43

schen den 100 Millionen Hirnzellen der Sehrinde – so heißt jener Bereich der Großhirnrinde, der in Zusammenarbeit mit anderen Hirnregionen für das Sehen zuständig ist.

Doch erst als Irene in die helle, bunte Außenwelt katapultiert wird, kommt dieser Prozess richtig in Gang. Mit jedem optischen Reiz, jedem wahrgenommenen Schimmer formieren sich neue Verknüpfungen im Netz der Neuronen. In der Sehrinde entsteht so pro Tag die unvorstellbare Menge von zehn Milliarden neuer Synapsen.

Ein entscheidender Entwicklungssprung spielt sich dann gegen Ende des zweiten Lebensmonats ab. Hat bis dahin der Hirnstamm, ein zwischen Großhirn und Rückenmark gelegener Bereich des Gehirns, den Großteil der visuellen Eindrücke verarbeitet, ist die Sehrinde jetzt so weit verschaltet, dass sie die Kontrolle übernehmen kann.

NACH DIESER Übergangsphase nehmen Babys immer gieriger Sinneseindrücke auf. Meine Tochter ist zehn Wochen alt, als es von einem Tag auf den anderen vorbei ist mit den geruhsamen Ausfahrten im Kinderwagen. Jeden Spaziergang untermalt Irene nun mit Gebrüll. Den beruhigenden Schnuller weist sie empört zurück.

Es dauert ein paar Tage, bis ich begreife, dass es sie schlicht langweilt, immer nur den blauen Baldachin des Kinderwagens anzustarren. Auch das herunterbaumelnde Holzspielzeug kennt sie schon viel zu gut. Es hilft nichts – die Rückenlehne muss ein wenig aufgerichtet werden, und zufrieden betrachtet Irene fortan das Gewühl der Großstadt.

In den kommenden Wochen nimmt die Zahl der Synapsen in ihrem Hirn immer weiter zu, bis die Sehrinde mit etwa acht bis neun Monaten ihre maximale Verknüpfungsdichte erreicht.

Gegen Ende des ersten Lebensjahres schließlich beginnt der Abbau der Kontaktstellen, bis eine Verknüpfungsdichte auf dem Niveau von Erwachsenen erreicht ist. Nur jene Synapsen, die durch wiederkehrende Reize ständig angeregt und damit gebraucht werden, festigen sich und bleiben bestehen, während andere, ungenutzte verkümmern.

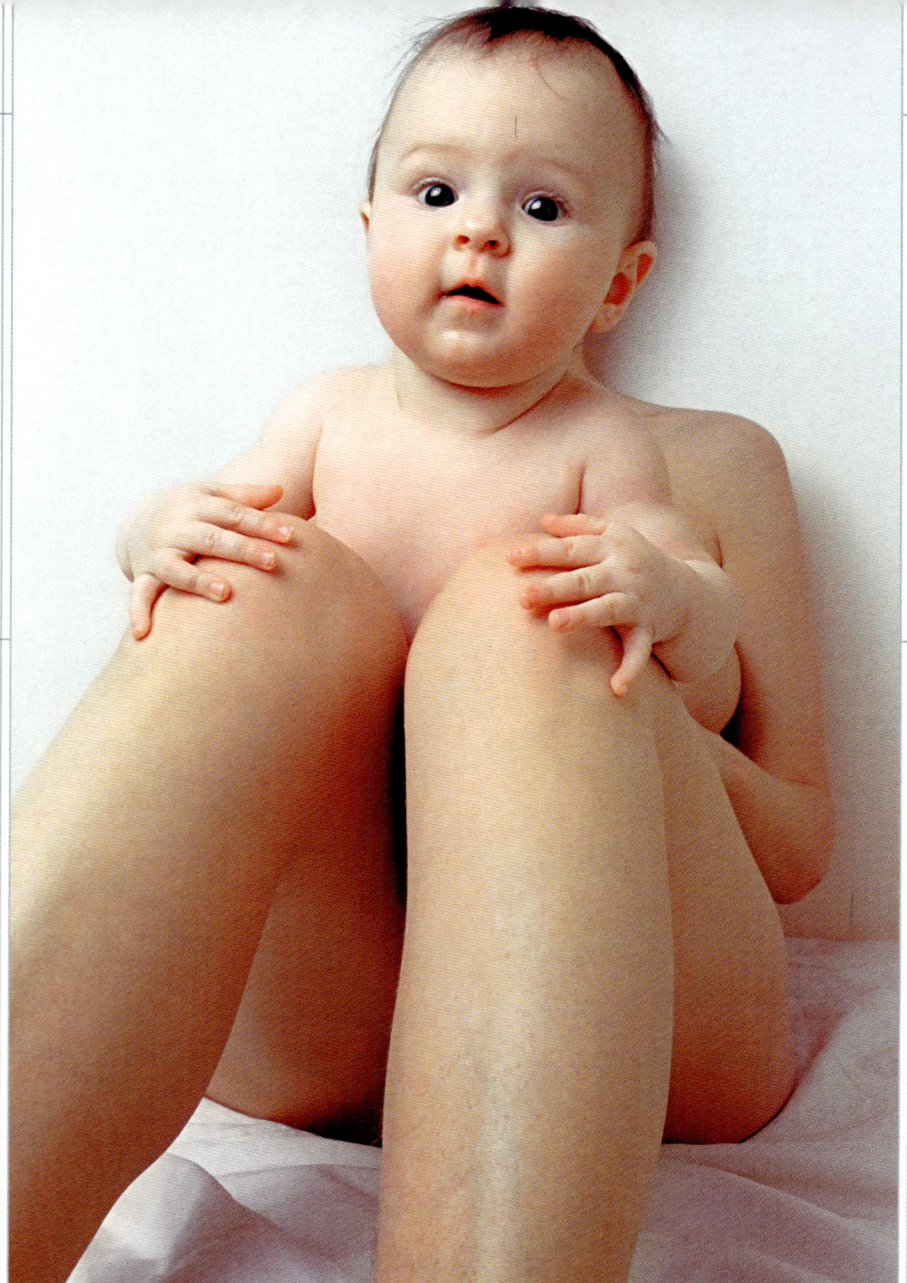

Die enge Bindung an die Mutter beruht auch auf deren Geruch – den das Baby schon kurz nach der Geburt wiedererkennt

SELBST »FREMDELN« HAT EINEN EVOLUTIONÄREN SINN: ALS SCHUTZ VOR UNBEKANNTEN

Dieser Auslesevorgang dauert weit über das erste Lebensjahr hinaus an; am Ende sind 40 Prozent der Synapsen in der Sehrinde wieder verschwunden. Die Entwicklung anderer Zentren des Großhirns verläuft analog, nur zeitlich verschoben. Die Hörrinde zum Beispiel erreicht ihr Synapsenmaximum erst im Vorschulalter.

Der Schwund ungenutzter Schnittstellen ist auch der Grund, weshalb für kleine Japaner spätestens am Ende des ersten Lebensjahres „r" und „l" gleich klingen. Dieser Verlust mag bedauerlich erscheinen, doch er geht einher mit einer Konzentration des Gehirns auf die Fähigkeiten, die es in seiner Umgebung tatsächlich benötigt. Und die japanische Sprache kennt nun einmal keinen Unterschied zwischen l und r. Daher ist es für einen Japaner nicht nötig, die zwei Konsonanten auseinanderzuhalten.

In der Sehrinde bilden sich durch dieses Selektionsverfahren im Laufe der Zeit nützliche „Schaltkreise" heraus, die zunehmend leistungsfähiger werden. Das Kind lernt so zum Beispiel, Objekte vom Hintergrund zu unterscheiden, räumlich zu sehen oder einen teilweise verdeckten Gegenstand zu identifizieren.

All diese scheinbar so banalen Fähigkeiten sind keine automatischen Funktionen des Sehsinns, sondern erfordern zusätzlich Erfahrungswissen.

DIE NERVENBAHNEN werden nun nach und nach mit einer Art Isoliersubstanz umhüllt, dem Myelin, was dazu führt, dass die elektrischen Signale in den Nervenfasern deutlich rascher weitergeleitet und verarbeitet werden.

Auch wenn das Gehirn zeitlebens formbar bleibt, muss ein Kind manche Fähigkeiten innerhalb bestimmter Zeitfenster lernen – etwa das räumliche Sehen, bei dem das Gehirn die Eindrücke beider Augen zu einem einzigen, dreidimensionalen Bild zusammenfügt.

Wann und wo im Hirn sich die Synapsen bilden, ist im Erbgut verankert. Wie genau sich die Nervenzellen miteinander vernetzen, hängt dagegen von den Seheindrücken ab. Wird etwa ein schielendes Auge nicht rechtzeitig behandelt, können Fehlentwicklungen der Sehrinde später nicht mehr ausgeglichen werden.

Parallel zu den Fortschritten bei der Wahrnehmung entwickeln sich Irenes motorische Fähigkeiten: Was sie sehen kann, lockt schließlich, danach zu greifen. Zunächst gelingt es ihr lediglich, mit der Faust gegen einen bunten Ball zu schlagen, der über ihrem Kopf baumelt. Doch mit etwa drei Monaten kann sie schon Tücher erhaschen.

Und alles, was Irene in die Finger bekommt, nimmt sie auch in den Mund: Denn noch immer ist der Tastsinn für sie eine wichtige Quelle der Wahrnehmung, und ihre Lippen sind empfindsamer als die noch ungeübten Finger.

Wieder und wieder zieht sie nun den Schnuller aus dem Mund, betrachtet ihn, als sähe sie ihn zum ersten Mal, und ver-

Vom ersten Tag an interessieren sich Säuglinge für Gesichter und erkennen die Züge vertrauter Personen wieder

sucht, ihn wieder in den Mund zu schieben. Noch allerdings trifft sie bestenfalls zufällig das Ziel.

Dann, mit etwa vier Monaten, beginnt für Irene ein neuer Lebensabschnitt: die Ära der aktiven Erforschung der Welt.

Indem sie beim Strampeln wiederholt ihre eigenen Füße einfängt und meinen Mann und mich dabei stolz anstrahlt, beweist sie, dass sie nun gezielt nach Objekten greifen kann. Jetzt muss sie nicht mehr bloß anschauen, was sich ihr zeigt, sondern kann selbst interessante Dinge bewusst heranschaffen.

Fast gleichzeitig dreht sie sich erstmals vom Rücken auf den Bauch und versucht unverzüglich, mit Armen und Beinen rudernd nach vorn zu robben.

Der Versuch kostet Kraft und endet wie so vieles anderes in Frustration und Wutgeschrei. Immerhin kann Irene nach ein paar Tagen ihr Hinterteil kurz anheben – ein weiterer Etappensieg auf dem Weg zur selbstständigen Fortbewegung.

Mit sechs Monaten kann sie frei sitzen. Das erweitert ihren Spielraum enorm, denn jetzt braucht sie ihre Hände nicht mehr, um sich abzustützen, sondern kann weiter das Greifen und Hantieren mit Spielzeug üben. Es gelingt ihr auch, vom Fleck zu kommen, zunächst mühsam, dann immer schneller.

Durch das Krabbeln erweitert sich ihr geistiger Horizont schlagartig. Denn die motorischen Fortschritte sind enorm wichtig für die kognitive Entwicklung: Das Kind erfährt dadurch viel mehr Anregungen, kann mehr Neues entdecken und es genauer untersuchen.

Dennoch müssen Eltern sich nicht sorgen, wenn ihr Nachwuchs später als andere Kinder zu greifen oder zu krabbeln beginnt – Abweichungen von mehreren Monaten sind normal.

IN DER ZWEITEN HÄLFTE des ersten Lebensjahres erlebt Irene einen großen Schub in ihrer emotionalen Entwicklung. Zwar hat sie mich schon im Krankenhaus ein einziges, unvergessliches Mal angelächelt, doch war das nur eine zufällige Regung ihrer Gesichtsmuskeln.

Richtig zu lächeln begonnen hat sie mit etwa vier Wochen (in allen Kulturen fangen Babys zwischen vier und acht Wochen an zu lächeln), und wohl nichts erleben Eltern intensiver und gerührter als dieses zahnlose Lächeln. Oft scheint es nicht nur das Gesicht, sondern den ganzen, begeistert strampelnden Babykörper zu erfassen. So stark ist der Bann, dass mein Mann und ich pausenlos Faxen machen, um sie lächeln zu sehen.

Doch die tiefen Gefühle sind zunächst einseitig: Denn noch empfindet Irene keine bewusste Freude oder Zuneigung. Ihr Großhirn ist nicht so weit, unbewusste Emotionen in echte Gefühle zu übersetzen. Das ändert sich vermutlich ab etwa sechs Monaten, wenn der vor-

Bei der Geburt kann das Auge kaum fokussieren. Doch binnen sechs Monaten verbessert sich die Sehfähigkeit enorm

dere Bereich der Großhirnrinde weiter entwickelt ist.

Dieses Areal ist sehr wichtig für die Verarbeitung emotionaler Informationen. Allmählich lernt das Baby, seine eigenen Gefühle wahrzunehmen – und freut sich bewusst über Handlungen, etwa wenn es ein Spielzeug ergreift.

In den folgenden Monaten reagiert das Baby zunehmend auf die Emotionen seiner Mitmenschen und lernt, sich in sie hineinzuversetzen, zum Beispiel wenn es anderen von seinen Keksen anbietet.

Nach dem Universum der Dinge tut sich ihm damit ein neues Terrain auf: das menschliche Innenleben.

Dessen Erkundung wird noch lange andauern, denn die an der Gefühlsverarbeitung beteiligten Stirnlappen entwickeln sich langsamer als alle anderen Regionen des Großhirns. Sie erreichen ihre maximale Synapsendichte etwa mit sieben Jahren – und von emotionaler Reife lässt sich wohl erst jenseits der Pubertät reden.

Immerhin aber erwidert das Baby endlich die Liebe seiner Eltern. Vater und Mutter sind nicht mehr bloß Quelle diffusen Wohlbefindens, die sämtliche Bedürfnisse prompt befriedigen, sondern Objekte immer heftigerer Zuneigung.

Dass diese Phase der Bindung an die Eltern mit dem Beginn der selbstständigen Fortbewegung zusammenfällt, scheint eine evolutionäre Errungenschaft zu sein: Sie bewahrt die kleinen Entdecker davor, sich allzu weit aus der schützenden Obhut der Mutter zu entfernen.

Als weitere Vorsichtsmaßnahme beginnen Babys ab dem sechsten Monat zu „fremdeln": Sie reagieren zurückhaltend oder verschreckt auf noch so freundliche Annäherungsversuche unbekannter Menschen.

NEBEN DER GEFÜHLSWELT meiner Tochter macht auch ihr Intellekt im zweiten Halbjahr spürbare Fortschritte, etwa ihr Erinnerungsvermögen.

Schon ein jüngeres Baby erinnert sich an Reize, mit wenigen Monaten erkennt es vertrautes Spielzeug und vermag neu erworbene motorische Fähigkeiten zu wiederholen. So hat Irene beispielsweise recht früh entdeckt, wie sie sich mit Schwung vom Rücken auf die Seite drehen kann, und trainiert diese Übung fleißig.

Doch diese einfache Merkfähigkeit ist noch unbewusst: Der Säugling kann die in seinem Gehirn gespeicherten Informationen nicht aktiv abrufen.

Denn die aktive Erinnerung hängt unter anderem von der noch unfertigen Großhirnrinde ab. Deren unreifer Zustand ist vermutlich ein Grund dafür, dass die ersten Jahre im Leben eines Menschen im Nebel des Vergessens untergehen.

Das bewusste Gedächtnis ist Grundlage vieler kognitiver Fortschritte. So ermöglicht es eine neue Art des Lernens: die Imitation beobachteter Handlungen.

Schon Neugeborene spiegeln häufig unbewusst das Minenspiel von Menschen, die sich über sie beugen. Sie strecken etwa die Zunge heraus oder spitzen die Lippen, wenn ihr Gegenüber das Gleiche tut. Um jedoch auch einen beobachteten Bewegungsablauf nachahmen zu können, muss das Baby das Gesehene längere Zeit im Gedächtnis behalten.

Mit acht bis zwölf Monaten ist es in der Lage, sich einen außer Sicht geratenen Gegenstand im Geist zu vergegenwärtigen. Kinder dieses Alters suchen erfolgreich nach Spielzeug, das man vor ihren Augen in eine Dose gesteckt oder unter einem Tuch verborgen hat.

Das klingt banal. Doch dafür muss sich ein Kind ein inneres Bild, eine Vorstellung des entsprechenden Objekts

> **MEMO | ERSTES LEBENSJAHR**
>
> **》》》 GERUCH:** Schon als Säugling haben Mädchen eine feinere Nase als Jungen.
>
> **》》》 REFLEXE:** Babys kommen mit mehr als zehn angeborenen Verhaltensmustern zur Welt.
>
> **》》》 EMOTIONEN:** Erst ab einem Alter von etwa sechs Monaten nimmt der Säugling eigene Gefühle wahr.
>
> **》》》 MOTORIK:** Mit etwa vier Monaten beginnen Kinder mit der aktiven Erkundung ihrer Umgebung.

machen. Es muss sich dessen Eigenschaften eingeprägt haben.

Babys sind spätestens jetzt auch fähig, Dinge nach bestimmten Merkmalen zu

SCHON NEUGEBORENE AHMEN MIMIK NACH – ZUNÄCHST JEDOCH UNWILLKÜRLICH

Was sich im Kindergehirn abspielt

Elektronischer Hightechschnuller und Zitronenaroma-Wattebausch: Wie Wissenschaftler erforschen, was Babys denken

Herauszufinden, was im Kopf eines Säuglings vorgeht, ist nicht leicht – schließlich können kleine Kinder nicht direkt über ihr Innenleben Auskunft geben. Deshalb sind Wissenschaftler auf indirekte Verfahren angewiesen. Viele davon basieren auf der Annahme, dass sich Babys mehr für Dinge interessieren, die sie neuartig, überraschend oder angenehm finden.

So analysieren Forscher bei der **Blickpräferenzmethode** unter anderem, wie lange das Kind eines von mehreren angebotenen Bildern anschaut (etwa unterschiedliche Muster aus schwarzen und weißen Balken), um so herauszufinden, wie sich die Sehschärfe im Verlauf der Säuglingsentwicklung verändert. Bei älteren Babys, die bereits in der Lage sind, willkürlich nach einem Gegenstand zu greifen, kommt analog dazu die **Greifpräferenzmethode** zum Einsatz.

Mimikanalysen verraten zudem einiges über den kindlichen Geruchssinn. Forscher halten Säuglingen dabei einen Wattebausch mit einem Aroma (etwa Anis, Vanille oder Zitrone) unter die Nase und schauen, ob sie entspannt reagieren oder das Gesicht verziehen.

Um feinere geruchliche Vorlieben auszumachen, bedienen sich Wissenschaftler sogenannter **Kopfwendeanalysen**. Dabei legen sie zwei mit unterschiedlich riechenden Flüssigkeiten getränkte Tücher rechts und links neben den Kopf des Kindes. Dann beobachten sie, in welche Richtung das Baby seinen Kopf wendet, welche Duftquelle es also attraktiver findet. Bei derartigen Versuchen fanden sie heraus, dass Babys wenige Stunden nach der Geburt den Geruch des Fruchtwassers ihrer Mutter von dem anderer Frauen zu unterscheiden vermögen.

In manchen Labors nutzen Forscher auch Hightech-Verfahren wie die Untersuchung von Hirnströmen per **Elektroenzephalogramm (EEG)**, die aber bei Babys recht aufwendig ist. Dafür befestigen sie zahlreiche Elektroden an der Kopfhaut der kleinen Probanden. Diese messen elektrische Impulse von Nervenzellen im Säuglingsgehirn und liefern Daten über die geistige Aktivität.

EEG-Hirnstrommessung bei einem neun Monate alten Säugling

Ein einfacheres technisches Hilfsmittel sind **Spezialschnuller**, die mit einem elektronischen Messgerät verbunden sind und so die Saugintensität registrieren. Je kräftiger der Säugling nuckelt, so die Annahme, desto erregter und damit interessierter ist er. Bei manchen Versuchen soll das Baby über seine Saugstärke selbst bestimmen, welcher von zwei zur Wahl stehenden Reizen ihm präsentiert wird. Dahinter steht die Erwägung, dass die Kinder sich bevorzugte Reize, etwa die über Kopfhörer eingespielte Stimme der Mutter, durch intensives Nuckeln „erarbeiten".

Allerdings müssen Säuglingsforscher ihre Befunde mit Vorsicht bewerten, da es sich stets um Interpretationen handelt und sich Babys je nach Tagesform nicht zwangsläufig nach den Erwartungen der Wissenschaftler richten. So könnte ein Säugling, der sich gerade unpässlich fühlt, eine höhere Präferenz für Vertrautes zeigen, anderntags bei guter Stimmung jedoch fremde Reize spannend finden.

---

sortieren: Sie wissen, dass die Kühe und Pferde aus dem Bauernhof-Bilderbuch Tiere sind, während das Auto und der Traktor einer anderen, unbelebten Kategorie angehören.

Und sie können verschiedene Sinneserfahrungen in ihrer Vorstellung zusammenführen. So ist ihnen beispielsweise klar, dass ein Hund bellt, der ebenfalls vierbeinige Tisch aber nicht.

Ohne diese Fähigkeit, Objekte und Lebewesen bestimmten Kategorien zuzuordnen, müsste ein Mensch ihre jeweiligen Eigenschaften immer wieder aufs Neue erforschen und wäre in jeder neuen Umgebung völlig hilflos. Denn er könnte das erworbene Wissen nicht auf andere Situationen übertragen.

Aus der Sicht eines Erwachsenen erscheinen diese Fähigkeiten simpel, für das Baby hingegen bedeutet jede von ihnen einen entscheidenden Durchbruch.

Wie die vielen kleinen Rädchen einer Maschine bewirken sie im Zusammenspiel, dass das Kleinkind seine Wahrnehmungen immer besser zuordnen kann. Zunehmend erkennt es Sinn und Gesetzmäßigkeiten in dem zuvor so chaotischen Geschehen ringsum.

Und jeder begriffene Zusammenhang zieht gleich einer Kettenreaktion neue Erkenntnisse nach sich.

Die verschwommene, wirre Welt, von der Irene in den Minuten nach der Geburt noch nichts wissen wollte, hat am Ende ihres ersten Lebensjahres feste Konturen gewonnen. Souverän findet sie sich in ihrer vertrauten Umgebung zurecht. Sie kann sich mit ihren Eltern verständigen, alltägliche Situationen erfassen und räumt routiniert den Küchenschrank aus, sobald ich wegschaue.

Im gesamten Rest ihres Lebens wird meine Tochter nicht mehr so viel lernen wie in diesem ersten Jahr – und sich später dennoch an keinen einzigen Tag dieser ereignisreichen Zeit erinnern. □

Alexandra Rigos, 40, ist Wissenschaftsjournalistin in Berlin. **Michael Hagedorn**, 43, Fotograf in Rellingen, hat das erste Lebensjahr seiner Tochter Linn mit der Kamera verfolgt.

Literatur: Sabina Pauen, „Was Babys denken: Eine Geschichte des ersten Lebensjahres", C.H. Beck. Remo H. Largo, „Babyjahre", Piper.

Geschenke, die die Welt bedeuten.

GEO-Europakarte, physisch oder politisch

Der Blick auf die Länder Europas

Die physische Europakarte zeigt die Erdoberfläche, so wie sie wirklich aussieht, mit ihren Laubwälder, Nadelwäldern und Eislandschaften. Die politische Karte zeigt in dezenter und moderner Farbgebung jeden Staat klar abgegrenzt zum Nachbarstaat. Die prägnante Reliefdarstellung und die einzigartige Detailtreue dieser beiden Karten werden ergänzt durch eine unübertroffene Fülle aktueller Informationen.

Format: 95 x 70 cm
Maßstab 1 : 6.631.000
Preis: € 14,95 / € [A] 15,40 / CHF 27.50
Best.-Nr.: G 645000 (physisch)
Best.-Nr.: G 644900 (politisch)

Neu im Shop!

GEO-Leuchtglobus

Dieser in reiner Handarbeit entstehende Globus ist ein Meisterwerk der präzisen Kartographie. Das Kartenbild zeichnet sich neben seiner unübertroffenen Fülle aktueller Informationen durch die besonders harmonische Farbgebung der politischen Darstellung aus und visualisiert zusätzlich beim Einschalten der integrierten Innenbeleuchtung die physische Struktur der Erde. Diese handwerklich gefertigte Globuskugel wird perfekt in eine hochwertige Metall-Armatur in Edelstahlausführung integriert.

Durchmesser: 40 cm
Preis: € 229,- / € [A] 235,50 / CHF 390.-
Best.-Nr.: G 645100

EINFACH BESTELLEN:

Von GEO und GEOlino.

GEOlino-Globus

Genau das Richtige für Kinder mit eigenem Kopf. Der Globus ist mit dem aktuellen politischen Kartenbild unserer Erde ausgestattet. Alles Interessante und Wissenswerte auf unserem Planeten wird mit den außergewöhnlichen, handgezeichneten Motiven genial veranschaulicht. Zum Leuchtglobus gehört ein detailliertes Begleitbuch, in dem diese Illustrationen ausführlich erläutert und erklärt werden. Ein lustiges Quiz führt mit spannenden Rätselfragen durch alle Kontinente.

Durchmesser: 30 cm
Politisch mit Illustrationen
Preis: € 49,- / € [A] 50,40 / CHF 83.-
Best.-Nr.: G 650200

PER TELEFON:*
0180 - 506 20 00

PER FAX:*
0180 - 508 20 00

PER E-MAIL:
SERVICE@GUJ.COM

OHNE RISIKO:
14 Tage Rückgaberecht

* 14 Cent/Min. aus dem deutschen Festnetz, Mobilfunkpreise können abweichen. Mo. bis Fr. 8-20 Uhr, Sa. 9-14 Uhr, Bestellungen zzgl. Versandkosten.

Neu! Jetzt auch für Kinder!

GEOlino-Europakarte

Seit der letzten Erweiterung ist es etwas unübersichtlich geworden in der Europäischen Union (EU). Das war Grund genug für die GEOlino-Redaktion, eine Karte zu erstellen, die nicht nur detailreich unseren Kontinent – und auf fast 80 Vignetten dessen regionale Besonderheiten – zeigt, sondern in 27 Steckbriefen die wichtigsten Informationen zu den Mitgliedsstaaten der EU liefert.

Format: 100 x 80 cm
Maßstab 1 : 6.000.000
Preis: € 12,95 / € [A] 13,40 / CHF 23.90
Best.-Nr.: G 644200

Alle GEO-Produkte im Internet unter **www.geoshop.de**

GEOshop
Das Beste von GEO

Die Evolution des Stillens

Sie ist die ideale Babynahrung und eine geniale Erfindung der Natur: Muttermilch trug dazu bei, eine ganze Klasse von Organismen, die Säugetiere, zu den dominierenden Bewohnern des Planeten zu machen – und spielte sogar eine Rolle bei der Ausbreitung des *Homo sapiens*

Text: Sebastian Witte

Das gefräßigste Baby der Welt wächst mit atemraubender Geschwindigkeit heran. Stunde für Stunde legt ein Blauwalkalb rund dreieinhalb Kilogramm an Gewicht zu. Dieses enorm schnelle Wachstum wird durch eine außergewöhnlich reichhaltige Nahrung ermöglicht: Wal-Muttermilch. Jeden Tag spritzt die Walkuh ihrem Säugling rund 190 Liter der fettreichen Flüssigkost direkt ins Maul. Insgesamt rund 18 Tonnen während der vermutlich sieben Monate dauernden Stillzeit.

Muttermilch ist eine verblüffende Erfindung der Natur. Im Laufe der Evolution hat es unter anderem diese ideale Babynahrung einer ganzen Klasse von Organismen, den Säugetieren, ermöglicht, unseren Planeten zu beherrschen – und sie hat sogar die Ausbreitung des *Homo sapiens* begünstigt.

Dabei hatte die Abgabe von Milch zunächst vermutlich gar nichts mit Ernährung zu tun.

Als vor rund 200 Millionen Jahren die Hautdrüse eines Ursäugers erstmals ein dickflüssiges Sekret absonderte, war dies wohl noch ein zäher Schleim, der vor allem Antikörper und andere Immunstoffe enthielt. Diese Substanzen bewahrten Haut und Fell der Tiere vor Infektionen und Parasiten. Doch irgendwann diente der Ausfluss, so nehmen manche Wissenschaftler an, auch der Brutpflege: Das antimikrobielle Sekret könnte Schutz vor Krankheitserregern sowohl für das Gelege als auch für die zarte Haut der Jungtiere geboten haben.

Irgendwann begannen die Neugeborenen vermutlich damit, die mütterliche Absonderung aufzulecken und hinunterzuschlucken. Dadurch wurde ihr Körper nun ebenfalls mit Abwehrstoffen und Flüssigkeit versorgt.

Die Folge: Säugetierkinder, die besonders viel Drüsensaft erhielten, erkrankten seltener – sie hatten also einen klaren Überlebensvorteil. Millionen Jahre später setzten die Drüsen zudem energiereiche Fetttropfen frei: Sie dienten fortan auch der Verköstigung.

Die erste Muttermilch wurde jedoch noch nicht aus Zitzen gesaugt, sie floss vielmehr aus den Drüsen direkt auf den pelzbedeckten Bauch der Mutter. Diese „Urform" des Stillens findet man noch heute bei den in Australien lebenden Schnabeltieren: Deren Junge klettern zum Trinken auf den Bauch ihrer Mutter und lecken die Milch aus zwei länglichen Spalten im Fell.

Bei den meisten Säugetieren jedoch rückten die Milchdrüsen im Laufe der Entwicklungsgeschichte an bestimmten Stellen des Körpers zusammen. Nach und nach gingen so Zitzen und Brüste hervor.

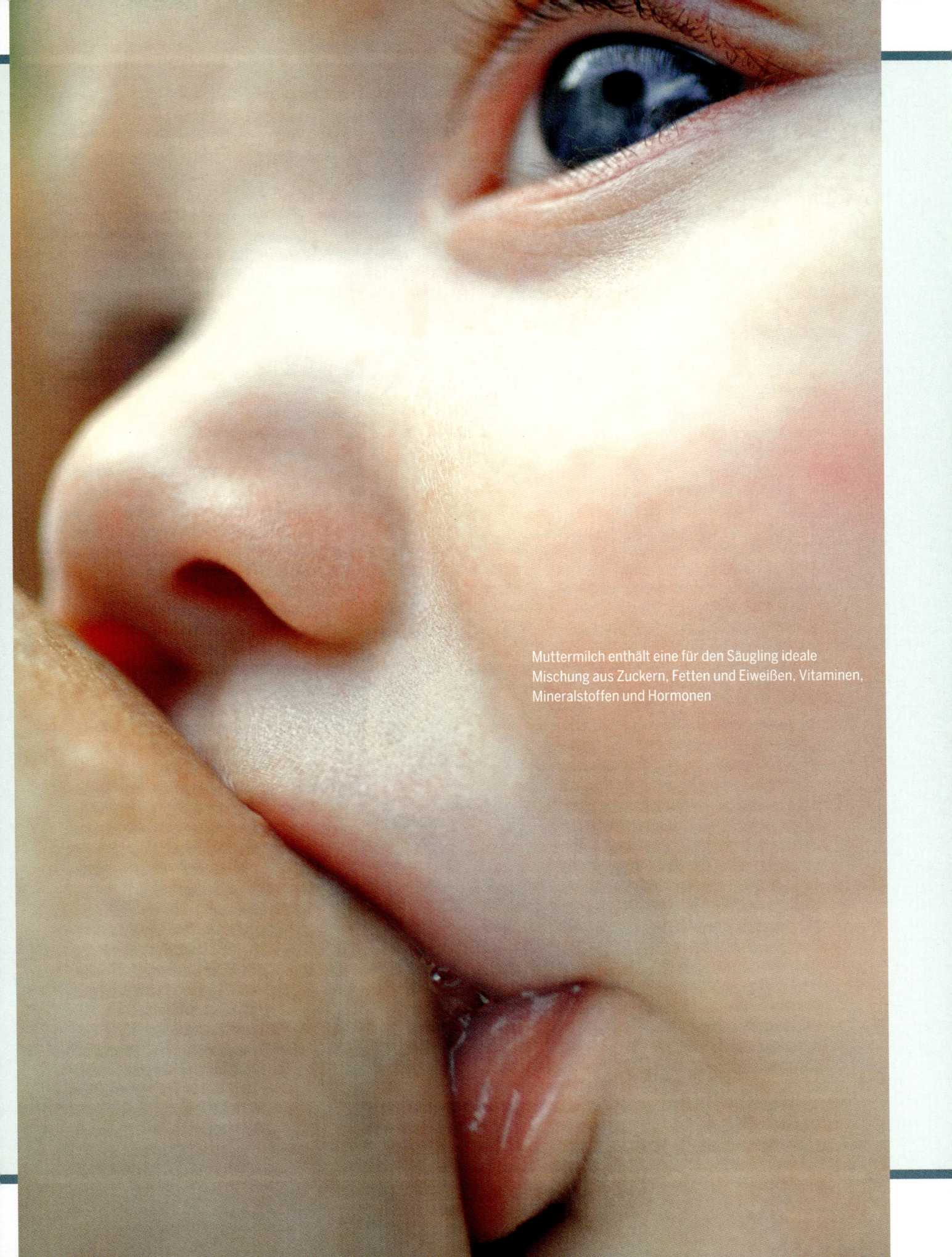

Muttermilch enthält eine für den Säugling ideale Mischung aus Zuckern, Fetten und Eiweißen, Vitaminen, Mineralstoffen und Hormonen

Muttermilch fördert die Entwicklung des Gehirns, die Reifung der Augen – und bietet Schutz vor Magen-Darm-Erkrankungen

Jede Spezies hat das Stillen der Größe und den Bedürfnissen seiner Nachkommen angepasst. Wildschweinfrischlinge etwa suchen sich nach der Geburt eine der etwa zehn Zitzen der Bache aus und nuckeln fortan ausschließlich daran. Kängurubabys saugen sich kurz nach der Geburt an einer Zitze im Beutel des Muttertieres fest. Die Zitze schwillt dann im Mund des Neugeborenen derart an, dass das Baby während der gesamten ersten Lebensphase mit dem milchspendenden Organ verbunden bleibt.

Auch die Zusammensetzung der Muttermilch variiert von Art zu Art. Walmilch etwa ist außerordentlich nahrhaft, sie enthält bis zu 46 Prozent Fett. Denn die Kälber vieler Wale müssen im Verlauf weniger Monate heranwachsen; nur dann haben sie genug Kraft für die langen Wanderungen in polare Gewässer.

Bei Affen dagegen kann die Stillzeit mehrere Jahre betragen, die Jungen wachsen langsam. Dementsprechend ist Affenmilch recht dünn – wie auch die Milch des Menschen, deren Zusammensetzung im Wesentlichen der seiner affenähnlichen Vorfahren entspricht.

Jeden Tag spritzt eine Blauwalmutter ihrem Kalb rund 190 Liter Milch direkt ins Maul

IM LAUFE der sieben Millionen Jahre währenden Hominiden-Evolution haben sich die Organe zur Produktion und Abgabe des mütterlichen Sekrets kaum verändert. In der weiblichen Brust sind zehn bis 20 Drüsenpakete untergebracht. In jedem Paket sitzen Dutzende Milchbläschen, die schon während der Schwangerschaft unter dem Einfluss bestimmter Hormone beginnen, „Vormilch" herzustellen. Die Flüssigkeit wird in winzige Kanäle abgegeben, die sich zu immer größeren Kanälen vereinigen und in der Brustwarze enden.

Die Bildung der eigentlichen Muttermilch beginnt erst nach der Geburt, wenn die Konzentration an Schwangerschaftshormonen im Körper der Mutter abgenommen hat. Sobald ein Baby an der Warze saugt, bewirken weitere Botenstoffe, dass sich die Milchbläschen zusammenziehen. Dadurch wird frisch gebildete Milch in die vorderen Gänge der Brust gepumpt.

Der weiße Saft enthält rund 200 unterschiedliche Inhaltsstoffe, die den Säugling bestmöglich nähren. Die wichtigsten Energielieferanten sind Milchzucker und Fett. Ungesättigte Fettsäuren sorgen zudem für eine optimale Entwicklung des Hirns. Sie fördern die Reifung der Augen sowie des zentralen Nervensystems.

Dazu kommen Eiweiße, Vitamine, Mineralstoffe und Hormone. All diese Substanzen sind in so viel Wasser gelöst, dass ein voll gestilltes Baby seinen Flüssigkeitsbedarf in der Regel selbst an trockenheißen Tagen über die mütterliche Milch zu decken vermag.

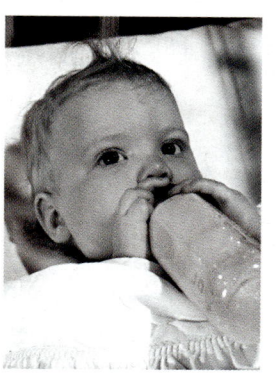

Noch gibt es keinen Ersatz, der den gleichen Schutz bietet wie die natürliche Muttermilch

Auch die Schutzfunktion des ursprünglichen Hautdrüsensekrets hat sich erhalten. Das ist nach Millionen von Jahren Evolutionsgeschichte noch immer von Vorteil, denn Menschenbabys sind in den ersten Monaten nicht in der Lage, wichtige Abwehrstoffe ausreichend selbst zu bilden: Das Immunsystem des Kindes braucht ein ganzes Jahr, um vollständig auszureifen.

Muttermilch reduziert das Auftreten von Magen-Darm-Erkrankungen und anderen Infekten. Denn allein in einem Tropfen schwimmen mehr als 4000 Zellen, die meisten davon Immunzellen, die Krankheitserreger abtöten.

Einiges spricht dafür, dass mütterliches Stillen zudem Schutz vor Allergien bietet. Vermutlich sorgt die Vormilch der ersten Tage dafür, dass die Schleimhaut des noch unreifen Magen-Darm-Traktes „versiegelt" wird, was artfremde Eiweißmoleküle daran hindert, in den Körper einzudringen. Auf diese Weise können Allergien – also Überreaktionen auf an sich harmlose Fremdstoffe – frühzeitig abgewehrt werden.

Künstlich hergestellte Babynahrung vermag diese natürlichen Schutzmechanismen bislang nicht zu ersetzen.

Das Stillen und der Geruch von Muttermilch können darüber hinaus auch Stress und Schmerz bei unangenehmen Prozeduren wie etwa einer Blutabnahme lindern. Dafür sorgen vertraute Duftstoffe, die bereits im Fruchtwasser der Mutter wahrgenommen werden und in winzigen Mengen aus der Milch hervortreten.

Offenbar hat das Stillen auch auf die spätere Kindesentwicklung einen großen Einfluss. Für Babys etwa, die sechs Monate lang mit Muttermilch ernährt werden,

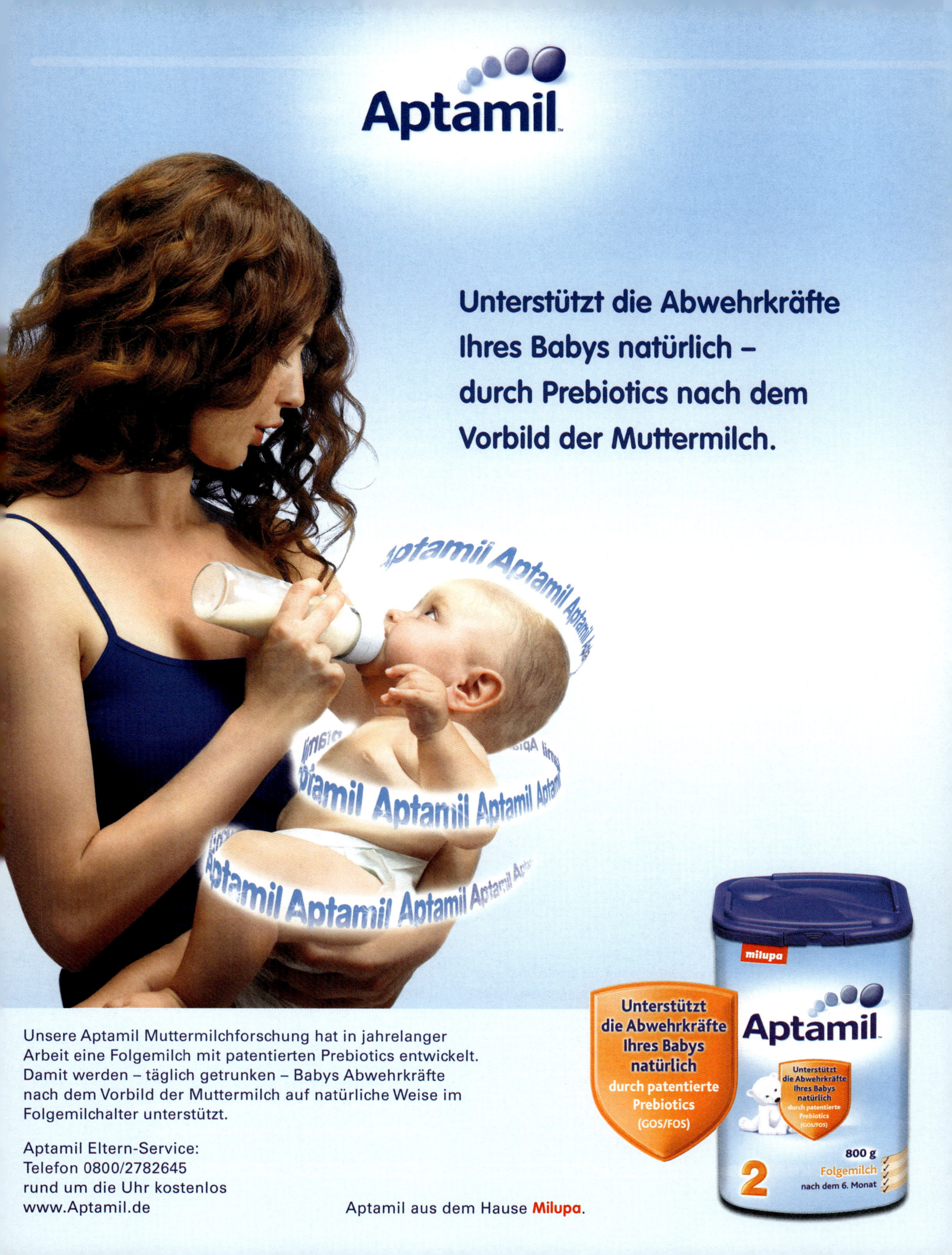

Aptamil

Unterstützt die Abwehrkräfte Ihres Babys natürlich – durch Prebiotics nach dem Vorbild der Muttermilch.

Unsere Aptamil Muttermilchforschung hat in jahrelanger Arbeit eine Folgemilch mit patentierten Prebiotics entwickelt. Damit werden – täglich getrunken – Babys Abwehrkräfte nach dem Vorbild der Muttermilch auf natürliche Weise im Folgemilchalter unterstützt.

Aptamil Eltern-Service:
Telefon 0800/2782645
rund um die Uhr kostenlos
www.Aptamil.de

Aptamil aus dem Hause **Milupa**.

Das Stillen vermindert das Risiko des Kindes, später an Fettsucht, Multipler Sklerose, Allergien oder Krebs zu erkranken

besteht ein halb so großes Risiko, später an Übergewicht oder Fettsucht zu leiden. Vermutlich wirkt sich die Muttermilch positiv auf den Stoffwechsel aus; zudem scheinen Stillkinder nur bis zur Sättigungsgrenze zu trinken.

Weiteren Studien zufolge vermindern sechs Monate Stillen sogar das Risiko, in späteren Jahren an Multipler Sklerose, Krebs oder Herzschwäche zu erkranken.

Doch das Stillen hat – aus biologischer Sicht – nicht nur Vorteile: Die Produktion der nährstoffreichen Milch kostet die Mutter wertvolle Energie. Der tägliche Kalorienbedarf steigt um bis zu 30 Prozent an.

Säugetiermütter haben daher Strategien entwickelt, diese zusätzlichen Energiekosten zu bewältigen. Vor allem größere Säuger (Wale, Robben, Bären) legen während der Schwangerschaft Fettreserven an, die sie noch Monate später in Muttermilch umwandeln können.

Zudem versuchen sie, jene Periode, in der ihr Nachwuchs ausschließlich von Muttermilch lebt, möglichst kurz zu halten. Relativ bald verfüttern sie auch feste Kost, die die Jungtiere zum Teil bereits vorgekaut aus dem Maul der Mutter aufnehmen.

KEIN SÄUGETIER hat jedoch im Laufe der Evolution die Stillzeit derart flexibel gestalten können wie der Mensch. Und er ist als einziger Primat in der Lage, seinen Nachwuchs gänzlich zu entwöhnen, bevor dieser selbst für seine Ernährung sorgen kann. Auch wenn Mütter ihre Kinder kurz nach der Geburt ausschließlich mit Ersatznahrung füttern, erhöht dies nicht die Säuglingssterblichkeit – Affenbabys dagegen sind derart abhängig von der Milch und der Fürsorge der Mutter, dass sie nicht überleben, wenn diese stirbt.

Für unsere Vorfahren brachte die Verkürzung der Stillzeit vermutlich einen entscheidenden Vorteil: Der Abstand zwischen zwei Geburten verringerte sich (der erste Eisprung nach der Entbindung setzte immer früher ein). So konnten wesentlich mehr Nachkommen gezeugt werden. Dagegen ist ein Gorillaweibchen, das sein Baby bis zu vier Jahre lang stillen muss, erst nach Ende dieser Zeit wieder zur Paarung bereit.

Diese Flexibilität erhöhte die Vermehrungs- und damit die Verbreitungschancen des *Homo sapiens*.

> **MEMO | STILLEN**
>
> 》》》 **EIN URSÄUGER** brachte vor rund 200 Millionen Jahren den Vorläufer einer Milchdrüse hervor.
>
> 》》》 **DER GERUCH** von Muttermilch wirkt auf Säuglinge beruhigend.
>
> 》》》 **DIE ZUSAMMENSETZUNG** der Muttermilch hat sich in den vergangenen sieben Millionen Jahren kaum verändert.
>
> 》》》 **IN DER STILLZEIT** steigt der mütterliche Kalorienbedarf um bis zu 30 Prozent.

Heute können Babys dank energiereicher Ersatzmilch ohne Muttermilch auskommen. Dennoch raten Experten dazu, ein Neugeborenes mindestens sechs Monate ausschließlich mit der Brust zu ernähren.

Denn die Säuglinge profitieren auch von der körperlichen Nähe beim Stillen. Die intensive Berührung vertieft die emotionale Bindung zwischen Mutter und Kind. Das Saugen fördert zudem einen gleichmäßigen Rhythmus der kindlichen Atmung.

DENNOCH NIMMT ES in Deutschland nur eine Minderheit der Frauen auf sich, ihr Baby ein halbes Jahr lang ausschließlich zu stillen – in Bayern etwa waren es im Jahr 2005 rund 20 Prozent.

Vielfach werden die Kinder durch rasches Zufüttern entwöhnt: Denn ein Baby, das schon in den ersten Tagen mit Wasser, Tee, süßen Zuckerlösungen oder Muttermilchersatz gefüttert wird, bringt nur noch ungern die Anstrengung auf, die mit dem Saugen an der Brust verbunden ist. Das aber wirkt sich negativ auf die Milchproduktion aus – ohne den Saugimpuls fehlt den Drüsen in der Brust ein wesentlicher Signalreiz, die Milchproduktion nimmt ab.

Schon seit Jahrzehnten bemühen sich Nahrungsmittelchemiker, Muttermilch künstlich herzustellen – und das Imitat immer weiter zu optimieren. Noch aber ist es den Forschern nicht gelungen, eine künstliche Ersatzmilch zu produzieren, die der natürlichen in ihrer immunologischen Wirkung nur annähernd gleichkommt.

Vor Kurzem erst stießen dänische Wissenschaftler auf eine weitere, wohl unnachahmliche Besonderheit der Muttermilch: Aromastoffe aus dem Essen der Mutter gehen unterschiedlich schnell in die Babykost über. Das Aroma von Bananen etwa findet seinen Weg schneller in die Milch als das von Lakritz, Kümmel oder Menthol.

Säuglinge bekommen also nicht nur besonders nahrhafte Kost geboten – sondern bei jedem Stillen auch ein anderes Menü. □

Sebastian Witte, 25, ist Wissenschaftsjournalist in Hamburg.
Literatur: Hannah Lothrop, „Das Stillbuch", Kösel Verlag.

Die ersten Tage, die ersten Berührungen, das erste Mal Penaten.

Über 90 % aller Geburtskliniken geben Müttern Penaten zur Pflege ihrer Neugeborenen – zum Beispiel die Penaten Panthenol-Creme. Sie beruhigt selbst gereizte Haut und wird vom Deutschen Allergie- und Asthmabund e.V. zur Pflege empfindlicher Babyhaut empfohlen.

Speziell für Neugeborene wurden auch die neuen Penaten Sensitive Pflegetücher entwickelt. Sie sind parfum- und farbstofffrei und sogar mild genug für Gesicht und Augen. **ÖKO-TEST** bewertet die Penaten Sensitive Pflegetücher mit **„sehr gut"**.

Kinderärzte haben erneut bestätigt: Penaten ist die Empfehlung Nr. 1. Vertrauen Sie der milden Pflege von Penaten, ab dem ersten Tag. Weitere Informationen unter www.penaten.de

Schutz & Geborgenheit für ein ganzes Leben.

| Fortbewegung |

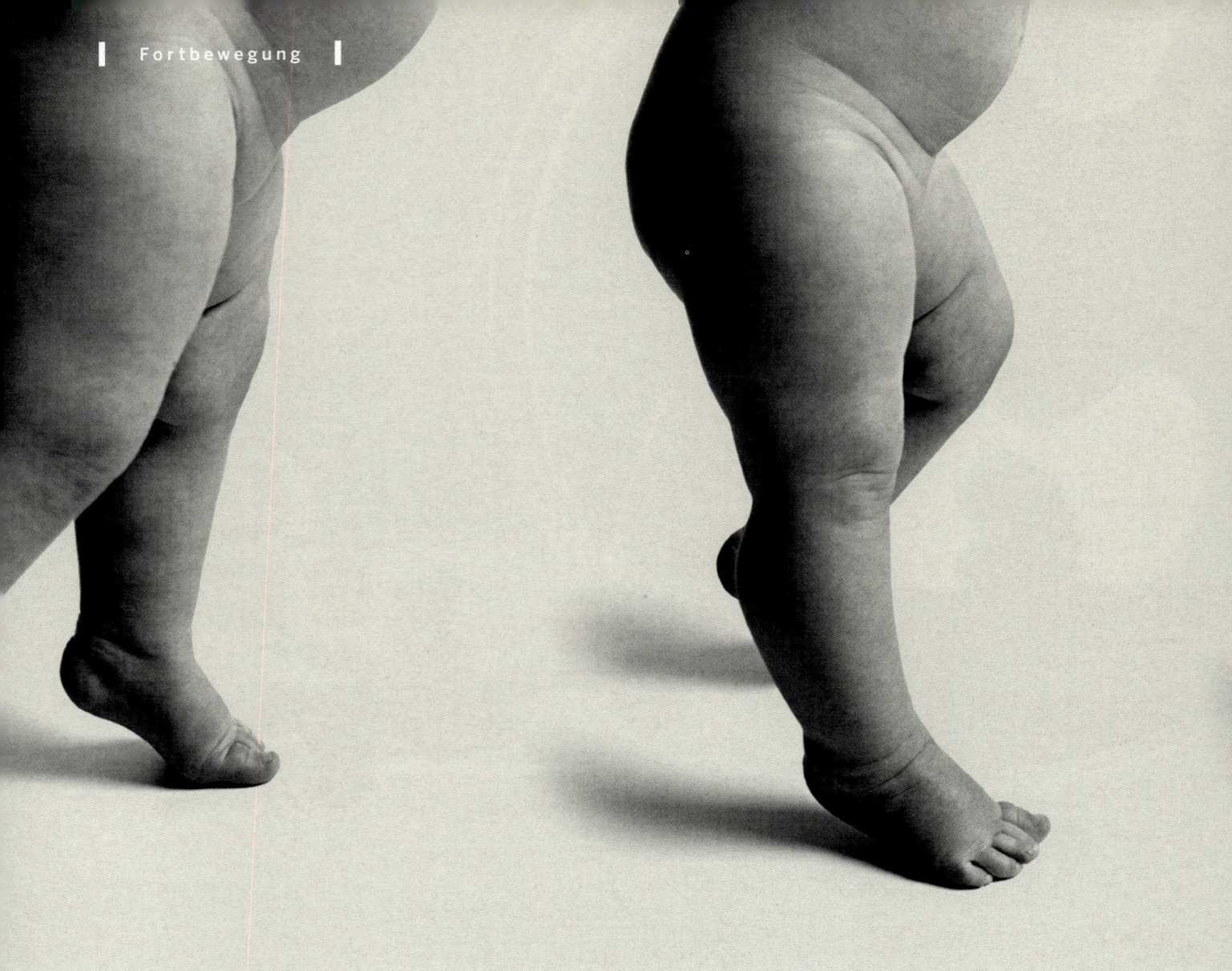

Wie der Mensch auf die Beine kommt

Text: Henning Engeln

Scheinbar mühelos erlernt ein Kind mit etwa zwölf Monaten den Gang auf zwei Beinen. Doch dafür ist ein äußerst komplexes Zusammenspiel von neuronalen Schaltkreisen zwischen Gehirn, Muskeln und Sensoren, zwischen Gleichgewichtsorgan und Sehsystem nötig. Gene und Umwelt steuern diesen Vorgang. Und mit den ersten Schritten ist er noch lange nicht abgeschlossen

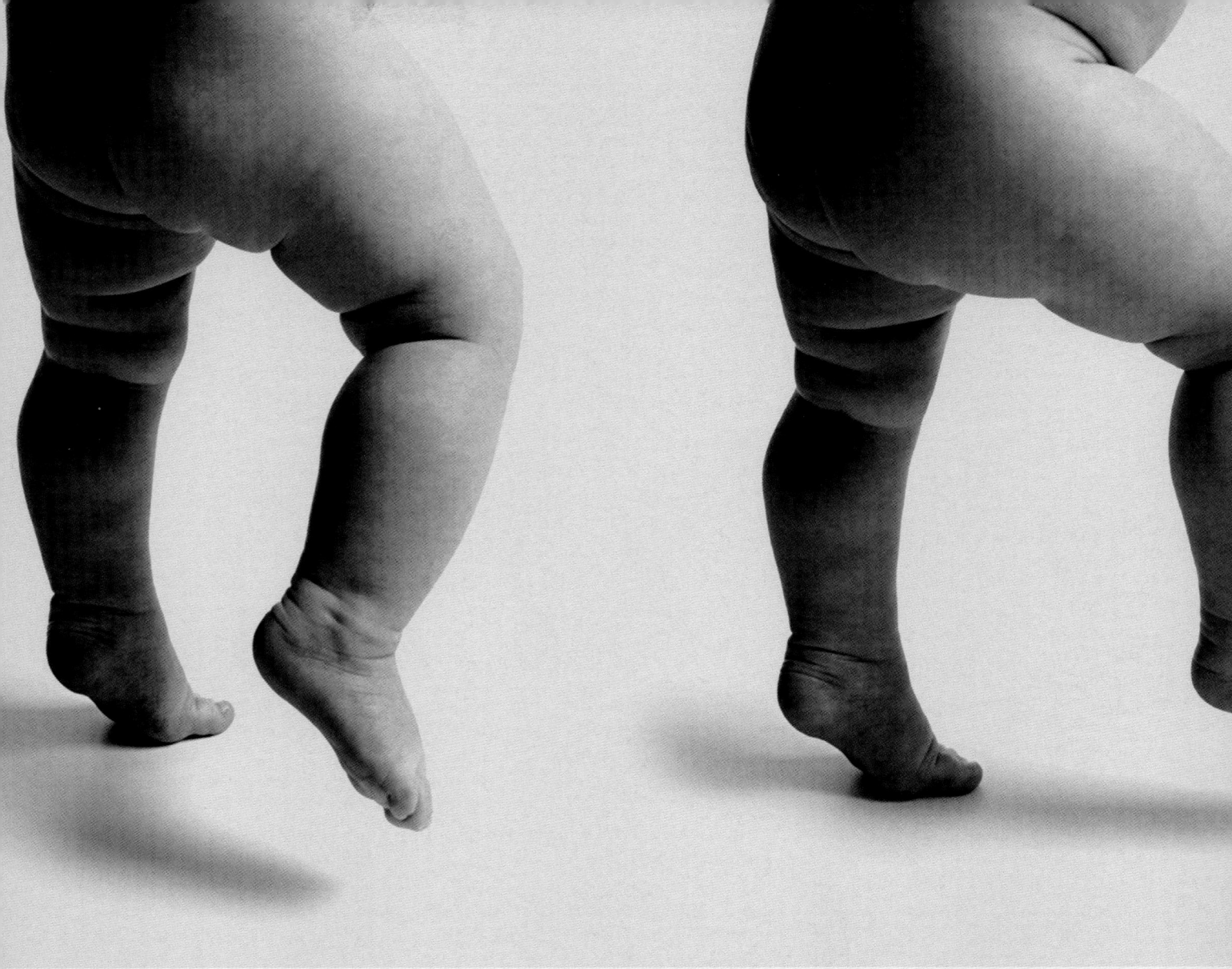

Jedes Baby wird mit einem »Schreitreflex« geboren: Hält man es so über eine ebene Oberfläche, dass die Füße sie knapp berühren, vollführen die Beine automatisch Gehbewegungen. Der Reflex scheint nach einigen Monaten zu verschwinden – und ist doch von großer Bedeutung fürs Gehen

Vor vermutlich sieben Millionen Jahren haben affenartige Wesen jenen entscheidenden Schritt getan, der ihre Linie von den Tieren abspalten und sie zu Menschenvorfahren machen sollte: Sie entwickelten das Gehen auf zwei Beinen, die Bipedie.

Was unsere Ahnen letztlich dazu bewogen hat, sich aufzurichten, ist nicht genau bekannt. Vielleicht konnten sie mit den frei gewordenen Händen leichter Nahrung herbeischaffen. Vielleicht waren sie aufgerichtet noch besser in der Lage, in Gewässern nach Beute zu suchen.

Fest jedoch steht, dass zahlreiche Konstruktionsänderungen an Wirbelsäule, Becken, Bein- und Fußknochen sowie an Muskeln und Nerven für diese neue Art der Fortbewegung nötig waren. Und die ist so kompliziert, dass das Erlernen des aufrechten Ganges bis heute eine Herausforderung für ein Baby ist.

Jedes Kleinkind benötigt ungefähr ein Jahr, bis es ihn auch nur ansatzweise beherrscht. Damit braucht es sehr viel länger als ein Tierbaby, das auf vier Beinen zu laufen lernt. Manche Vierbeiner, etwa Antilopenkälber, können das schon nach wenigen Minuten.

Und doch gelingt es jedem gesunden Menschenkind, die zweibeinige Fortbewegung zu erlernen – ein Vorgang, der wie von selbst abzulaufen scheint. Niemand muss dem Baby das Laufen beibringen wie einem älteren Kind etwa Fahrradfahren oder Schwimmen.

Im Gegenteil: Die Eltern müssen das Kind eher bremsen, wenn es in seinem ungestümen Drang, die Welt zu erkunden, eine Treppe hinaufkrabbelt, wenn es sich an Möbeln hochzieht oder mit seinen ersten unsicheren Schritten haarscharf an der Tischkante vorbeisaust.

Es ist ein Prozess, der auf wundersame Weise innerlich gesteuert zu sein scheint und den ein jedes Baby mit unbändiger Energie und großer Zielstrebigkeit angeht. Die Voraussetzungen dafür werden bereits sehr früh im Mutterleib geschaffen, und dort absolviert ein Baby auch das erste Bewegungstraining.

SCHON IM EMBRYONALSTADIUM wird im Körper die grobe „Hardware" verlegt, beginnen Nervenbahnen zu den Muskeln zu wachsen. Sie ermöglichen es

Auch das Gleichgewichtsorgan wird früh angelegt. Im Zusammenspiel mit Sensoren (etwa den Propriozeptoren) ermöglicht es dem Kind, zu registrieren, wie sein Körper und die Extremitäten im Raum orientiert sind. Später wird das Gleichgewichtsorgan – zusammen mit dem Sehsinn – für das Laufenlernen von großer Bedeutung sein. Denn nur ein perfektes Zusammenspiel von Muskeln und Sinnen erlaubt es, die Balance auf zwei Beinen zu erlangen und die Hal-

Je komplizierter diese sind, desto mehr Muskeln sind beteiligt und desto komplexer werden auch die neuronalen Schaltkreise, die für ihre Steuerung nötig sind. Sie bilden sich aus, indem das Kind neue Bewegungen einübt.

Dabei wachsen Nervenzellen und bilden neue Kontaktstellen (Synapsen). Das Gehirn „reift".

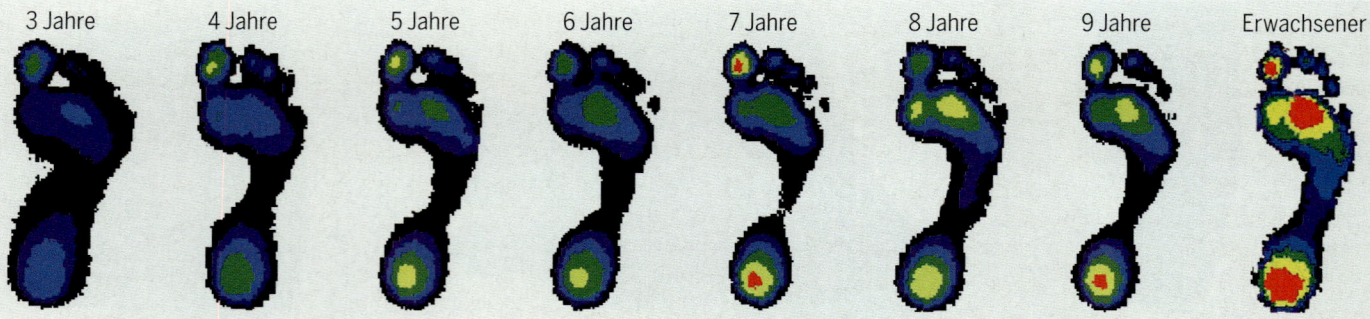

Wie der Fuß eines Menschen reift, lässt die Druckverteilung in verschiedenen Altersstufen erkennen (dunkelblau = geringster Druck, rot = größter Druck): Das dreijährige Kind tritt noch fast mit der gesamten Sohle gleichmäßig auf. Mit den Jahren bilden sich Gewölbe aus, und der Druck ruht zunehmend auf wenigen Punkten

dem Gehirn, Impulse auszusenden, die später die Muskeln kontrahieren lassen.

Das Gehirn muss jedoch auch „wissen", in welchem Zustand sich Muskeln und Gelenke gerade jeweils befinden. Deshalb werden winzige Messfühler (Propriozeptoren) angelegt, die die Dehnung eines Muskels, die Stellung eines Gelenks registrieren. Diese Information senden sie über Nervenfasern zurück an das Gehirn.

Auf diese Weise entstehen neuronale Schaltkreise, die Muskeln steuern und zugleich Rückmeldungen über deren Zustand liefern.

Doch an einer Bewegung sind meist mehrere Muskeln beteiligt. Beugen wir etwa einen Arm, sendet das Gehirn an den Bizeps-Muskel einen Befehl zur Kontraktion – und unterdrückt gleichzeitig mit einem Signal den Gegenspieler dieses Muskels (den Trizeps, zuständig für die Armstreckung).

Würde der sich nicht entspannen, könnte sich der Arm nicht bewegen, sondern würde sich verkrampfen.

tung auch während der Fortbewegung zu kontrollieren.

IM ALTER VON ACHT WOCHEN beginnt ein Ungeborenes mit einzelnen Bewegungen von Armen und Beinen, trainiert später verschiedenste Körperbewegungen, solange der Platz in der Gebärmutter es erlaubt.

Dabei nutzt es die motorischen Schaltkreise, die zunächst in Rückenmark und dann im Hirnstamm angelegt werden. Sie steuern Bewegungen überwiegend über Reflexe. Ausgestattet mit diesem Grundrepertoire an Verhaltensweisen, erblickt ein Neugeborenes das Licht der Welt.

Nach der Geburt übernehmen Stück für Stück höhere Hirnregionen die Kontrolle über die Bewegungsabläufe. Einfache Reflexe werden durch erlernte und komplexere Verhaltensweisen ersetzt.

Einjährige haben zuächst O-Beine, Platt- und Knickfüße

Um optimal arbeiten und schnell reagieren zu können, muss im Hirn noch eine weitere Form der Reifung stattfinden. Dazu erhalten fast alle Nervenfasern eine spezielle Ummantelung aus einer isolierenden Schicht (Myelin). Dieser Prozess verwandelt sie in Hochgeschwindigkeits-Datenbahnen.

Es entstehen immer komplexere und schnellere Schaltkreise. Sie ermöglichen dem Kind besser koordinierte, feinere und willentlich geplante Handlungen.

ÄUSSERLICH MACHT SICH diese motorische Reifung des Nervensystems bemerkbar, wenn aus dem anfangs hilflosen Baby ein zunehmend aktives Wesen wird. Dabei verlaufen die einzelnen motorischen Entwicklungsschritte bei fast allen Kindern verblüffend ähnlich:

• Ab etwa drei Monaten lernt das Baby, sich zur Seite zu drehen, und in den folgenden Monaten, von der Bauch- in die Rückenlage zu gelangen; etwas später auch umgekehrt.

• Mit sieben bis neun Monaten kann es frei sitzen und beginnt kurz danach, sich an Möbeln zum Stehen hochzuziehen.

• Mit neun bis elf Monaten hat das Kleinkind die Koordination seiner Gliedmaßen so weit perfektioniert, dass es zu krabbeln beginnt. Kurz darauf kann es bereits gehen, wenn es an der Hand gehalten wird.

• Mit zwölf bis 15 Monaten sausen die meisten Kinder ohne Hilfe auf zwei Beinen durch die Wohnung.

Auch wenn die Reihenfolge der Bewegungsphasen fast immer gleich ist, kann deren Eintreten von Kind zu Kind beträchtlich schwanken, dies gilt vor allem für das letzte Stadium: Während manche Babys bereits mit zehn Monaten freihändig laufen, gelingt dies anderen erst mit 20 Monaten – ohne dass sich die Eltern Sorgen machen müssten.

Doch wie genau läuft diese Entwicklung ab? Spult sich da ein stures genetisches Programm ganz von allein und parallel zur körperlichen Entwicklung ab – sozusagen automatisch?

Oder muss das Kleinkind das Gehen mühsam erlernen, Stufe für Stufe?

IN DEN 1920ER JAHREN haben Psychologen in den USA die motorische Entwicklung von Kindern erstmals eingehend untersucht und kamen nach gut zwei Jahrzehnten Forschung zu dem Schluss, dass es sich um einen weitgehend angeborenen Vorgang handelt.

Dieser innere Prozess löse eine bei allen Kindern gleiche Reihenfolge des Laufenlernens aus, in der sich die verschiedenen Bewegungsfähigkeiten eine nach der anderen einstellten. Dahinter stecke eine Reifung von Gehirn, Nerven und Muskeln, die auf einem genetisch festgelegten Plan beruhe.

Auch das Verschwinden des „Schreitreflexes" passte in dieses Bild: Jedes Neugeborene vollführt Schreitbewegungen, wenn man es aufrecht hält und seine Fußsohlen mit einer ebenen Fläche, etwa einem Tisch, in Kontakt bringt. Dieser Reflex verschwindet jedoch im Alter von sechs bis acht Wochen. Die Psychologen nahmen an, dass die Großhirnrinde nunmehr so weit gereift sei, dass sie die Bewegungskontrolle übernehme und die Aktivierung der vom Hirnstamm gesteuerten Reflexe hemme.

Mit dem Strampeln trainieren Babys bereits die Gehbewegung

Doch später gab es immer mehr Forscher, die die motorische Entwicklung eines Kleinkindes anders beurteilten. Nach ihrer Einschätzung wird das Laufenlernen nicht allein durch ein genetisches Programm gesteuert, sondern ist das Produkt des Zusammenspiels von Erbe und Umwelt: die Folge einer Wechselwirkung zwischen dem sich entwickelnden Körper und ständiger Übung.

Unter anderem untersuchte die US-Psychologin Esther Thelen den Schreitreflex und kam zu ganz anderen Schlussfolgerungen als ihre forschenden Vorgänger. Die Wissenschaftlerin fragte sich, weshalb der Reflex plötzlich wieder verschwand. Außerdem war ihr aufgefallen, wie sehr sich die Beinbewegungen eines Babys beim Schreitreflex und beim Strampeln ähneln.

Darüber hinaus hatte sie festgestellt, dass Neugeborene in den ersten Monaten enorm an Gewicht zulegen – vor allem durch Fettgewebe, das eine Auskühlung des kleinen Körpers verhindern soll.

Waren die Kleinkinder womöglich nur nicht in der Lage, mit ihren schwachen Muskeln die dicken Beine anzuheben?

Bei einem Experiment tauchte Esther Thelen sechs Wochen alte Babys, die den Schreitreflex nicht mehr zeigten, an Gurten in einen Tank mit warmem Wasser ein. Plötzlich zeigten sie wieder Schreitbewegungen. In einem weiteren Experiment hängten die Forscher Säuglingen, die den Reflex noch hatten, kleine Gewichte an die Füße: Er verschwand.

Die Folgerung der Psychologen: Schreitreflex und Strampeln basieren auf den gleichen neuromuskulären Schaltkreisen. Der Schreitreflex scheint nur deshalb zu verschwinden, weil die schwachen Muskeln das Beingewicht nicht mehr tragen können.

Im Liegen aber funktioniert der Reflex noch und lässt das Baby strampeln. Das wiederum dient dem Training von Beinen und Gelenken, lässt das Kind die grundsätzliche Gehbewegung zunächst im Liegen einüben und erlaubt den höheren Gehirnzentren allmählich, die Steuerung der Beinbewegung zu übernehmen.

DIE NEUE SICHT der motorischen Entwicklung ermutigte die junge Diplom-Pädagogin Britta Gebhard von der Technischen Universität Dortmund dazu, eine spezielle Förderung mit Laufbändern zu erproben – und zwar an Kindern, deren motorische Entwicklung verzögert ist.

Britta Gebhard leitet Eltern an, ihre Kinder auf einem Laufband zu fördern – fünfmal pro Woche für ein paar Minuten, monatelang. Da diesen Kindern das Gehenlernen viel schwerer fällt und es teilweise erheblich länger dauert als bei gesunden, wird an ihnen besonders deutlich, was alles nötig ist, damit ein Mensch den aufrechten Gang beherrscht:

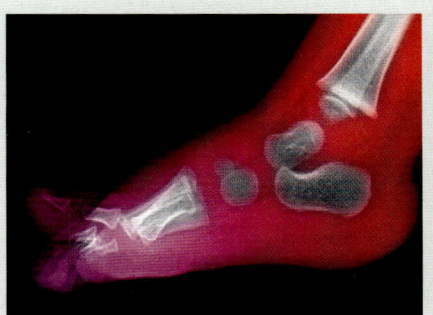

Mit 14 Monaten ist der Fuß noch platt und mit Fett gepolstert. Nur ein Teil des Skeletts ist verknöchert, der Rest besteht aus Knorpel (im Röntgenbild nicht sichtbar)

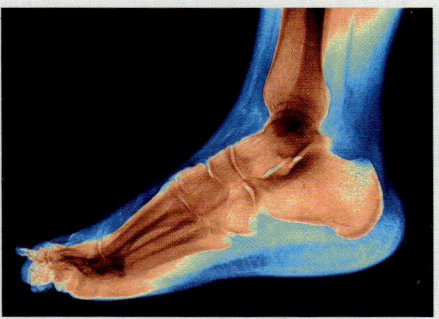

Beim Erwachsenen ist das Fußgewölbe gut ausgeprägt. Es federt jeden Aufprall ab, speichert Energie und dämpft Erschütterungen

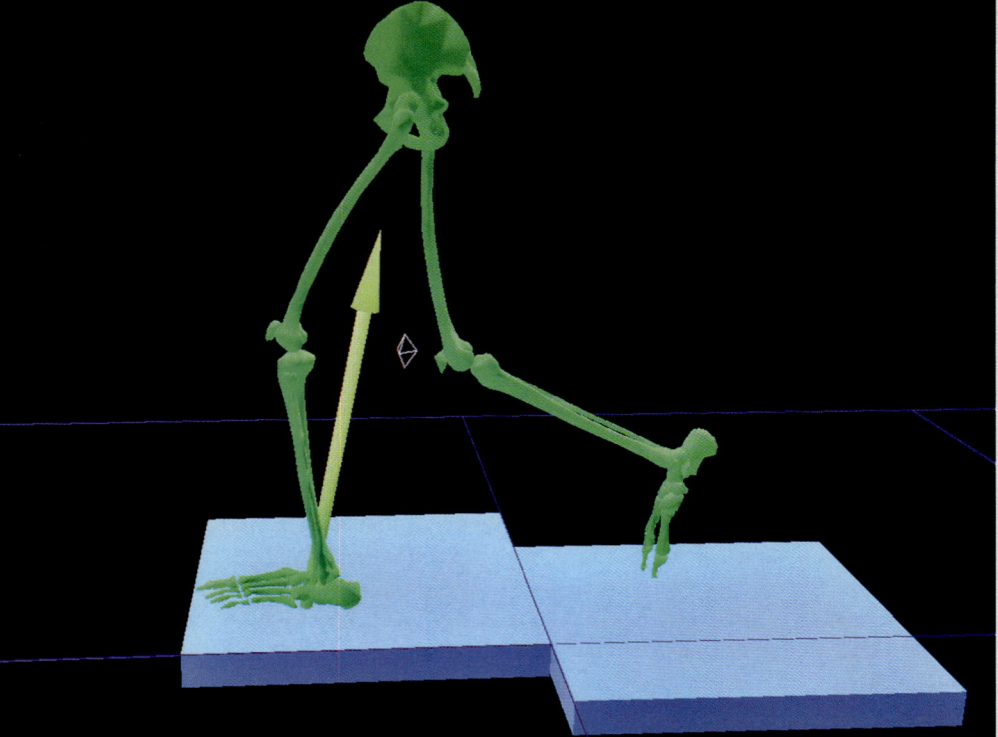

Ein Computermodell in der Kinderklink Aschau macht den Bewegungsablauf eines Menschen sichtbar. Pfeile stellen die Kräfte dar, die die Füße auf den Boden ausüben

• **Koordination.** Das Kind muss die Bewegungen seiner Gliedmaßen aufeinander abstimmen können; dies lernt es unter anderem beim Krabbeln.

• **Gelenkdifferenzierung.** Die Gelenke müssen unabhängig voneinander bewegt werden können (bei einem Schritt zum Beispiel Knie- und Fußgelenke in unterschiedliche Richtungen).

• **Haltungskontrolle.** Muskelkraft, Sehnen und Knochen müssen stark genug sein, um den Körper gegen die Schwerkraft sicher zu tragen; Gleichgewicht, Haltung und Position müssen kontrolliert werden können (Neugeborene müssen erst lernen, ihren Kopf aufrecht zu halten, ehe sie das Gleichgewicht zu halten vermögen).

• **Visuelle Kontrolle.** Der Sehsinn muss in der Lage sein, die Bewegungen ständig zu überwachen und die Haltung entsprechend anzupassen. Bei Kindern mit Sehschwächen wird diese Kontrolle durch andere Sinne ergänzt oder ersetzt.

• **Tonuskontrolle.** Spannung und Kraft der Muskeln müssen genau dosiert werden können, Beuge- und Streckmuskeln zum Beispiel in einem fein ausbalancierten Verhältnis zueinander stehen.

• **Emotion und Motivation.** Das Kind muss Spaß an der Bewegung haben, es muss sich bewegen wollen.

MIT DEN ERSTEN SCHRITTEN ist allerdings nur das halbe Ziel erreicht, denn das unbeholfene Trippeln eines einjährigen Kleinkindes unterscheidet sich noch deutlich von den hoch effizienten Bewegungen eines Erwachsenen.

Das Baby hat eine fast plane Fußsohle (Plattfuß), die Ferse ist gegenüber dem Wadenbein leicht nach außen abgewinkelt (Knickfuß), es hat O-Beine, und die Füße stehen weit auseinander: Die Spurbreite ist sehr groß.

Sein Körperschwerpunkt liegt aufgrund des großen Kopfes und der kurzen Beine viel höher als beim Erwachsenen – daher droht es leicht umzukippen –, es bewegt sich in kleinen Schrittchen und verzichtet auf die typischen Armschwünge des späteren Gehenden.

All diese Merkmale verschwinden im Lauf der Jahre dank einer permanenten Wechselwirkung aus Wachstum, Reifung – und vor allem: Übung.

Später verbessern Kinder die mechanische Effizienz ihrer Bewegungen. Ausgereifte Geher etwa speichern Energie in Muskeln und Sehnen und setzen sie dann im nächsten Schritt wieder frei.

Dieses Phänomen hat die Sportwissenschaftlerin Verena Metzler untersucht. Ihr Team bat viereinhalbjährige und neunjährige Kinder, von einem kleinen Podest zu hüpfen und gleich im Anschluss zu springen. Die Bewegungen nahmen die Forscher mit Kameras auf

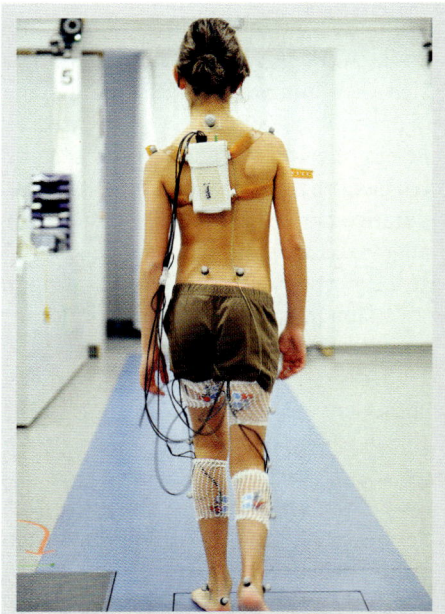

Eine Kamera verfolgt mithilfe von Infrarot-Reflektoren (Kugeln) die Bewegungen einer Zehnjährigen. Verkabelte Sensoren registrieren die Muskelaktivität der Beine

und registrierten gleichzeitig, wann welche Muskeln aktiv waren.

Bei den viereinhalbjährigen Kindern zeigte sich: Sie kamen zunächst mit dem Fuß auf und spannten danach erst ihre Wadenmuskulatur an, um zum zweiten Hüpfer anzusetzen.

Die neunjährigen dagegen hatten ihre Wadenmuskulatur bereits aktiviert, bevor sie aufkamen. Dadurch speicherten sie vermutlich einen Teil der mechanischen Energie, die beim Auftreffen des Körpers absorbiert wird, im

> *Wie eine Feder speichern Muskeln und Sehnen Bewegungsenergie*

Muskel-Sehnen-Komplex. Er wirkt wie eine Feder.

Das hat zwei positive Folgen: Zum einen wird der Aufprall des Fußes auf den Boden abgedämpft, zum anderen die zwischengespeicherte Energie für den zweiten Hüpfer genutzt.

Auch die Ausformung des Fußgewölbes kann zur Stoßdämpfung und Energiespeicherung beitragen. Die platten Füße des Geh-Neulings verschwinden im Laufe der Jahre, der ausgereifte Geher entwickelt ein Längsgewölbe, das Stöße dämpft. Bleibt es aber beim Plattfuß, funktioniert diese Dämpfung nicht richtig und es kann zu Schmerzen kommen.

AUF FÄLLE WIE DIESEN sind Sportwissenschaftler und Ärzte der Orthopädischen Kinderklinik Aschau im Chiemgau spezialisiert. Nicht selten leiden kleine Patienten unter Schmerzen in Füßen, Beinen und Rücken oder an anderen Geh-Problemen. Wenn die Standarduntersuchungen nicht weiterhelfen, greifen die Aschauer zu einem Spezialverfahren: der instrumentellen Ganganalyse.

Dazu betritt der Patient einen Raum, durch den ein blau markierter, etwa ein Meter breiter Streifen verläuft. Acht Kameras ringsherum oben an den Wänden sind auf den Streifen ausgerichtet.

Ein Assistent klebt kleine kugelähnliche Objekte auf die Haut des Probanden. Sie reflektieren das Infrarotlicht, das von den Kameras ausgestrahlt und wieder aufgenommen wird. Zusätzlich werden dem Patienten Elektroden aufgeklebt, die die Aktivitäten der Beinmuskeln registrieren und die Messwerte über einen Sender drahtlos übertragen. Verena Metzler, die Leiterin des Ganglabors, verfolgt die Aufzeichnung vor einem Computerbildschirm.

In den folgenden zwei Stunden geht oder rennt der Proband mehrfach über den Streifen. Die Kameras erfassen die Positionen aller Reflektoren, zwei in den Boden eingelassene Platten registrieren die Kräfte, die der Proband beim Laufen auf den Untergrund ausübt.

Als Resultat der Datenflut erscheint schließlich ein grünes Skelettmännchen auf dem Bildschirm und imitiert den Gang des Patienten, zeigt die Bewegung eines jeden Knochens an und ermöglicht es so den Forschern, jene Kräfte abzuschätzen, die auf die Gelenke wirken.

Bei einem 16-jährigen Mädchen stellten die Ärzte mithilfe dieser Analyse fest, dass seine Schmerzen auf die einseitige Belastung der Kniegelenke zurückzuführen waren, und empfahlen eine Operation, um einen Gelenkschaden zu vermeiden.

Manchmal kann schon eine leichte, einseitige Muskelschwäche oder die Ruhigstellung eines Beines nach einer Operation oder der Schmerz durch eine Warze am Fuß dazu führen, dass ein Kind ein Bein weniger intensiv nutzt als das andere – und dieses deshalb im Wachstum zurückbleibt.

Bei stärkeren oder lang anhaltenden Problemen kommt es dann zu einem Teufelskreis: Das kürzere, schwächere Bein wird noch weniger genutzt, die Muskelschwäche oder Längendifferenz kann sich weiter verstärken, und die Gelenke werden ungleich belastet.

> **MEMO | GEHEN LERNEN**
>
> ›› **REFLEXE** steuern beim Neugeborenen zunächst die Bewegungen. Später übernimmt die Großhirnrinde diese Aufgabe.
>
> ›› **DIE MOTORISCHE ENTWICKLUNG** verläuft bei allen Kindern sehr ähnlich.
>
> ›› **GENE UND UMWELT** wirken beim Erlernen des Gehens eng zusammen.
>
> ›› **DAS GEHEN** wird im Verlauf der Jahre immer effizienter.

Bei Routineuntersuchungen im Kindergarten von Aschau stellte Verena Metzler fest, dass viele der Kinder nicht richtig hüpfen konnten und, auf dem Rücken liegend, nicht in der Lage waren, ihre Beine gerade nach oben zu strecken: Zeichen für eine Verkürzung der rückseitigen Oberschenkelmuskulatur.

Die Sportwissenschaftlerin sieht darin eine Folge von Bewegungsmangel: Kinder neigen heute dazu, im Haus zu spielen, viel vor dem Computer zu sitzen und sich seltener im Freien aufzuhalten. Und warnt: Die Muskelverkürzung könne später Probleme beim Gehen hervorrufen.

AUSREICHENDE BEWEGUNG sowie Sport sind also extrem wichtig für die motorische Entwicklung. Täglich zwei bis drei Stunden Toben, Rennen, Klettern, Springen, Balancieren empfiehlt der Wiesbadener Sportwissenschaftler Dieter Breithecker. Und das sei nicht nur gut für den Körper: Auch Lern-, Verhaltens- und emotional-soziale Störungen seien Folge mangelnder Bewegung.

Viel Bewegung verbessert die Leistungsfähigkeit des Gehirns

Untersuchungen zeigen, dass körperliche Aktivität im Vorschulalter die Hirndurchblutung, den Erhalt von Nervenzellen und die Bildung von Synapsen fördern. Anderen Studien zufolge besteht ein Zusammenhang zwischen Körperkoordination und geistiger Leistungsfähigkeit sowie Konzentration: Möglicherweise werden durch die Bewegung manche Bereiche im Gehirn besonders trainiert und funktionieren daher auch in nichtsportlichen Situationen besser. Zudem kurbeln körperliche Aktivitäten den Stoffwechsel des Gehirns an und damit dessen Leistungsfähigkeit.

Wenn es aber wegen Bewegungsmangels oder falscher Belastung erst einmal zu Schäden gekommen ist, raten Sportwissenschaftler und Orthopäden in vielen Fällen zu Bewegungstherapien. Dann geht es darum, die Selbstheilungskräfte des Körpers zu mobilisieren.

Denn eines erkennen die Forscher immer deutlicher: Der Körper ist ausgesprochen flexibel und reagiert auf jeden äußeren Reiz. Man muss ihm nur die geeignete Umwelt und optimales Training bieten – dann kann er sich ganz ohne Eingriffe von vielen Leiden des Bewegungsapparates kurieren. □

*Der Biologe **Dr. Henning Engeln**, 54, ist GEOkompakt-Redakteur. Wissenschaftliche Beratung: **Dr. Verena Münster**, Orthopädische Kinderklink Aschau im Chiemgau.*

Schon früh ist das Kind in der Lage, die Gefühle im Gesicht der Mutter zu lesen, auf ihr Lächeln zu reagieren. So formt sich das besonders enge emotionale Verhältnis zwischen beiden

Das stärkste Band im Leben

Text: Martin Paetsch

Wohl keine Beziehung prägt so sehr das Leben eines Kindes wie die zu seiner Mutter. Doch was ist wirklich dran am Mythos Mutterliebe?

An den Säuglingen ließen sich über Wochen hinweg erschreckende Veränderungen feststellen. Anfangs wurden sie nur weinerlicher. Doch schon bald weigerten sie sich immer häufiger, auf Erwachsene zu reagieren. Schließlich nahmen sie kaum noch Anteil an ihrer Umwelt. Nach drei Monaten lagen oder saßen viele mit weit geöffneten Augen da und starrten mit ausdruckslosem Blick ins Leere. Die Kinder schienen „wie in einer Betäubung" zu sein, beobachtete der Psychologe René Spitz mit Entsetzen.

Der Forscher hatte in den 1940er Jahren in den USA Kleinstkinder in Säuglingsheimen untersucht. Auf mangelnde Ernährung ließ sich der schockierende Verfall mancher Babys, der oft sogar mit dem Tod endete, nicht zurückführen.

fessionelle Betreuerin – zumindest zeitweise die Pflege von Säuglingen übernehmen, ohne deren Entwicklung zu gefährden? All das sind Fragen, die heute, wo viele berufstätige Frauen hin- und hergerissen sind zwischen Kind und Karriere, nicht nur Forscher beschäftigen.

Wie eng die Beziehung zum Kind sein sollte, darüber gab es allerdings schon immer unterschiedliche Ansichten. Im mittelalterlichen Europa zum Beispiel war die Kindeserziehung meist nur eine von vielen Aufgaben der Frau. Oft wurden die Säuglinge von anderen umsorgt, etwa von Großeltern oder Ammen.

Erst seit  *dem 18.* JAHRHUNDERT *gibt es das Ideal der reinen* MUTTERLIEBE

Vielmehr litten sie, vermutete Spitz, an anderen Mangelerscheinungen: Zum einen hatten die Pflegerinnen die Gewohnheit, alle Seiten der Kinderbetten mit weißen Tüchern abzuhängen, um die schreienden Babys zu beruhigen. Dadurch fehlten den Kindern wichtige Sinneseindrücke, die sie zu einer normalen Entwicklung brauchten.

Zum anderen – und das war, so meinte der Wissenschaftler, wohl eher Ursache für die gestörte Entwicklung – litten die Heimkinder unter einer traumatischen Erfahrung: der anhaltenden Trennung von ihrer Mutter.

Die Studien des Psychologen zeigten: Die Mutter ist für das Kind in jener Lebensphase weit mehr als nur Milchspenderin. Die beiden verbindet offenbar ein starkes Band, von dem die ungestörte Entfaltung, im Extremfall sogar das Überleben des Kindes abhängen kann.

An die Beobachtungen von Spitz knüpften sich beunruhigende Fragen: Wie viel Mutter braucht ein Kind? Können andere Personen – etwa der Vater oder eine pro-

Erst mit der Aufklärung im 18. Jahrhundert entstand das Ideal der reinen Mutterliebe: Die Pflege des Kindes galt danach lange Zeit als wichtigste – und oftmals einzige – Frauenpflicht. Bis dieses Rollenverständnis durch die Emanzipation erschüttert wurde.

IN DER TIERWELT ist eine enge Mutter-Kind-Beziehung eher die Ausnahme. Bei vielen Spezies sind die Jungen vollkommen auf sich gestellt – so bei den meisten Fischen, Fröschen und Schildkröten.

Selbst nähere Verwandte des Menschen wie die Rhesusaffen kümmern sich liebevoll, aber nur kurz um ihre Kleinen: Schon nach 20 Wochen entwöhnt die Mutter ihr Junges –

Wie innig das Verhältnis der leiblichen Mutter zum Kind sein sollte und ob auch professionelle Betreuer dessen Pflege übernehmen können – darüber streiten die Forscher

falls nötig mit körperlicher Gewalt. Denn bald darauf paart sie sich wieder und muss dann ein neues Baby säugen.

Auf besonders eindrucksvolle Weise binden sich dagegen junge Gänse und Enten an ihre Mütter – oder an das, was sie dafür halten. Das beobachtete der Verhaltensforscher Konrad Lorenz: Im Brutkasten geschlüpfte Küken, die ihn als erstes bewegtes Objekt wahrgenommen hatten, folgten ihm anschließend auf Schritt und Tritt – vermutlich weil Gänse und Enten Nestflüchter sind, die schon direkt nach der Geburt laufen können, und es für sie überlebenswichtig ist, einer beschützenden Mutter zu folgen.

Und, so fand Lorenz heraus: Diese in den ersten Lebensstunden erworbene Prägung ist unumkehrbar.

Auf die Forschungen von Lorenz wurde später der Kinderpsychiater John Bowlby aufmerksam. Der Brite hatte sich zuvor mit dem Schicksal von Heimkindern befasst,

die, wie die von René Spitz beobachteten Säuglinge, in den ersten Lebensjahren ganz oder zeitweilig von ihren Müttern getrennt worden waren. Viele litten unter schweren Persönlichkeitsstörungen.

Aufbauend auf diesen Erkenntnissen, entwickelte Bowlby gemeinsam mit seiner Kollegin Mary Ainsworth die erste umfassende Theorie der menschlichen Bindungen – und besonders der zwischen Mutter und Kind.

Demnach kommen Babys mit einem Repertoire angeborener Verhaltensweisen wie etwa Lächeln oder Anklammern zur Welt, die sie instinktiv nutzen, um eine emotionale Beziehung zur Mutter aufzubauen.

Bei Trennung protestieren sie mit Weinen und Schreien, um den Kontakt wiederherzustellen – und in der Regel reagieren Mütter prompt auf diese Signale. Dieses Bindungsverhalten, so Bowlby, habe sich im Laufe der Evolution herausgebildet, um das Überleben des Kindes sicherzustellen.

Mit seinen Thesen widersprach der Wissenschaftler der gängigen Lehrmeinung. Bis dahin hatte die von Sigmund Freud begründete Psychoanalyse die Beziehung zur Mutter als „sekundären Trieb" aufgefasst: Sie diene einzig der Erfüllung oraler Bedürfnisse – in diesem Fall der Ernährung des Säuglings.

Bowlby glaubte dagegen, die sozialen Bedürfnisse des Kindes seien mindestens ebenso wichtig. Er verwies auf Tierstudien, bei denen junge Rhesusaffen mit zwei künstlichen Mutterfiguren zusammengebracht worden waren – einer abstrakten Konstruktion aus Maschendraht sowie einer weichen, affenähnlichen Puppe. Selbst wenn sie ihre Milch ausschließlich von der Drahtfigur erhielten, klammerten sich die Affenbabys an die flauschige Attrappe.

Das Experiment ließ vermuten: Für den Aufbau einer Beziehung zur Mutter ist der direkte Körperkontakt noch wichtiger als das Stillen des Hungers. Wie spätere Untersuchungen zeigten, vermag die mütterliche Nähe tatsächlich den Stress von jungen Affen zu mindern.

UM BINDUNGEN AUCH BEI MENSCHEN zu studieren, entwickelte Mary Ainsworth ein bis heute angewandtes Verfahren: Dazu betritt eine Mutter zusammen mit ihrem Baby einen unbekannten Raum. Nach einem festgelegten Ablauf kommt wiederholt eine fremde Person in das Zimmer und nähert sich dem Kind, wobei sich die Mutter zeitweise entfernt. Aus der Reaktion des Babys auf diese „fremde Situation" und die Rückkehr der Mutter können Forscher auf verschiedene Bindungstypen schließen. So zeigen die meisten Kinder, wenn ihre Mütter in den Raum zurückkommen, Anzeichen von Freude und Erleichterung: Die Wissenschaftler sehen darin einen Hinweis auf eine sogenannte sichere Bindung.

Doch nicht alle Babys verhalten sich so: Einige kehren der zurückkehrenden Mutter den Rücken zu – dieses scheinbar gleichgültige Verhalten nennen die Wissenschaftler eine „unsicher-vermeidende Bindung". Sie kann entstehen, wenn Mütter weniger häufig auf Kontaktversuche eingehen, die schreienden Babys zum Beispiel nicht gleich in die Arme nehmen.

Wieder andere Kinder brechen in Tränen aus, wenn sich die Mutter entfernt, und reagieren auch auf deren Rückkehr äußerst emotional – sowohl mit Anklammern als

> **EXPERIMENTE** *haben gezeigt, dass* **HORMONE** *das Verhältnis zwischen* **MUTTER** *und* **KIND** *stark prägen*

Dem beruhigenden Herzschlag der Mutter lauschend, nimmt das Neugeborene Kontakt mit einer ihm noch fremden Welt auf

auch mit Wutausbrüchen. Ein Kind mit einer solchen „unsicher-ambivalenten Bindung" empfindet seine Mutter offenbar als unberechenbar: etwa wenn die ihr Baby zwar zeitweise liebevoll umsorgt, aber nicht immer verfügbar ist.

Später entdeckten Forscher noch weitere, merkwürdige Verhaltensweisen: Manche Kinder schienen verstört oder orientierungslos. Einige erstarrten bei der Rückkehr der Mutter oder bewegten sich auf sie zu, ohne sie dabei anzuschauen. Diese „desorganisierte Bindung" tritt häufig auf, wenn die Eltern mit Suchtproblemen, traumatischen Erfahrungen oder psychischen Krankheiten zu kämpfen haben, und kann auf ernsthafte Entwicklungsstörungen hindeuten: So neigen solche Kinder später häufiger zu besonders unangepasstem Verhalten in der Schule.

Ob sich auch die beiden erstgenannten Formen von unsicherer Bindung negativ auswirken, ist umstritten. In manchen Studien aber zeigten Kleinkinder abhängig vom Bindungstyp Unterschiede in ihrer Entwicklung: So scheinen jene Kinder, die der „unsicher-ambivalenten Bindung" zugeordnet werden, ständig damit beschäftigt zu sein, als instabil wahrgenommene Bindungen an die Mutter oder andere Bezugspersonen zu festigen – auf ähnliche Weise können sie später etwa um die Aufmerksamkeit ihrer Lehrer werben. Dagegen erkunden sie in den ersten Lebensjahren ihre Umgebung weniger intensiv als viele Gleichaltrige und sind auch beim Spielen nicht so kreativ.

Mary Ainsworth ging davon aus, dass Kinder im Normalfall ihre Mutter als „sichere Basis" ansehen: Aus diesem Schutzbereich heraus erkunden sie ihre Umgebung ohne Angst. Das erleichtert das Lernen und die Kontaktaufnahme zum Beispiel mit Gleichaltrigen. Die meisten Forscher sehen deshalb die „sichere Bindung" (die auch am häufigsten vorkommt) als besonders vorteilhaft an.

An welche Bezugsperson sich ein Baby vor allem binden sollte, darüber hatte Bowlby zunächst keine Zweifel: die leibliche Mutter. Sie sollte seiner Ansicht nach möglichst ununterbrochen für ihr Baby verfügbar sein. Doch in Zeiten des gesellschaftlichen Wandels stießen solche Aussagen auf scharfe Kritik: Vor allem in den 1970er Jahren sahen viele darin einen Angriff auf die mühsam erkämpften Freiheiten der Frau.

Bowlby relativierte später seine Ansichten über das mütterliche Betreuungsmonopol: Die Bindungsfigur eines Babys müsse eine gute Mutter sein, aber nicht unbedingt die leibliche.

Mittlerweile haben Studien gezeigt: Obwohl die eigene Mutter in der Regel die zentrale Bezugsperson ist, können Kinder ähnlich enge Beziehungen auch zu anderen Personen aufbauen. So sind adoptierte Kinder durchaus in der Lage, noch in einem Alter von bis zu vier Jahren eine „sichere Bindung" an ihre Adoptiveltern zu entwickeln, ihnen also voll zu vertrauen und sie als feste Bezugspersonen anzunehmen.

MIT DEM VON MARY AINSWORTH entwickelten Verfahren können die unterschiedlichen Bindungen zwar gemessen werden – die Wurzeln des Verhaltens vermochten die Wissenschaftler damit jedoch lange Zeit nicht zu erklären.

BINDUNGEN *entstanden im Lauf der* EVOLUTION, *um das* ÜBERLEBEN *der Babys zu garantieren*

Die Mutter gibt ihren Kindern Wärme und Geborgenheit. Vermutlich beeinflussen Botenstoffe wie Oxytocin typisch mütterliches Verhalten

Erst in den vergangenen Jahren haben sie Einblick in die biochemischen Grundlagen sozialer Beziehungen gewinnen können. Zumindest bei Tieren wird das Bindungsverhalten oft von Hormonen gesteuert. Das belegen unter anderem Experimente an Schafen: Wurde weiblichen, nicht trächtigen Tieren der Botenstoff Oxytocin ins Gehirn gespritzt, zeigten sie bereits 30 Sekunden später mütterliches Verhalten – auch gegenüber fremden Lämmern. Zwar ist unklar, inwieweit sich solche Ergebnisse auf den Menschen übertragen lassen. Doch aktuelle Studien lassen darauf schließen, dass die Botenstoffe auch beim *Homo sapiens* soziale Beziehungen beeinflussen.

So untersuchten Forscher der Bar-Ilan-Universität in Israel die Konzentration von Oxytocin im Blut werdender Mütter: War deren Hormonspiegel hoch, zeigten sie später gegenüber ihrem Baby vermehrt Bindungsverhalten wie etwa regelmäßigen Augenkontakt oder liebevolle Berührungen. Zugleich machten sich Mütter, die während der Schwangerschaft hohe Oxytocinwerte aufwiesen, mehr Gedanken um die Sicherheit und Zukunft ihres Kindes.

Doch nicht nur bei der Mutter-Kind-Bindung könnten Hormone eine Rolle spielen. Zumindest bei Tieren gibt es Anzeichen dafür, dass auch das Sozialverhalten des Vaters von derartigen Botenstoffen geprägt wird.

Darauf deuten Versuche an Wühlmäusen hin: Diese Tiere eignen sich für solche Experimente besonders gut, weil eng verwandte Arten einem sehr unterschiedlichen Paarungsverhalten nachgehen. So ist die Wiesenwühlmaus ungebunden, sie wechselt häufig den Partner. Die Präriewühlmaus dagegen bevorzugt eine feste Beziehung.

Untersuchungen haben nun gezeigt, dass die sexuelle Enthaltsamkeit der monogamen Präriewühlmaus maßgeblich mit einem weiteren Hormon zusammenhängt, dem Vasopressin. Wie diese Substanz wirkt, konnten Forscher demonstrieren, indem sie ein für den Botenstoff-Rezeptor zuständiges Gen in das Gehirn der polygamen Wiesenwühlmausmännchen schleusten. Bereits wenige Tage später hatten die Nager ihren Lebensstil vollständig umgestellt: Statt sich wie üblich auch für fremde Weibchen zu interessieren, widmeten sich die Nagermännchen nur noch einer Partnerin.

Auch hier ist noch nicht ganz klar, welche Rückschlüsse diese Studien auf menschliche Väter zulassen. Immerhin aber investieren diese mehr Energie in ihre Kinder als alle anderen Primaten. Aus evolutionärer Sicht ist eine solche starke Bindung durchaus sinnvoll: Weil das menschliche Kind mehrere Jahre zur Entwicklung braucht, ist es stärker auf die Hilfe seines Erzeugers angewiesen.

Dass eine enge Bindung zwischen Vater und Kind schon bei unseren Vorfahren wichtig gewesen sein könnte, lassen Studien bei Naturvölkern vermuten. Lebt etwa ein biologischer Vater mit der Familie, ist die Sterblichkeit während der Kindheit geringer als in Fällen, in denen Kinder ohne Vater oder mit Stiefvater aufwachsen.

Väter gehen jedoch, das belegen Studien, anders mit ihrem Nachwuchs um als die Mütter: Sie zeigen im Schnitt eine etwas geringere Feinfühligkeit, können also die Emotionen ihrer Kinder weniger gut erkennen als Mütter. Möglicherweise rührt das allerdings nur daher, dass sie im Mittel weniger häufig mit dem Kind zusammen sind als die Mutter. Gleichzeitig fördern Väter aber in Spielen die körperliche Aktivität des Kindes und bestärken es, seine Umgebung zu erkunden (siehe Seite 114).

Der Vater ist daher eine zentrale Figur im Leben des Kindes – auch wenn er seinen weiblichen Gegenpart wohl nicht in jeder Beziehung ersetzen kann. Die Mutter muss also nicht, wie frühe Bindungsforscher noch angenommen hatten, die bei Weitem wichtigste Bezugsperson sein.

Dass auch Bindungen zu mehreren Personen nicht unbedingt schädlich für das Kind sind, zeigt der Blick auf andere Kulturen: So verbringen bei den afrikanischen Efe-Pygmäen selbst fünf Monate alte Säuglinge im Schnitt nur die Hälfte ihrer Zeit mit der Mutter – und den Rest mit anderen Kindern, erwachsenen Stammesmitgliedern oder ihrem Vater. Auch in israelischen Kibbuz-Gemeinschaften war bis in die 1970er Jahre hinein eine Vollzeitfürsorge der Mutter unüblich: Stattdessen kamen die Babys teils schon vier Tage nach der Geburt in Kinderhäuser, wo sie auch die Nacht verbrachten. Jede Pflegerin kümmerte sich intensiv um eine kleine Gruppe von Kindern. Ihre Eltern sahen die Kinder ab einem Alter von etwa 18 Monaten oft nur noch drei Stunden täglich.

Als Forscher die so aufwachsenden Kinder mit dem Verfahren der „fremden Situation" untersuchten, zeigte immerhin noch mehr als die Hälfte von ihnen Anzeichen für eine „sichere Bindung" an die Mutter. Allerdings reagierten die Kinder oft ebenso unglücklich, wenn in anderen Versuchen ihre Betreuerin aus dem Zimmer ging: Offenbar hatten sie, ohne größere Schäden für ihre spätere Entwicklung, auch zur Ersatzmutter eine Sicherheit spendende Bindung entwickelt.

Ganz im Gegensatz zu den US-Säuglingsheimen, in denen René Spitz auf die vernachlässigten Kinder stieß. Dort hatte sich kein einziger Mensch näher mit den Kleinkindern beschäftigt. Es war wohl nicht die leibliche Mutter, die den Säuglingen gefehlt hatte, sondern vielmehr menschliche, liebevolle Nähe.

Also die offenbar lebensnotwendige Möglichkeit, überhaupt ein Verhältnis zu einer Bezugsperson aufzubauen. □

Martin Paetsch, 37, ist Wissenschaftsjournalist in Hamburg und schreibt regelmäßig für GEOkompakt.

> **Studien** *belegen,* *dass* **Väter** *weniger feinfühlig mit ihrem* **Nachwuchs** *umgehen als* **Mütter**

Memo | Mutter, Kind

››› **Ohne Bezugsperson** verkümmern Kinder und sterben sogar.
››› **Forscher** unterscheiden mehrere Mutter-Kind-Bindungstypen.
››› **Hormone** beeinflussen die Stärke von Bindungen.
››› **Andere** Bezugspersonen können die Mutter zeitweilig ersetzen.

Spracherwerb

Babys sind einer verwirrenden Lautkulisse ausgesetzt, und doch bringen sie schnell Ordnung in das Chaos aus Klick-, Zisch- und Brummgeräuschen

Text: Martin Paetsch

Die Sprache gehört zu den komplexesten Werkzeugen des Menschen. Und doch brauchen Kinder nur wenige Jahre, um Aussprache und Bedeutung Tausender Wörter zu erlernen und sie miteinander zu verbinden. Doch wie sie diesen rasanten Lernprozess bewältigen, darüber sind sich Wissenschaftler uneins: Muss jeder Mensch die Sprache von Grund auf erlernen, oder ist eine »Proto-Sprache« bereits in unseren Genen verankert?

[ɛntdɛkʊŋ dɛs vɔɐtəs]*

* Die Entdeckung des Wortes
(Lautschrift aus dem Zeichensatz des Internationalen Phonetischen Alphabets)

GEOkompakt 73

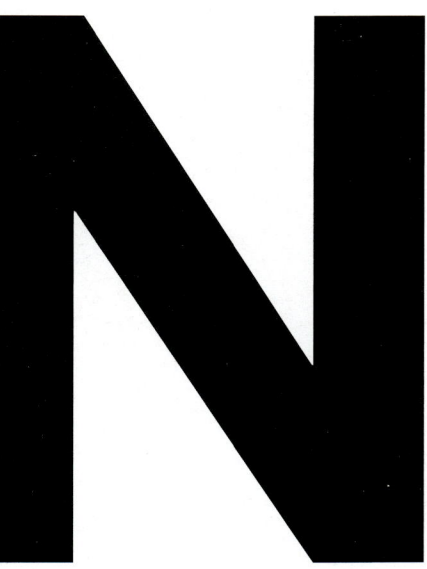

Nicht Bus spucken", hat Susan Curtiss notiert. Und daneben, was der verknappte Satz wohl bedeuten soll: „Ich habe nicht im Bus gespuckt." Andere Äußerungen lauten: „Lehrer ist Boss in Schule" oder: „Ich will Curtiss spielen Klavier." Einfache Wortreihen, die von einer Zwei- bis Dreijährigen stammen könnten.

Doch die Urheberin der schlichten Sätze ist kein Kind: Sie ist bereits 17, als die Aufzeichnungen gemacht werden. „Genie", wie der Teenager zum Schutz seiner Identität genannt wird, kennt die Sprache erst seit Kurzem.

13-jährig ist das Mädchen einem Martyrium entronnen: Seit frühester Kindheit hatten es die Eltern in einem Zimmer eingesperrt, tagsüber gefesselt an einen Toilettenstuhl, nachts eingeschnürt in einen Schlafsack. Niemand hatte mit ihm gesprochen, nicht einmal Fernsehen oder Radio bekam es zu hören. Beim geringsten Geräusch verdrosch es der Vater mit einer Holzlatte.

Als das Wolfskind 1970 in Los Angeles entdeckt wird, erinnert es nur entfernt an ein menschliches Wesen. Genie wiegt lediglich 27 Kilogramm, kann nicht aufrecht stehen und kaum laufen. Und sie kann nicht sprechen: Alles, was sie hervorbringt, ist ein hohes Wimmern.

Susan Curtiss und andere Forscher nehmen sich ihrer an: Sie hoffen, Genie helfen zu können. Vor allem aber wollen sie einzigartige Einblicke in eines der größten Wunder der Kindheit gewinnen: die Aneignung der Sprache. Denn nur selten wächst ein Mensch in so völliger Isolation auf und muss erst mühsam um jene Fähigkeit kämpfen, die anderen zuzufliegen scheint.

Alle unter normalen Bedingungen aufgezogenen Kinder erlernen ihre Muttersprache so selbstverständlich wie das Laufen. Selbst taube Babys beginnen in jenem Entwicklungsabschnitt, in dem hörende Altersgenossen zu brabbeln anfangen, mit den Händen gestenähnliche Bewegungen auszuführen. Später erfinden sie erste Zeichen und setzen sie schließlich zu einfachen Sätzen zusammen – auch dann, wenn ihre Eltern ihnen keine Gebärdensprache beigebracht haben.

Bis zum Erwachsenenalter lernt ein Mensch je nach Wortschatz 20 000 bis 80 000 Begriffe. Mithilfe grammatischer Regeln kann er daraus eine schier unendliche Zahl an Sätzen bilden.

Doch wie er sich dieses Werkzeugs bemächtigt, ist ein Rätsel: Welche Mechanismen erlauben es dem Kleinkind, in einem Schwall aus zunächst unbekannten Lauten einzelne Wörter zu identifizieren? Wie verinnerlicht es das komplexe Regelwerk der Grammatik? Fragen, über die sich Forscher und Philosophen seit Langem streiten.

Denn immerhin geht es bei der Sprache um ein zutiefst menschliches Merkmal. Zwar verfügen auch einige Tierarten über beträchtliches Verständigungstalent: So können manche Menschenaffen ein Zeichen- oder Symbolsystem erlernen und damit etwa einfache Fragen beantworten. Doch keine andere Spezies hat es annähernd so weit gebracht wie der Mensch.

WANN IM VERLAUF der Evolution sich dieser wichtige Entwicklungsschritt vollzogen hat, ist ungewiss. Amerikanische Forscher aber haben anhand von Skelettfunden festgestellt, dass *Homo sapiens* seit mindestens 50 000 Jahren über eine anatomische Eigenheit verfügt: Mundhöhle und Rachen bilden keinen Bogen mehr wie bei unseren frühen Vorfahren, sondern stehen nahezu rechtwinklig zueinander.

Zudem liegt der Kehlkopf seither tief im Schlund. So konnte sich der Resonanzraum des hinteren Rachens bilden und die Zunge Platz gewinnen.

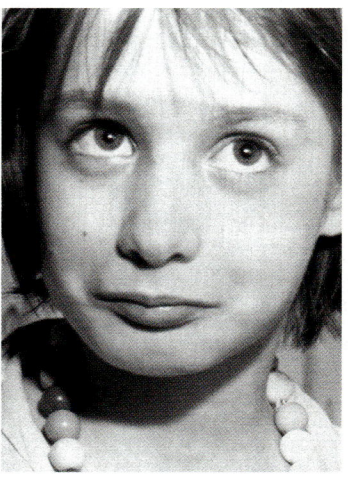

Mit 13 Jahren entkam das Mädchen »Genie« aus dem US-Staat Kalifornien einem Martyrium: Die Eltern hatten es seit frühester Kindheit eingesperrt und nie mit ihm geredet. Nachdem Genie 1970 entdeckt worden war, versuchten Forscher, ihr das Sprechen beizubringen – doch dafür war sie bereits zu alt

Dieser speziell geformte Mund- und Rachenraum erlaubt es uns heute, die ganze Lautvielfalt einer Sprache zu erzeugen – unsere nächsten Verwandten, die Menschenaffen, können das nicht.

Bei Neugeborenen unterscheidet sich der Vokaltrakt jedoch noch kaum von dem anderer Säugetiere: Nur so können Babys gleichzeitig atmen und an der Mutterbrust saugen. Erst während des Heranwachsens sinken Zunge und Kehlkopf immer tiefer in den Rachen, bis das Kind im Alter von sechs bis acht Jahren ähnlich viele Vokale wie ein Erwachsener hervorzubringen vermag.

Erste Sprechversuche macht es schon viel früher. Nach zwei Monaten gurren Babys Laute wie „örre" oder

[ɪst deːm

„kraa". Mit rund sechs Monaten beginnen sie dann zu lallen, reihen Silben zu Lautgebilden wie „dada" oder „baba" aneinander.

Im Alter von etwa einem Jahr sprechen sie erste Wörter, sechs Monate später beherrschen sie bereits rund 20 Begriffe, und fortan kommen jeden Tag im Schnitt neun Wörter dazu.

Gleichzeitig beginnen sie einfache Zweiwortsätze wie „Puppe kommt" oder „mehr Milch" zu bilden. Und mit vier Jahren beherrschen viele Kinder bereits mehr als 6000 Wörter, formulieren oft schon grammatikalisch korrekte Fragen und komplexe Sätze.

WIE DIESER ATEMRAUBENDE Lernprozess genau abläuft, ist unter Wissenschaftlern noch umstritten. Eine Erklärung versuchte 1957 der US-Psychologe Frederic Skinner: Er ging davon aus, dass jedes Verhalten – dazu zählte er auch die Sprache – durch äußere Bestätigung erworben und gefestigt wird.

So wird ein Kind nur dann, wenn es einen Satz wie „Saft haben" klar artikuliert hervorbringt, durch den gereichten Saft belohnt. Auf diese Weise setzten sich, so Skinner, nach und nach richtig ausgesprochene Wörter und grammatisch korrekte Sätze durch, während unverständliche Varianten unbelohnt blieben und verschwänden.

Doch der US-Linguist Noam Chomsky widersprach dieser Theorie: Zu komplex sei das von einem Kind in wenigen Jahren erworbene grammatische Regelwerk, als dass es durch diesen simplen von Skinner vorgeschlagenen Mechanismus erlernt werden könne.

Stattdessen vermutete Chomsky, die Fähigkeit zur Sprache sei bereits im Erbgut eingeprägt: So sei eine grundlegende Grammatik im Gehirn jedes Menschen verankert.

Nach dem 18. Monat setzt bei Kindern ein rasanter Spracherwerb ein: Jeden Tag erlernen sie im Schnitt neun Wörter. Mit sechs Jahren verstehen sie bereits 14 000 Begriffe

[mɛnʃən ɛɪnə uniːvɛʁzɛlə gʁaːmatɪk angəboːʁən]*

* Ist dem Menschen eine universelle Grammatik angeboren?

Seither streiten sich die Anhänger beider Schulen um die Natur des Spracherwerbs: Ist dies angeborenes Talent oder antrainiertes Verhalten?

Für Skinners Theorie sprechen Erkenntnisse aus der psychologischen Praxis: Therapien, die auf seinem Konzept der Konditionierung beruhen, können behinderten Kindern beim Erlernen der Sprache helfen (auch wenn das nicht unbedingt Rückschlüsse auf den Lernprozess gesunder Babys zulässt).

Dagegen berufen sich Chomskys Anhänger auf vergleichende Sprachstudien – insbesondere der Kreolensprachen, die auf Hawaii, in der Karibik oder in Westafrika gesprochen werden.

Entwickelt von Einwandererkindern, beruhen diese Sprachen auf ganz unterschiedlichen Wortschätzen: Das Jamaika-Kreolisch etwa auf dem englischen Vokabular, das „Crioulo" der Kapverdischen Inseln auf dem portugiesischen.

Die Grammatiken dieser Sprachen sind jeweils weitgehend eigenständige Erfindungen – und ähneln einander doch. Die Gemeinsamkeiten haben sich offenbar trotz der großen Entfernung zwischen den verschiedenen kreolischen Sprachen herausgebildet: für einige Wissenschaftler ein Hinweis auf eine „universelle Grammatik", die jedem Menschen angeboren sei. Allerdings gibt es auch Sprachen, etwa das südamerikanische Pirahã, die Chomskys Vermutung eher zu widerlegen scheinen.

Die Verfechter von Chomskys Vererbungstheorie weisen zudem darauf hin, dass Sprache, anders als von Skinner beschrieben, im Normalfall nicht von den Eltern antrainiert werde. Vielmehr seien Kinder einer verwirrenden Lautkulisse aus unterschiedlichen Stimmen und unzusammenhängenden Äußerungen ausgesetzt – denn nur wenige Menschen sprechen in vollständigen Sätzen. Dass ein Kind nur anhand solcher bruchstückhafter Reize ein tieferes Sprachverständnis entwickelt, halten diese Forscher für unmöglich. Stattdessen müsse es bereits von Geburt an für die schwierige Aufgabe gerüstet sein.

DOCH IMMER MEHR wissenschaftliche Studien zeigen: Kinder verfügen über erstaunlich effektive Lernmechanismen, mit deren Hilfe sie Laute, Wörter und womöglich sogar grammatische Strukturen erkennen können. Allerdings haben diese Strategien kaum etwas mit der von Skinner beschriebenen Konditionierung zu tun. Es sind vielmehr Mechanismen, die bereits Neugeborenen helfen, Ordnung in das auf sie eindringende Chaos aus Klick-, Zisch- und Brummgeräuschen zu bringen.

Denn die Vielfalt der menschlichen Laute ist überwältigend: Zusammengenommen verfügen alle Sprachen der Welt über ein Repertoire aus rund 600 Konsonanten und 200 Vokalen – was beispielsweise bei fünf Lauten je Wort 100 Billionen Möglichkeiten ergibt.

Zunächst können Kleinkinder all diese Laute noch auseinanderhalten: In Studien reagierten sechs Monate alte Babys aus dem englischen Sprachraum auf klangliche Kontraste, die typisch für die Sprache der kanadischen Nlaka'pamux-Indianer sind – dagegen konnten englischsprachige Erwachsene diese Feinheiten kaum mehr registrieren.

Doch schon früh gewöhnen sich die anfangs universell begabten Säuglinge an die Laute der eigenen Sprache. Dabei ordnen sie auch voneinander abweichende Aussprachen, etwa von verschiedenen Sprechern, ein und derselben Lautkategorie zu: Babys in den USA neigten schon mit sechs Monaten dazu, verschiedene Varianten eines englischen Vokals als identisch aufzufassen, während sie Varianten eines schwedischen Vokals weniger häufig gleichsetzten.

Auf diese Weise spezialisiert sich der Hörsinn nach und nach auf jene rund 40 Lautkategorien, die in der jeweiligen Muttersprache wichtig sind.

So produzieren japanische Erwachsene zwar durchaus Klangvarianten, die den westlichen Konsonanten „r" und „l" entsprechen – sie meinen und verstehen aber jeweils *denselben* Konsonanten ihrer Sprache. Entsprechend fällt es japanischen Babys bereits mit zwölf Monaten schwer, diese Laute auseinanderzuhalten, sodass sie später etwa die Wörter „Reim" und „Leim" nur schwer unterscheiden können. Zugleich hat sich in diesem Alter aber auch ihre Fähigkeit verbessert, diesen einen japanischen Konsonanten sowie andere typische Laute sicher zu identifizieren.

Darüber hinaus muss das Baby jedoch auch einzelne Wörter erkennen lernen. Wo diese anfangen und aufhören, ist in der gesprochenen Sprache nicht einfach auszumachen: Selten macht ein Sprecher klare Pausen, die als Anhaltspunkte dienen. Stattdessen setzt er die Wörter oft zu einem kontinuierlichen Silbenstrom zusammen.

Dennoch verstehen Kinder einige Wörter bereits, lange bevor sie selbst zu sprechen beginnen: Mit sechs Monaten schauen sie in Experimenten länger auf Videoaufnahmen ihrer Mutter, wenn sie nach „Mama" gefragt werden, und bei der Frage nach „Papa" länger auf entsprechende Bilder des Vaters.

Wie Kleinkinder solche Wörter im Sprachfluss identifizieren, erklärt eine weitere Studie: US-Forscher konfrontierten acht Monate alte Babys zwei Minuten lang mit einem lückenlosen, von einer Computerstimme vorgetragenen Silbenstrom. Die Lautfolgen – etwa „bidakupadotigolabubidaku" – bestanden

[nuɐ̯ ɪn deɐ̯ kɪnthaɪt lɛst zɪç ʃpʀaːxə myːəloːs

* Nur in der Kindheit lässt sich Sprache mühelos erlernen

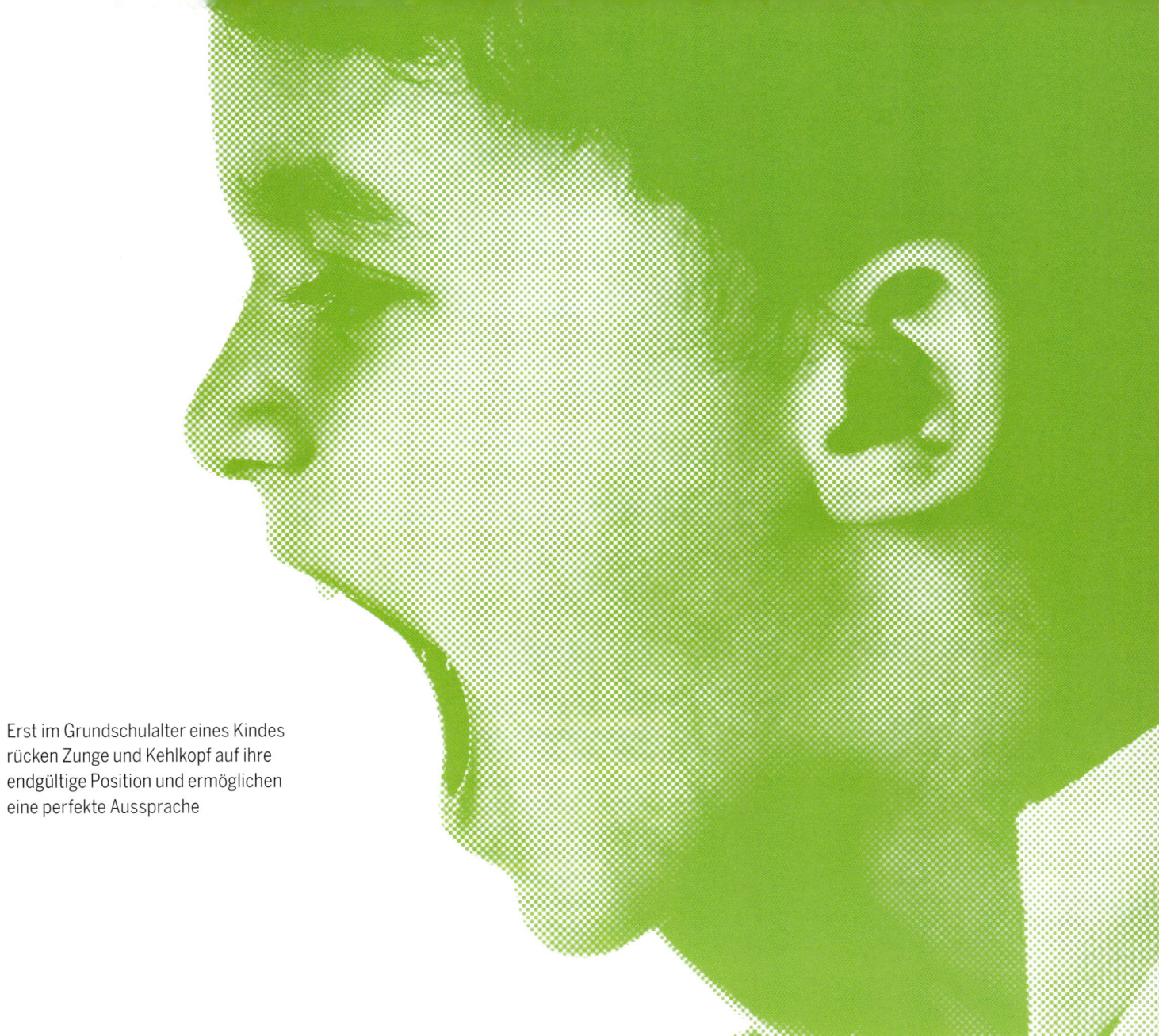

Erst im Grundschulalter eines Kindes rücken Zunge und Kehlkopf auf ihre endgültige Position und ermöglichen eine perfekte Aussprache

aus zufällig aneinandergereihten Fantasiewörtern wie „padoti" oder „golabu".

Als die Wissenschaftler den Probanden diese Wortschöpfungen anschließend noch einmal zwischen neuen, zuvor nicht eingesetzten Kreationen vorspielten, zeigten die Babys deutliche Anzeichen für ein Wiedererkennen:

[neugnɛʁɛ]*

Demnach waren ihnen „padoti" und die anderen zuerst gehörten Kunstwörter bereits vertraut.

Die Babys hatten sich offenbar statistische Häufigkeiten zunutze gemacht: So hörten sie etwa die Silbenkombination „pa-do" als Bestandteil des Wortes „padoti" relativ oft, während „ti-go" viel seltener, nämlich nur im Wortpaar „padoti golabu" auftrat. Ein Prinzip, nach dem auch Wörter in der wirklichen Sprache erkannt werden: In den Sätzen „Puppe haben" und „Puppe geben" kommt die Silbenfolge „Pu-ppe" häufiger vor als „pe-ha" oder „pe-ge".

In normalen Sprechsituationen helfen den Kindern die typischen Betonungsmuster einer jeden Sprache: Eine betonte Silbe kann zum Beispiel auf einen Wortanfang hindeuten, den das Baby dann leichter erkennen kann.

Und nicht zuletzt erhält es wichtige Hinweise von seinen Eltern: Überall auf der Welt verfallen die in eine spezielle Sprechweise, wenn sie mit Kleinkindern reden. Oft übertreiben sie dabei die Satzmelodie extrem und ziehen Vokale in die Länge – diese überdeutliche Artikulation erleichtert es, Laute und Wörter auseinanderzuhalten.

UM SPRACHE wirklich zu verstehen, muss das Kind allerdings noch weit mehr leisten: Es gilt, neben den Wörtern auch deren grammatische Beziehungen zu erfassen. Wie lernt es, ob ein Wort ein Substantiv, Verb oder Objekt ist? Wie erkennt es sogar an einem Fantasiesatz wie „Moni wutzelt Minu", dass eine „Moni" etwas mit einer „Minu" anstellt – obwohl es gar nicht wissen kann, was „wutzeln" ist?

Ein grundlegendes Verständnis für Grammatik ist erstaunlich früh vorhanden. So zeigten Forscher anderthalb Jahre alten Kindern, die noch in Einwortsätzen sprachen, auf zwei Fernsehgeräten gleichzeitig Filme mit Charakteren aus der Fernsehserie „Sesamstraße": Auf einem Bildschirm kitzelte der Vogel Bibo das Krümelmonster, auf dem anderen wurde er selbst gekitzelt.

Dann hörten die Zuschauer eine Aufforderung, etwa: „Sieh mal! Bibo kitzelt das Krümelmonster! Finde Bibo, der das Krümelmonster kitzelt." Offenbar verstanden sie die Satzstruktur aus Subjekt, Verb und Objekt, denn sie blickten häufiger auf den Monitor, der ebenjene Szene mit dem kitzelnden Vogel zeigte.

Auch einfache Sätze ergeben für ein Kind erst dann einen Sinn, wenn es Beziehungen zwischen weit auseinanderliegenden Wörtern herstellen kann: Hier etwa zwischen dem Subjekt „Bibo" am Satzanfang und dem Objekt „Krümelmonster" am Satzende. Und das Gehirn des Kindes muss darüber hinaus solche Grammatikmuster auch verallgemeinern können. So gilt diese Satzstruktur nicht bloß für Bibo und das Krümelmonster, und nicht nur für das Kitzeln.

Dass Kinder solche generellen grammatischen Beziehungen extrem schnell erlernen können, lässt eine weitere Untersuchung vermuten: Dafür entwickelten Forscher zwei Kunstsprachen, die auf dem gleichen Vokabular, aber unterschiedlichen Grammatiken aufbauten.

Dann spielten sie zwölf Monate alten Kleinkindern Sätze vor, die entsprechend der ersten Grammatik konstruiert waren – im Durchschnitt nur gut eine Minute lang.

Nach diesem kurzen Training wurden die Babys mit weiteren – nun allerdings aus neuen Kunstwörtern gebauten – Sätzen konfrontiert, einige davon auf Basis der zweiten Grammatik. Dabei hörten die Kinder länger hin, wenn neue Proben der ersten, schon im Training verwendeten Grammatik aus dem Lautsprecher kamen: Offenbar konnten sie zwischen den beiden Regelwerken unterscheiden, erkannten also die Prinzipien der zuerst gehörten Grammatik wieder.

Solche Experimente zeigen, dass Kinder den sie umgebenden Sprachstrom auf erstaunliche Weise auswerten: Sie scheinen daraus Informationen nicht nur über Wortgrenzen, sondern auch über grammatische Regeln zu gewinnen – eine Ausbeute, die vor allem Verfechtern der Vererbungstheorie lange undenkbar schien.

Doch auch wenn der Mensch über unerwartete Lernmechanismen verfügt: Ob sie allein ausreichen, sich eine Sprache anzueignen, ist umstritten. Vielmehr kommt es wohl zu einem

> **Memo | Spracherwerb**
>
> ››› **Die Sprachentwicklung** erfolgt im Zusammenspiel von Erbe und Umwelt.
>
> ››› **Ab sechs Monaten** spezialisiert sich der Hörsinn auf die Muttersprache.
>
> ››› **Manche Wörter** verstehen Babys, lange bevor sie sprechen können.
>
> ››› **Bereits mit 18 Monaten** erkennen Kinder grammatikalische Strukturen.
>
> ››› **Taube Babys** erfinden eigene Zeichen und bilden daraus einfache Sätze.

Zusammenspiel von genetischer Steuerung und äußeren Einflüssen.

Zu den äußeren Voraussetzungen gehört das soziale Umfeld. Lediglich Sätze über Lautsprecher zu hören, reicht nicht aus. Dafür spricht der Fall eines US-amerikanischen Jungen, der als hörendes Kind tauber Eltern zur Welt gekommen war: Bis zum Alter von drei Jahren hatte er seine Muttersprache hauptsächlich durch das Fernsehen kennengelernt und konnte sich zwar in Englisch ausdrücken, sein Grammatikverständnis aber war stark unterentwickelt.

Wenig sinnvoll sind deshalb auch die Versuche mancher Eltern, die Fremdsprachenkenntnisse ihrer Sprösslinge schon im Säuglingsalter allein durch Audiokurse zu fördern.

Neben menschlicher Wärme spielt zudem ein anderer Faktor eine wichtige Rolle: die Zeit. Denn wahrscheinlich lässt sich die Sprache nur in der frühen Kindheit mühelos erlernen. Während der ersten Lebensjahre können sogar Kinder, bei denen durch einen Unfall das Sprachzentrum beschädigt ist, mitunter ganz normale Fähigkeiten entwickeln. Erwachsenen gelingt dies kaum.

Dass es eine kritische Zeitspanne für das Erlernen einer Sprache gibt, lassen auch Untersuchungen von chinesischen und koreanischen Einwanderern in den USA vermuten. Jene Immigranten, die nach dem siebten Lebensjahr in die USA gekommen waren, meisterten das Englische niemals völlig – gleichgültig, wie lange sie die neue Sprache lernten.

Auf tragische Weise zeigt dies auch die Geschichte von Genie, dem modernen Wolfskind. Zwar lernte sie nach jahrelanger Isolation durch intensives Training sprechen, eignete sich Hunderte Wörter an. Doch das neugierige Mädchen kam nicht über das Niveau eines Kleinkindes hinaus.

Denn als Genie mit dem Unterricht begann, war es offenbar schon zu spät. Nie gelang es ihr, ein Passiv zu bilden oder grammatikalisch korrekte Fragen zu formulieren.

Nachdem sie vier Jahre lang im Rahmen eines Forschungsprojektes betreut worden war, versiegten 1975 die Fördergelder. Genie, die bis dahin in der Familie eines Wissenschaftler gelebt hatte, kam zu einer Pflegefamilie. Dort wurde sie erneut misshandelt: So bestrafte man sie, wenn sie sich erbrach.

Kurz darauf verstummte Genie, die heute in einem privaten Pflegeheim lebt – und benutzte bis auf wenige Worte nie wieder jene mühsam erlernte Sprache, die den meisten von uns eine Selbstverständlichkeit ist. □

Martin Paetsch, 37, ist Wissenschaftsjournalist in Hamburg. Das Internationale Phonetische Alphabet (IPA) ist eine Sammlung von Zeichen, mit deren Hilfe die Laute aller menschlichen Sprachen beschrieben und notiert werden können. Internet: www2.arts.gla.ac.uk/IPA

Literatur: Russ Rymer, „Das Wolfsmädchen. Eine moderne Kaspar-Hauser-Geschichte", Hoffmann und Campe (antiquarisch). Gisela Szagun, „Das Wunder des Spracherwerbs", Beltz. Martin Kuckenburg, „Wer sprach das erste Wort?", Theiss. Steven Pinker, „Der Sprachinstinkt", Droemer Knaur.

BBC Exklusiv Spezial:
Samstag, 20. Dezember, auf VOX.

IM FADENKREUZ

**Che Guevara, Papst Johannes Paul II,
Mahatma Gandhi, Itzhak Rabin**

Attentate, die unsere Welt in Atem hielten.
Das 20. Jahrhundert aus der Sicht
von Opfern und Tätern.
So spannend ist Geschichte
nur bei BBC Exklusiv.

BBC EXKLUSIV

WISSEN – MENSCHEN – STORIES

Einzigartige Dokumentationen zu Themen aus Wissenschaft, Geschichte und Gesellschaft.

Jeden Mittwoch um 23.45 Uhr auf VOX

präsentiert von

| Spieltrieb |

Nicht nur die Geschicklichkeit trainieren diese Leipziger Schüler – sondern zugleich auch das Gehirn

Kooperation: Erst das Spiel macht uns zu Menschen, vermuten Philosophen

Vom **Sinn** des Sinnlosen

In der Gruppe entwickeln Kinder spielerisch ihre sozialen Kompetenzen und üben so den Umgang mit einem oft nur schwer kalkulierbaren Gegenüber: ihrem Mitmenschen

Hohe Kunst auf dem Brett: Bei Spielen wie Schach, die festen Regeln folgen, schulen diese Vorschulkinder ihr strategisches Denken

Den eigenen Körper kennenlernen: Schulkinder trainieren beim Tanzen auch für die motorischen Erfordernisse des Alltags

Kein Lebewesen spielt so ausdauernd und variantenreich wie der Mensch. Schließlich sind die Voraussetzungen für den kindlichen Müßiggang ideal – so behütet und geschützt wächst kein anderes Lebewesen heran. Doch das Spiel war im Laufe der Evolution auch ein wichtiger Antrieb für die Entwicklung des Körpers und des Gehirns, es machte uns besonders flexibel, lernfähig und anpassungsbereit

Text: Bertram Weiß
Fotos: Andreas Reeg

d ie Natur verschwendet nichts. Denn Zeit und Energie sind kostbar im Überlebenskampf. Wer nicht effizient genug ist, der verliert – das ist ein Grundprinzip der Evolution. Doch manchmal scheint sich die Natur um ihre Grundsätze nicht zu scheren: Kätzchen jagen unermüdlich einem Bindfaden hinterher, Raben rutschen rücklings einen verschneiten Hang hinab, Fohlen springen ausgelassen auf einer Koppel umher, junge Bienen lassen sich immer wieder von der Spitze ihres Bienenstocks fallen – und das alles ohne erkennbaren Grund. Diese Tiere verhalten sich so, als hätten sie alle Zeit und Kraft der Welt. Evolutionär gesehen wirkt ihr Treiben unvernünftig, ja geradezu waghalsig.

Verhaltensforscher vermuten, dass Tiere, die sich so benehmen, nichts anderes tun als: spielen. Gerade so, wie Kinder Bauklötzchen aufeinandertürmen, mit Ritterfiguren Schlachten nachstellen, Puppen frisieren oder im Kaufmannsladen Kastanien und Büroklammern verkaufen, als wären es Obst und Gemüse.

Tatsächlich ist das Spiel nicht dem Menschen vorbehalten. Schon lange bevor *Homo sapiens* die Welt eroberte, gehörte das Spiel zum Leben wie Essen, Trinken und Schlafen.

Aber wenn Tierjunge und Menschenkinder toben, klettern oder raufen, scheinen die Regeln der Evolution nicht zu gelten. Im Spiel, so wirkt es zumindest, vergeuden sie kostbare Zeit und begrenzte Energie.

Welcher Zweck verbirgt sich hinter dem augenscheinlich sinnlosen Verhalten? Welche Funktion hat das Spiel, und wie hat es sich in der Geschichte des Lebens auf der Erde entwickelt?

Seit Langem schon sind Biologen und Psychologen, Pädagogen und Philosophen der Ursache des Spieltriebs auf der Spur. Doch bereits bei einer eher harmlos wirkenden Frage geraten sie in

Andere Perspektive: Im Spiel lassen sich bewusst Tabus brechen, um geheime Wünsche auszuleben

Kunstunterricht, 1. Klasse: Spielerisch erfinden Kinder neue Welten

Das freie Spiel hat einen biologischen Sinn – wer immer wieder mit ungewohnten Situationen umgehen muss, wird flexibel und ist bereit für das Unerwartete

Nachahmen, was die Großen tun. Schon die Kleinsten trainieren beim Spiel auch für den Ernstfall in der Erwachsenenwelt – wie an dieser Werkbank in einer Küche

Streit: Was ist eigentlich „Spiel"? Was ist diese Tändelei, die der Theologe August Francke noch zu Beginn des 18. Jahrhunderts als „Eingebung des Teufels" verdammte und der Psychoanalytiker Sigmund Freud eine „Flucht aus dem Leben" nannte?

JEDERMANN GLAUBT zu wissen, was das Wort bedeutet. Doch je länger man darüber nachdenkt, desto vager und unbestimmter wird der Begriff, desto vielfältiger und unterschiedlicher sind seine Anwendungsbereiche. Ob auf dem Spielplatz oder im Spielkasino, beim Handballspiel oder im Lichtspielhaus – gespielt wird überall. Aber wo fängt Spiel an, und wann hört es auf? Forscher müssen sich zumeist damit begnügen, Spiel einfach zu beschreiben, wo sie es zu entdecken glauben. Eine allgemeingültige Definition gibt es nicht.

Der Entwicklungspsychologe Rolf Oerter erforscht seit rund 20 Jahren das Spielen und beschreibt dessen wichtigstes Merkmal so: „Beim Spiel fehlt die Berücksichtigung der Folgen, es wird um seiner selbst willen betrieben."

Kurz gesagt: Wer spielt, will nur eines – spielen. Es ist ein Verhalten ohne subjektiven Zweck; ein Handeln, das sich nur um sich selbst dreht. „Rücken die Folgen ins Blickfeld, dann wandelt sich das Spiel in Arbeit", so Oerter.

Das Spiel hat aus der Sicht des Aktiven nur für sich selbst Bedeutung. Scheinbar dient es nur dem lustvollen Vergnügen. Aber eben nur scheinbar. Auch ohne

Wann fängt das Spiel an – und wann der Ernst?

bewusste Absicht erwirbt man beim Spielen viele Fertigkeiten.

Ist das Spiel also in Wirklichkeit ein Trick der Natur? Ein Kniff der Evolution, der den Organismus lernen und üben lässt – und ihn dadurch fördert und stärkt? Schon 1787 brachte der deutsche Pädagoge Ernst Christian Trapp diese Vermutung auf den Punkt, als er in einem Traktat feststellte, das Spiel überliste die Mühe durch das Angenehme.

DIE WAHRE FUNKTION des Spiels ist verborgen hinter dem Spaß, den es bereitet, und ihr Ursprung liegt tief in der Geschichte des Lebens versteckt.

Vermutlich schon vor mehr als einer Milliarde Jahren haben Vorfahren der wirbellosen Kraken das Spiel für sich entdeckt. Zoologen des Konrad-Lorenz-Instituts in Österreich haben die lernfähigen, achtarmigen Meeresbewohner beobachtet, wie sie ohne erkennbares Ziel mit Plastikflaschen und bunten Legosteinen hantierten. Etwa, indem sie diese immer wieder in eine Wasserströmung drückten – so, als würde ein Kind einen Ball gegen ein Garagentor kicken.

Auch bei Insekten, Vögeln und Reptilien meinen Forscher Spielverhalten beobachtet zu haben. Bienen und Wespen, Pelikane und Papageien, Alligatoren und Warane – die Liste der verspielten Tierarten mit langer Evolutionsgeschichte ist inzwischen umfangreich.

Besonders gut dokumentiert ist der Spieldrang von „Pigface": Diese Afrikanische Weichschildkröte im Zoo von Washington D.C. werkelte voller Hingabe mit Bällen, Stöcken und Gummiringen. Rund 30 Prozent ihrer Zeit verbrachte sie mit ihrem Spielzeug.

Vermutlich hat sich das Spielverhalten zu unterschiedlichen Zeitpunkten bei verschiedenen Spezies entwickelt. Doch am häufigsten lässt es sich bei der jüngsten Klasse im Tierreich beobachten, den Säugern. Jener Gruppe von Organismen, der auch der einfallsreichste und ausdauerndste Spieler der Welt entstammt: der Mensch.

Fast alle Säugetiere spielen. Zumindest, solange sie jung sind. Und: Je größer das Gehirn der Tierart im Verhältnis zum Körpergewicht ist, desto häufiger und vielfältiger ist offenbar das Spiel. Im Durchschnitt verbringen Säuger zwischen ein und zehn Prozent ihrer Zeit mit Spielen. Hundewelpen, die sich um einen Stock raufen, oder Affenkinder,

Spielen schützt: Es hilft Kindern, die psychischen Belastungen des Alltags besser zu meistern

Kinder wissen meist genau, wo die Grenze zwischen Ernst und Spiel verläuft – und können Aggressionen so dosieren, dass kein Raufkamerad leidet

Auch wenn sich Kinder gern in der Computerwelt verlieren – die sinnvollen Spiele finden in der Realität statt

Im Rollenspiel entdecken Kinder etwa ab dem vierten Lebensjahr den Mitspieler – und treffen erstmals verbindliche Absprachen

die ausgelassen umhertollen und nichts als Schabernack im Kopf haben – solche Bilder sind nicht ungewöhnlich.

Gordon Burghardt von der University of Tennessee hat eine Erklärung dafür, weshalb gerade Säuger so oft in Spiellaune sind. Der Verhaltensbiologe hat Hunderte internationaler Forschungsergebnisse zu einem 500-seitigen Buch über das Wesen des Spiels zusammengetragen. Er nennt seine Idee „Surplus Resource Theory" – die Theorie überschüssiger Ressourcen. Er nimmt an: Spielen kann nur, wer gerade nichts zu

Vor mehr als einer Milliarde Jahren haben Vorfahren der Kraken das Spielen erfunden

tun hat, was für den Lebenserhalt wichtiger wäre – also etwa nach Nahrung zu suchen oder Feinde abzuwehren.

Beim Menschen und allen anderen Säugern sind die Bedingungen dafür im Kindesalter nahezu ideal. Denn die Nachkommen müssen nicht für sich selbst sorgen. Monatelang, manchmal über Jahre, ziehen Eltern ihre Kleinen sorgsam auf, bieten ihnen einen schützenden Raum und begleiten sie auf ihrem Weg in die Selbstständigkeit.

Bei keiner anderen Tierklasse haben Junge so viel Zeit und Energie, sich dem Spiel zu widmen. Aber würde es den Organismus nur Kraft kosten und keinen Nutzen bringen, hätte die Evolution die Spielwütigen längst aussortiert. Es muss also einen entscheidenden Wettbewerbsvorteil mit sich bringen, besonders viel Gelegenheit zum Spielen zu haben.

Manche Forscher vermuten, dass es unmittelbar die Entwicklung des Körpers fördert, besonders die des Gehirns. Burghardt sieht darin einen wichtigen Grund für den Siegeszug der Säuger in der Evolution: Tiere, die vielfältiger aktiv sein können als andere, hätten sehr viel mehr Gelegenheiten, ihr Hirn und somit auch ihr Verhalten zu verändern.

Veränderung aber bedeutet: schnellere Anpassung. Die wiederum erhöht die Aussicht zu überleben.

Bei Versuchen mit jungen Mäusen, Ratten und Katzen stellte der Verhaltensbiologe John Byers von der University of Idaho fest, dass die Jungtiere genau dann am intensivsten umhertollen, wenn sich die Nervenzellen im Kleinhirn verknüpfen: jener Hirnregion, in der Körperbewegungen gesteuert werden – also auch Pirschen, Schleichen, Rennen und Springen. Bewegungsabläufe, die später bei Jagd oder Flucht unentbehrlich sind, werden in jener kurzen Periode der Kindheit im Gehirn angelegt.

Es ist ein Hinweis darauf, dass Spiel und Hirnentwicklung in engem Zusammenhang stehen. Das Denkorgan ist ja bei der Geburt noch längst nicht voll entwickelt. Bis über die Pubertät hinaus formen sich die Nervennetze im Gehirn – Zeit genug also, um sie durch das Spielen nachhaltig zu beeinflussen.

Weitgehend außer Frage steht auch, dass sich Spielen auf die psychische Gesundheit auswirkt. Im Spiel können Kinder etwa seelische Belastungen besser meistern als in der sozialen Realität.

Psychoanalytiker und manche Entwicklungspsychologen meinen sogar, das junge Gemüt sei geradezu auf das Spiel angewiesen, um Tabus brechen zu können. Um ungehindert Aggressionen, Macht, Kontrolle und geheime Wünsche auszuleben – etwa wenn das Kind Figuren einsperrt oder tötet und wiederauferstehen lässt. Oder so tut, als könnten sie fliegen.

Bestimmte Themen tauchen daher besonders häufig im Spiel auf – je nachdem, was das Kind gerade beschäftigt. Beginnt es etwa, seine eigene Identität zu entdecken, schafft es Grenzen zwischen sich und der Umwelt: richtet sich beispielsweise ein „Haus" unter einem Tisch ein, in das niemand hineindarf.

Auch überfordernde oder unangenehme Erfahrungen könnten durch spielerische Wiederholung bewältigt werden. Zum Beispiel ein Besuch beim Arzt. Tatsächlich ähnelt der spielerische Zeitvertreib der halbwüchsigen Menschen und Tiere häufig schon dem Ernst des Lebens. Oft scheinen die Sprösslinge einfach nur nachzuspielen, was sie in ihrer Umwelt beobachten.

Beispielsweise bei Scheinkämpfen, bei denen Kinder und Jungtiere Bewegungen und Strategien einsetzen, die sonst nur bei echten Kämpfen auftreten und bei denen ungeübte Beobachter kaum zu sagen vermögen, ob Tritte und

Das Spiel ist nicht weniger als die Basis des Menschseins

Schläge bloße Spielerei sind oder ob sich die Kleinen ernstlich prügeln.

Denn oft sind Halbwüchsige mit leidenschaftlichem Ernst in solche Spiele vertieft. Lachen und Scherz haben darin nicht unbedingt einen Platz. Und doch wissen Kinder meist genau, wo die Grenze zwischen Ernst und Spiel verläuft. Sie sind in der Lage, Aggressionen so auszubalancieren, dass alle Beteiligten es verkraften können. Und sie lernen zu verlieren – das kann allerdings lange dauern.

Wer genau hinsieht, entdeckt zudem, dass Scheinkämpfe nach anderen Regeln ablaufen als echte. Das haben Forscher bei jungen Ratten und Hamstern beobachtet. Angreifer und Verteidiger wechseln in den Spieltumulten ständig die Rollen. Und wer bestürmt wird, haut nicht sofort zurück, sondern erlaubt auch einmal absichtlich, dass eine Attacke gelingt. So kann der Angreifer Hemmungen abbauen und lernen, sich im echten Kampf ohne Angst auf den Widersacher zu stürzen.

MANCHE FORSCHER allerdings vermuten, dass spielerische Zwiste einen nicht unbedingt nur auf den Ernstfall vorbereiten, sondern auch dabei helfen, den sozialen Umgang zu üben – also Mut und Dominanz kennenzulernen, Niederlage und Sieg, Freundschaft, Versöhnung und Kooperation.

Auf diese Weise könnte das Spiel auch zur „Vorbereitung für das Unerwartete" werden, wie der Prager Biologe Marek Špinka annimmt.

Er glaubt: Die Spiellust ist evolutionär entstanden, weil sich so neue, ungewöhnliche Situationen ausprobieren lassen. Der Spieler werde nur auf diese Weise flexibel genug, um besonders gut für den Ernstfall gewappnet zu sein.

Im freien Spiel könne sich ein Lebewesen darauf vorbereiten, bei Überraschungen spontan zu reagieren und sich blitzschnell auf die konkrete Situation einzulassen: sich zu orientieren, wenn der Betreffende einen Augenblick lang Gefahr läuft, die Kontrolle zu verlieren. Im Spiel, also im Training, bereitet der ständige Wechsel von Kontrolle und Kontrollverlust freudige Aufregung – im Ernstfall wäre er womöglich tödlich. Bis zu zehn Prozent des kindlichen Spiels sind Balgereien und Tumulte, bei denen sich Mensch und Tier am ähnlichsten sind. Insgesamt ist das menschliche Spiel aber weitaus vielfältiger und ausgefeilter als das tierische.

Mindestens fünf verschiedene Spielformen lassen sich im Kindesalter unterscheiden, die in bestimmten Entwicklungsphasen besonders häufig auftreten (manchmal auch gleichzeitig) und mit-

---

MEMO | SPIELEN

>>> **FLEXIBILITÄT:** Lebewesen trainieren sich im Spiel, werden anpassungsfähiger.

>>> **VERBREITUNG:** Fast alle Säugetiere spielen, doch am einfallsreichsten und ausdauerndsten tut es der Mensch.

>>> **TABUBRUCH:** Kinder leben im Spiel geheime Wünsche, Aggressionen und Machtfantasien aus.

>>> **BEWÄLTIGUNG:** Durch spielerische Wiederholung lernen Kinder, mit unangenehmen Erfahrungen umzugehen.

---

einander zu unzähligen, variantenreichen Mischformen verschmelzen. Sie gelten bei den Yanomami-Indianern ebenso wie unter den deutschen Vorstadtkindern:

• Im *sensomotorischen Spiel*, etwa beim Schütteln einer Rassel oder beim Spiel mit dem eigenen Körper, entdeckt und

Abgeschottet hinter einer Wand aus Stoff. Wenn Kinder die eigene Identität entdecken, ziehen sie im Spiel oft Grenzen zwischen sich und der Welt der Erwachsenen

übt der Säugling zunächst seine eigenen Fähigkeiten.

• Bei *Konstruktionsspielen* beginnen Kinder zwischen dem zweiten und vierten Lebensjahr eigene Objekte herzustellen – etwa, indem sie Bauklötzchen aufeinandertürmen.

• Im *Als-ob-Spiel* um die Mitte des zweiten Lebensjahrs tritt das Spiel mit Symbolen hinzu: In diesem deutet das Kind Gegenstände und Handlungen für sich um; es tut so, als seien gelbe Spielsteine Bananen, die dem Kuschelaffen schmecken, oder als wäre in einem leeren Becher Flüssigkeit, die sich ausschütten und wieder aufwischen lässt – eine verblüffende Leistung, die durch das Spiel gefestigt wird. Denn wichtige kognitive Fähigkeiten wie bildhaftes Vorstellen oder Schlussfolgern, das Erkennen von Zusammenhängen und Bedeutungen sind dafür nötig. Anfangs sind sich Realität und Vorstellung des Kindes dabei noch recht ähnlich. Doch mit der Zeit kann es immer beliebiger die Wirklichkeit für seine eigenen Zwecke umdeuten und sich so ganz eigene Spielwelten schaffen, in die es sich zurückzieht.

• In *Rollenspielen* entdecken Kinder etwa ab dem vierten Lebensjahr, dass es Spiele gibt, die nur zu mehreren gelingen. Bis dahin spielen sie viel für sich allein oder schenken einem Mitspieler nicht allzu viel Beachtung. Jagen und Flüchten, Suchen und Verstecken, Kaufen und Verkaufen: Fortan finden Kinder unendlich viele Möglichkeiten, um in verteilten Rollen miteinander zu spielen.

• Bei den *Regelspielen* im Übergang zum Grundschulalter beginnen sie, diese Spiele immer stärker verbindlichen Absprachen zu unterwerfen. Wettrennen oder „Spitz pass auf", Murmelspiele oder „Der Plumpsack geht um" funktionieren nur, wenn sich alle an feste Vereinbarungen halten. Auch komplexe Regelspiele der Erwachsenen wie Schach oder die Abseitsregel im Fußball werden den Kindern dann allmählich zugänglich.

DENN IN DER TAT hat es sich mit der Kindheit ja keineswegs ausgespielt: Im Verlauf des Heranwachsens verändert der unterhaltsame Zeitvertreib nur seine Ausdrucksformen. Erwachsene spielen Golf oder Tennis, Theater oder Flöte, sie vergnügen sich beim Skat und Roulette – nicht zuletzt, um wenigstens für eine kurze Zeit die Gefühle der unbeschwerten Kinderjahre erneut zu erleben.

„Die einzelnen Spielformen, wie sie typischerweise in der kindlichen Entwicklung auftreten, gehen nicht verloren, sondern münden in kulturelle Tätigkeiten", sagt der Entwicklungspsychologe Rolf Oerter.

Springen und Tollen werden zu Tanz und Sport, aus Bauklötzchen und Bastelarbeiten entwickeln sich Kunst und Architektur. Und Rollenspiele sind der Rohstoff für Theater und Oper.

Deshalb ist das Spiel nicht weniger als das Fundament des Menschseins.

Das erkannte bereits vor rund 70 Jahren der niederländische Kulturhistoriker Johan Huizinga: Ohne Spiel keine Kultur, ohne Spiel keine Zivilisation. So lautet Huizingas Grundthese, die er in einer viel zitierten Studie formulierte.

Das menschliche Dasein sei so sehr vom Spiel durchdrungen, dass der moderne Mensch nicht nur ein „Homo sapiens" sei – ein wissender Mensch. Sondern auch ein „Homo ludens" – ein spielender Mensch.

„Recht und Ordnung, Verkehr, Erwerb, Handwerk und Kunst, Dichtung, Gelehrsamkeit und Wissenschaft wurzeln somit sämtlich im Boden des spielerischen Handelns", so Huizinga.

Ohne Spiel, das biologisch schon so lange in den Lebewesen angelegt ist, könnte der Mensch also nicht sein, wie er ist. Bereits rund 150 Jahre vor Huizinga hatte das der Dichterfürst Friedrich Schiller erkannt, als er schrieb: „Der Mensch ist nur da ganz Mensch, wo er spielt." □

Der Hamburger Wissenschaftsjournalist **Bertram Weiß**, 25, schreibt regelmäßig für GEOkompakt. Der Fotograf **Andreas Reeg**, 37, hat für diesen Beitrag unter anderem den Alltag an der BIP-Kreativitätsschule Leipzig festgehalten.

Literatur: Rolf Oerter, „Die Psychologie des Spiels", Beltz/Psychologie-Verlagsunion; Gordon M. Burghardt, „The Genesis of Animal Play", MIT Press.

Pädagogik

Die Entdeckung der Kindheit

Jahrhundertelang gelten Kinder als dumm und als unfertige Wesen, die möglichst rasch erwachsen werden sollen. Mitte des 18. Jahrhunderts bricht der Philosoph und Aufklärer Jean-Jacques Rousseau in seinem Erziehungsroman »Émile« mit dieser Vorstellung: Als Erster erklärt er die Kindheit zu etwas Kostbarem und Schützenswertem

Text: Johannes Kückens

Am Ende des Jahres 1759 hat Jean-Jacques Rousseau sein Opus magnum endlich vollendet. 20 Jahre Nachdenken und drei Jahre Arbeit sind in die 1000 Manuskriptseiten des Romans „Émile" geflossen. Den Großteil hat Rousseau auf dem Gut des Herzogs von Luxembourgh niedergeschrieben, ein paar Kilometer nördlich von Paris.

Die Herzogin liebt es, wenn der 47-jährige Philosoph aus seinen Werken rezitiert. Doch diesmal ist sie enttäuscht: Sie hat eine mitreißende Liebesgeschichte erwartet, so leidenschaftlich wie Rousseaus letzter großer Roman „Julie oder Die Neue Héloïse". Sein neues Werk wirkt dagegen hölzern, belehrend, ja zuweilen langatmig.

Es ist die fiktive Geschichte des Knaben Émile, der nach dem frühen Tod des Vaters bei einem Lehrmeister auf dem Land aufwächst. Fernab von städtischem Leben und gesellschaftlichen Zwängen verbringt Émile seine Kindheit. Dabei lässt man ihm vor allem eines: Freiheit zur Selbstentfaltung. Der Junge lernt nicht durch Belehrung oder Strafe – sondern durch Spielen, Toben, Faulenzen.

„Émile" ist weit mehr als bloß ein pädagogisches Traktat, das scheint der Herzogin zu entgehen. Nicht nur entwirft der Dichter ein völlig neuartiges Erziehungskonzept: Er hat für das Kind auch ein nie zuvor für möglich gehaltenes Verständnis. Und so geht „Émile" als Großtat in die Geschichte der Pädagogik ein. Erstmals sieht jemand in der Kindheit eine schützenswerte Lebensphase.

Und widerspricht damit der bis dahin herrschenden Ansicht, die sich über Jahrtausende geformt hat.

In der Antike etwa dachten Römer und Griechen, nicht die Zeit als Kind sei entscheidend für die Persönlichkeitsentwicklung, sondern das Jugendalter von der Pubertät bis zum 21. Lebensjahr. Zwar sicherten Kinder den Fortbestand des Familiengeschlechts und halfen den Eltern bei einfachen Tätigkeiten, doch sie galten nicht als Individuen mit eigenen Talenten, Interessen und Gedanken. Die Kindheit selbst, bemerkte der römische Philosoph Cicero, könne nicht gepriesen werden – lediglich ihr Potenzial.

Auch im Mittelalter maßen die Menschen dem ersten Lebensabschnitt kaum Bedeutung bei. Sobald Kinder kräftig genug waren, halfen sie den Eltern bei der Viehzucht, bestellten die Felder oder arbeiteten in Werkstätten. Eine Abgrenzung zwischen Kinder- und Erwachsenenwelt gab es nicht. Mit sieben Jahren wurden sie als „kleine Erwachsene" behandelt und miteinander verlobt. Der Wert eines Kindes definierte sich über dessen Nutzen für die Eltern.

Im 15. Jahrhundert änderte sich diese Einstellung. Nun galten Heranwachsende als dumm, schwächlich und unvollkommen. Aber auch als Wesen, die mithilfe strenger Erziehung zu ehrbaren und vernünftigen Menschen heranzuwachsen vermochten. Dafür sollten in der Renaissance auch die Schulen sorgen: Nach festen Lehrplänen und mit grimmiger Disziplin wurde der Nachwuchs dort auf das Erwachsenenleben vorbereitet.

Mit der Aufklärung wandelte sich diese Haltung erneut. Eltern behandelten Kinder jetzt freundschaftlicher, vertrauensvoller – und doch blieb ihr pädagogisches Ziel gleich: Ihre Nachkommen sollten nach bestimmten Vorstellungen geformt und so zu nützlichen Bürgern der Gesellschaft herangezogen werden.

1693 schrieb der französische Abbé Goussault: „Man sollte mit Kindern oft vertraulich umgehen, sie über alles sprechen lassen, sie wie vernünftige Menschen behandeln und sie durch Milde zu gewinnen suchen – ein unfehlbares Mittel, um mit ihnen machen zu können, was man will."

»DIE NATUR WILL, dass die Kinder Kinder sein sollen«, schreibt Jean-Jacques Rousseau (1712–1778)

ZWEI JAHRZEHNTE SPÄTER, am 28. Juni 1712, wird Jean-Jacques Rousseau in Genf geboren. Seine Mutter stirbt wenige Tage nach der Geburt. Der Knabe wächst bei seinem Vater auf, einem Uhrmachermeister. Schon mit fünf Jahren lernt der hochbegabte Junge lesen und studiert bald Werke der Weltliteratur, von Plutarch bis Molière. Als Jean-Jacques zehn Jahre alt ist, muss sein Vater aus Genf fliehen, weil er einen ehemaligen Offizier bei einem Streit verletzt hat. Fortan übernimmt ein Pfarrer die Erziehung des Jungen.

Sechs Jahre später verlässt Rousseau die Heimatstadt. Anfangs zieht er als Vagabund durch Italien, Frankreich und die Schweiz. Er besucht ein Priesterseminar, wird Musiklehrer und findet Arbeit als Sekretär des französischen Botschafters in Venedig. In Lyon nimmt er für ein gutes Jahr die Stellung als Hauslehrer der beiden Söhne eines hohen Beamten an. Seither macht er sich vermutlich Gedanken über eine ideale Erziehung.

Immer wieder reist er nach Paris, wo er mit Frankreichs intellektueller Elite in Kontakt kommt. Durch eine „Abhandlung über die moderne Musik", in der Rousseau ein neues Notensystem entwirft, nehmen Künstler und Literaten Notiz von ihm – darunter die beiden Aufklärer Diderot und d'Alembert, für deren schon bald legendäre „Encyclopédie" Rousseau nun Artikel schreibt.

1759 lädt ihn der Herzog von Luxembourgh auf sein Schloss ein. In einem Schaffensrausch arbeitet Rousseau an mehreren Manuskripten und beendet neben dem großen staatsphilosophischen Œuvre „Der Gesellschaftsvertrag" sein, wie er meint, wichtigstes Werk: den „Émile".

„Alles ist gut, wie es aus den Händen des Schöpfers der Dinge hervorgeht; alles verdirbt unter den Menschen." Mit dieser Anklage an die Gesellschaft eröffnet der Autor seinen großen Erziehungsroman. Stets würden die Erwachsenen den Erwachsenen im Kinde suchen – und nie daran denken, was der Mensch vorher sei: ein Kind.

Ein Mensch also, der eine ganz eigene Art habe zu sehen, zu denken und zu empfinden. Ein Mensch, der von Natur aus gut sei und dessen Welt sich nicht einfach so in die Welt der Erwachsenen übersetzen lasse. „Keiner von uns ist ein so großer Philosoph, dass er sich an die Stelle eines Kindes versetzen könnte." Doch nur in der Kindheit könnten die Grundlagen für ein glückliches Leben gelegt werden. Es sei vermutlich sogar die beste Zeit des Lebens.

Auf dieser Gewissheit fußt Rousseaus Erziehungsideal. In „Émile" präsentiert er es als Gedankenexperiment: Ein Knabe darf unter Aufsicht eines wohlwollenden Erziehers seinen Interessen nachgehen – behütet und gefördert, aber frei in seiner Entfaltung.

Dieser pädagogische Ansatz verlangt einen radikalen Perspektivwechsel: Erstmals wird Erziehung aus Sicht des Kindes betrachtet – und für das Wohl des Kindes.

Rousseau wird so zum Urvater der antiautoritären Bewegung. Bereits kurz nach Erscheinen des „Émile" versuchen Eltern, ihre Kinder nach seinen Prinzipien zu erziehen. In den Jahrzehnten darauf werden allein in England etwa 200 Abhandlungen über Erziehung veröffentlicht, allesamt von Rousseau beeinflusst. In den USA kommt die Mode auf, Kleinkinder möglichst „natürlich" aufwachsen zu lassen, statt sie wie bis dahin üblich möglichst rasch zu einer aufrechten Körperhaltung zu bringen, um so vermeintlich die Entwicklung zum erwachsenen Menschen zu beschleunigen.

Später greifen die bedeutenden Pädagogen Maria Montessori, Célestin Freinet und Johann Heinrich Pestalozzi auf Rousseau zurück. Pestalozzi gründet 1775 sogar eine Schule, in der die Kinder nach den Ideen des großen Theoretikers erzogen werden.

Rousseaus eigene fünf Kinder indes kommen nicht in den Genuss einer behüteten, glücklichen Kindheit. Kurz nach ihrer Geburt gibt ihr Vater sie in ein Findelhaus. Er nennt als Grund seine Armut, denn er könne nicht dichten, wenn er wisse, die Nachkommen seien nicht versorgt. Der Versuch der Herzogin von Luxembourgh, die Kinder später zu finden, bleibt erfolglos.

„Émile", das meistgelesene Erziehungsbuch der Weltliteratur: Es stammt aus der Feder eines Mannes, der selbst nie ein Kind großgezogen hat. □

KINDER ALS KLEINE ERWACHSENE angesehen – wie der fünfjährige spanische Prinz Baltasar Carlos, den Diego Velázquez 1635 als stolzen Thronfolger porträtiert: hoch zu Ross und in Uniform

Johannes Kückens, 34, ist Wissenschaftsjournalist in Hamburg.

Literatur: Hartmut von Hentig, „Rousseau oder Die wohlgeordnete Freiheit", C. H. Beck. Hugh Cunningham, „Die Geschichte des Kindes in der Neuzeit", Artemis & Winkler.

| Geschwister |

VON DER LIEBE UNTER RIVALEN

Text: Ute Eberle, Susanne Gilges
Fotos: David Maupilé
Produktion: Lars Lindemann, Rainer Harf

Die Beziehungen zwischen Geschwistern sind urwüchsiger und spontaner als alle anderen im Leben eines Menschen. Ihre Liebe kann grenzenlos sein, ihr Hass bis zum Mord reichen. Geschwister sind durch ein ganz eigenes Kraftfeld miteinander verbunden. Und doch beschäftigen sich Wissenschaftler erst seit zwei Jahrzehnten ernsthaft mit der eigentümlichen Psychodynamik unter Brüdern und Schwestern. Mittlerweile steht fest: Die Beziehung zu ihnen prägt unser Selbstbild vielfach ebenso wie die zu unseren Eltern

Carl, 4: »Ich bin froh, dass Emily meine Schwester ist. Wenn mich im Kindergarten mal jemand ärgert, dann sage ich: Ich hole meine große Schwester, und die verhaut dich dann!«

Emily, 8: »An Carl finde ich besonders gut, dass er mir oft etwas abgibt – und dass er sich so leicht überzeugen lässt. Nicht so gern mag ich, dass er mich mit meinen Freundinnen oft nicht allein lässt.«

Carl: »Manchmal wäre ich auch gern schon so groß wie Emily, dann wüsste ich, was man so in der Schule spielt.«

Emily: »Ich wäre aber auch gerne mal die kleinere Schwester. Ich werde nämlich mehr angemeckert als Carl, weil ich groß bin und eigentlich schon wissen müsste, wenn man was nicht darf.«

Am 30. Dezember 2006 hat Yuki Muto genug. Der 21-jährige Japaner schlägt mit einem traditionellen Holzschwert auf seine ein Jahr jüngere Schwester Azumi ein. Dann würgt er sie mit einem Handtuch. Und drückt sie in der Badewanne unter Wasser, bis sie ertrinkt. Azumi hatte ihn gehänselt. Ihr Bruder stand vor einer College-Aufnahmeprüfung, die er schon dreimal nicht bestanden hatte. Aus ihm werde nie etwas, hatte Azumi gehöhnt.

Auch die Geschichte von Elinor Stewart und Bruce Couper endet mit dem Tod. Die schottischen Zwillinge waren 70, als sie im Dezember 2004 innerhalb weniger Stunden starben – Bruce nach zwei Wochen in einem Koma, Elinor unerwartet an Altersschwäche. Ihr zeitgleicher Tod überraschte die Familie. Und auch nicht.

Denn die beiden standen sich ihr Leben lang nah: arbeiteten in der gleichen Firma, sangen als Kinder im gleichen Chor, waren Trauzeugen bei ihren Hochzeiten.

ZU RIVALITÄTEN UNTER GESCHWISTERN KOMMT ES SCHON IM MUTTERLEIB

Und dann ist da noch Donna Toohey aus Baltimore. Schon lange spricht die 45-Jährige kaum noch mit Maureen. Seit ihre Schwester einen neuen Lebenspartner und die Religion entdeckt hat, haben sich die beiden wenig zu sagen. Doch sollte Maureen Hilfe brauchen, wäre Donna für sie da. Maureen genieße „Errettungs-Privilegien", sagt Donna. Schließlich sei sie ihre Schwester.

„Indianer sind entweder auf dem Kriegspfad oder rauchen die Friedenspfeife", bemerkte einst Kurt Tucholsky, „Geschwister können beides."

Rund zwei Drittel aller Kinder in Deutschland wissen das aus eigener Erfahrung: Sie wachsen mit Schwestern und Brüdern auf. Die Bindung zwischen ihnen hält meist länger als jede andere in ihrem Leben. Eltern sterben, Freundschaften vergehen, Partnerschaften enden im Streit – aber Geschwister bleiben.

Sie sind dabei, wenn wir das erste Mal vom Ein-Meter-Brett springen. Sie spielen mit uns Fangen im Garten. Sie helfen, die Scherben der Vase zu verstecken – und verraten der Mutter dann doch, wer sie zerbrochen hat.

Sie sind unsere ersten Gefährten als Babys, unsere Vertrauten als Kinder, unsere Folterknechte in den Teenagerjahren, wenn sie uns zur Weißglut reizen mit einer sorgfältig platzierten Anspielung auf die verpatzte Mathearbeit. Als junge Erwachsene ignorieren wir sie oft, das eigene Leben ist dann wichtiger. Doch im Alter kommen sie uns häufig wieder nah. Wir lehnen uns an sie, wenn Partner sterben oder uns Krankheiten schwächen.

Geschwisterbeziehungen sind urwüchsiger und spontaner als jede andere Beziehung, so der Münchner Psychologe Hartmut Kasten. Die Liebe zwischen Brüdern und Schwestern kann bis zum Inzest reichen, der Hass bis zum Mord. Es ist ein ganz eigenes Kraftfeld, eine eigene Psychodynamik, die zwischen Geschwistern herrscht.

Doch erst seit etwa 20 Jahren beschäftigen sich Wissenschaftler ernsthaft mit dem Verhältnis unter Brüdern und Schwestern. Dabei haben Psychologen, Soziologen und Genetiker festgestellt: Für unser Selbstbild und un-

Jody, 12 (links): »Ich mag Lenas Freundinnen.«

Lena, 14: »Jodys Freundinnen, na ja, es geht. Die sind ziemlich kindlich. Irgendwie ist es blöd, als Ältere ständig verantwortlich zu sein.«

Jody: »Wir waren früher beide beim Kunstturnen. Und eigentlich ist es mir egal, ob Lena das Gleiche macht wie ich. Aber als sie auch Rhythmische Sportgymnastik ausprobieren wollte, habe ich klargestellt, dass das mein Sport ist!«

Lena: »Meine Schwester wird viel eher beschützt als ich. Wenn wir zanken, bekommt sie meistens recht.«

Mitja, 9 (links): »Wir sind Zwillinge, aber Bruno hat sich bei der Geburt vorgedrängelt. Eigentlich wollte ich zuerst raus. Auch heute noch drängelt er sich dauernd vor.«

Bruno, 9: »Mitja redet dafür viel mehr als ich. Er ist außerdem ein Besserwisser.«

Mitja: »Das stimmt, aber Bruno isst viel schneller als ich, darum ist er auch größer als ich. Wir schlafen in einem Bett zusammen. Meistens auch unter einer Decke.«

Bruno: »In letzter Zeit liest Mitja immer so viel. Wenn mir langweilig ist, zwinge ich ihn, mit mir zu spielen.«

Mitja: »Meine Lieblingsfarbe ist ein helles Himmelblau.«

Bruno: »Meine Lieblingsfarbe ist ein etwas dunkleres Himmelblau.«

Marie, 12: »Ich wünsche mir manchmal, jünger zu sein und nicht die Älteste. Außerdem habe ich mir immer eine Schwester zum Spielen gewünscht. Eine, die etwa so alt ist wie ich.«

Friedrich, 10: »Von 100 Streitereien zwischen uns Geschwistern sind 95 zwischen meinem Bruder und mir. Wenn Johann und ich uns zanken, muss ich immer nachgeben, weil ich der Ältere bin. Das nervt mich.«

Johann, 7: »Meine Schwester bevormundet mich ganz schön oft. Sie tut dann immer so, als wäre sie meine Mutter.«

Marie: »Ich hätte gern auch noch einen älteren Bruder. Jemanden, der die Welt anders sieht, der eine andere Meinung hat.«

Friedrich: »Aber oft ist es doch ganz gut, dass man einen Bruder und eine Schwester hat – dann ist da immer einer zum Herumtoben.«

Johann: »Manchmal, wenn Friedrich mich gerade wieder geärgert hat, wäre ich gern ein Einzelkind. Aber eigentlich finde ich Geschwister gut. Mit wem soll ich sonst Autorennbahn spielen oder Fußball?«

Lisa, 15 (links): »Ich finde es super, eine ältere Schwester zu haben. Ich habe mir immer viel bei Lotte abgeguckt. Zum Beispiel, welche Kurse sie in der Schule wählt.«

Charlotte, 16: »Wir machen viel zusammen. Und streiten uns nie.«

Lisa: »Bei Unstimmigkeiten mit unseren Eltern verbünden wir uns. Das ist praktisch.«

Charlotte: »Ich würde gern lange Reisen machen, vielleicht mal im Ausland wohnen.«

Lisa: »Früher war ich eher ein Heimwehkind. Heute kann ich mir vorstellen, mit Lotte in eine WG zu ziehen.«

sere Identität ist die Beziehung zu unseren Geschwistern in vielerlei Hinsicht ebenso prägend wie die zu unseren Eltern – ja manchmal sogar prägender.

Denn Geschwister bilden die erste soziale Gruppe, in die wir uns einfügen müssen. In der wir lernen, mit den Nuancen von Nähe, Ablehnung, Konkurrenz, Konflikt und Versöhnung umzugehen.

„Der Schatz an Gefühlen, Denkmustern und Handlungsstrategien, den wir mit Geschwistern entwickeln, wird zum Grundmuster für den Umgang mit der Welt", schreibt der Schweizer Psychologe Jürg Frick.

Bereits Einjährige haben mit ihren Geschwistern ebenso viel Umgang und Austausch wie mit ihren Müttern. Im Alter zwischen drei und fünf Jahren verbringen Brüder und Schwestern häufig sogar mehr als doppelt so viel Zeit miteinander wie mit den Eltern.

DABEI SIND GESCHWISTER – biologisch gesehen – vor allem eines: Rivalen. Das lässt sich in der Natur beobachten. Das Weibchen des Blaufußtölpels bebrütet ein Gelege mit mehreren Eiern. Doch wenn es nicht genug Nahrung heranschaffen kann, beginnt das stärkste Küken nach dem Schlüpfen auf das kleinste einzuhacken – bis dieses stirbt.

Ferkel werden mit speziellen Zähnen geboren, die ihnen helfen, um die milchreichsten Zitzen zu kämpfen. Und selbst unter Pflanzen kommt es zu Nachwuchsrangeleien. Der Jambulbaum etwa bildet pro Frucht bis zu 30 Samenvorläufer aus – botanisch gesehen allesamt Geschwister. Wird der erste befruchtet, ernährt er sich auf Kosten der anderen und sondert eine Chemikalie ab, die sie abtötet.

Vermutlich findet auch im menschlichen Mutterleib eine Art Verdrängungskampf statt. Immerhin kommt bei eineiigen Zwillingen meist das eine Kind kleiner und schwächer zur Welt als das andere. Später konkurrieren Geschwister vor allem um die elterliche Zuneigung und Fürsorge – auch das begrenzte Ressourcen, die nicht unbedingt gleich verteilt sind. Die meisten Eltern mögen zwar behaupten, dass sie jeden Sprössling gleich behandeln. Doch fest steht: Sie tun es nicht.

Jüngst wertete ein US-Forscher Tagesverlauf-Statistiken von 15 000 Kindern aus und fand heraus: Zwischen dem vierten und dem 13. Lebensjahr verbringen Eltern durchschnittlich 3000 Stunden mehr „qualitativ hochwertige" Zeit mit ihrem erst- als mit jedem später geborenen Kind: Sie spielen mit ihm, lesen zusammen, gehen in Museen, betreuen Hausaufgaben.

Gesellt sich ein zweites, drittes oder viertes Kind dazu, fehlt Eltern irgendwann schlicht die Zeit, um stundenlang Bauklötze auf dem Wohnzimmerteppich aufzu-

MANCH ERSTGEBORENER LEIDET UNTER DEM »ENTTHRONUNGSTRAUMA«

türmen. Jüngere Geschwister werden ins Auto gepackt, wenn das älteste Kind zum Ballett gefahren wird, sie bekommen eilig ein Malbuch hingeschoben, und selbst mancher Arztbesuch wird offenbar übersprungen:

Studien zeigen, dass die Wahrscheinlichkeit, geimpft zu werden, für jedes neue Geschwisterkind um 20 bis 30

Prozent sinkt. Umgekehrt dürfen die Jüngeren, so eine Erhebung aus den USA, länger mit den Eltern fernsehen als die größeren Geschwister zuvor im gleichen Alter.

Mit jedem Sprössling fällt der Umgang anders aus. So sagen die meisten Geschwisterkinder, ihre Mütter seien parteiisch. Und viele Eltern geben zu, insgeheim Favo-

SPÄTGEBORENE KOMPENSIEREN FEHLENDE KRAFT HÄUFIG DURCH WITZ

riten zu haben. Doch auch die fairsten Väter und Mütter könnten ihre Kinder nicht genau gleich erziehen:

Sie sind aufgeregt und unsicher beim ersten, zunehmend routiniert bei jedem weiteren Kind. Allein eine Krankheit oder das Alter des Kindes erfordern unterschiedliches Handeln. Und selbst wenn Eltern die gleichen Regeln anwenden, prägen diese jedes Kind anders.

So fühlen sich viele ältere Geschwister vernachlässigt, wenn sich die Eltern um das Neugeborene kümmern. Obwohl sie als Babys die gleiche Fürsorge genossen haben, nehmen sie das Verhalten der Eltern nun aus einem anderen Blickwinkel wahr – und sind voller Neid.

DASS SICH GESCHWISTER oft so unterschiedlich entwickeln, müsste eigentlich verblüffen, denn unsere Persönlichkeit ist ja ein Ergebnis aus Genen und Umwelteinflüssen. An Genen aber teilen Geschwister durchschnittlich 50 Prozent (eineiige Zwillinge sind genetisch sogar identisch). Auch die Umwelteinflüsse sind sehr ähnlich: Sie essen gemeinsam, sie können sich mit den gleichen Spielsachen die Zeit vertreiben, sie machen die gleichen Ausflüge, ihre Eltern trichtern ihnen die gleichen Grundsätze ein.

Und doch lebt jedes Kind in seiner eigenen Welt. Geschwister, so fanden Forscher heraus, ähneln einander nicht mehr als in verschiedenen Familien aufgewachsene Kinder. Untersuchungen belegen sogar, dass eineiige Zwillinge sich in Wesen, Lebensart und Vorlieben weit mehr gleichen, wenn sie getrennt aufgewachsen sind.

Denn in der Familie rivalisieren sie miteinander, liegen im Wettstreit um die Zuwendung ihrer Eltern und grenzen sich voneinander ab. Jeder sucht seine persönliche Nische, die ihm keiner streitig macht. Oft verstärken Eltern solche Rivalitäten noch: vergleichen ihre Kinder miteinander. Stellen fest, dass eines sportlicher ist als das andere. Bestrafen ein Kind häufiger als das andere. So fühlen sich Geschwister noch stärker bevorzugt oder benachteiligt.

MANCHE FORSCHER gehen davon aus, dass *ein* Faktor die kindliche Perspektive besonders prägt: der Platz in der Geburtenfolge. Der US-Psychologe Frank J. Sulloway spricht gar von einem „evolutionären Rüstungswettlauf" um die Gunst der Eltern. Seine These nach 26 Jahren Forschung, in denen er die Biografien von 6566 historischen Persönlichkeiten ausgewertet hat, darunter die von Newton, Darwin und Galilei: Je nach Geschwister-Konstellation entwickele ein Kind Strategien, die seine Persönlichkeit für den Rest des Lebens bestimmten.

So scheinen – laut Sulloway – Erstgeborene einen fast uneinholbaren Vorsprung zu genießen. In vielen Kulturen werden ihnen besonders eindrucksvolle Geburtszeremonien gewidmet. Sie tragen häufig den Vornamen

Moritz, 21: »Früher haben wir uns ständig gestritten, besonders auf Autofahrten. Manchmal war ich auch ganz schön eifersüchtig, weil Lilli besser in der Schule war als ich.«

Lilli, 18: »Wir hatten nie gemeinsame Freunde. Die haben wir immer noch nicht. Ja, eigentlich kennen wir uns auch nicht so gut.«

Moritz: »Stimmt, wir lernen uns eigentlich jetzt erst allmählich richtig kennen, wo wir schon ein wenig älter sind.«

Lilli: »Ich schätze an Moritz, dass er gut zuhören kann. Und er wäre immer für mich da, egal, was passieren würde. Er ist ja mein Bruder.«

Tom, 7: »Eigentlich finde ich meine Schwester ganz okay. Aber besser fände ich es, wenn sie jünger als ich wäre. Dann könnte ich sie nämlich erziehen.«

Julia, 14: »Ich erziehe ihn gar nicht, muss ihm aber ab und zu Grenzen setzen. Ich war sieben Jahre lang Einzelkind. Als Tom geboren wurde, war ich eifersüchtig, da ich plötzlich nicht mehr im Mittelpunkt stand. Daher hat es einige Zeit gedauert, bis ich ihn als Bereicherung empfunden habe.«

Greta, 12: »Ich finde meinen Bruder total süß. Wenn er was von mir will, nützt er das aus und macht Witze für mich. Ich kann ihm nie lange böse sein.«

Louis, 10: »Wenn Greta bei Freunden übernachtet, fehlt mir was. Aber wenn wir ›Monopoly‹ spielen und sie mit ihrem vielen Geld angibt, macht mich das wütend.«

Greta: »Beim Autofahren streiten wir uns manchmal aus Langeweile, und meistens denkt Daddy dann, Louis hat angefangen. Dann nehme ich Louis in Schutz.«

Louis: »Ich bin gern der Jüngste in der Familie. In meinen Lieblingsserien sind die Jüngsten auch immer die Coolsten.«

Thérèse, 12: »Ich kann mich voll auf meinen Bruder verlassen.«

Moritz, 16: »Ich achte genau darauf, mit wem meine Schwester abhängt.«

Thérèse: »Letztens hat mich ein Mädel beleidigt und bedroht, da hat sich Moritz darum gekümmert und das Problem für mich gelöst. Wir haben natürlich auch gemeinsame Freunde.«

Moritz: »Nein. Haben wir nicht!«

Thérèse: »Doch! Den Till zum Beispiel.«

Moritz: »Nein, das ist mein Freund.«

eines Elternteils oder sind Erben für das Familiengeschäft. Zudem üben sie lange das Recht des Stärkeren aus. Allerdings wird ihnen oft auch früh Verantwortung für Mitgeschwister übertragen. Und gibt es Streit, werden sie nicht selten als Erste zur Rechenschaft gezogen.

Das alles führe dazu, dass die ältesten Geschwister meist gewissenhafter, konformistischer und ehrgeiziger seien. Darüber hinaus fühlten sich Erstgeborene dem Status quo verbunden (der sie schließlich bevorzugt) und reagierten schnell eifersüchtig – vermutlich, weil sie genau wüssten, wie es sich anfühlt, „entthront" zu werden und das Monopol auf die elterliche Liebe zu verlieren.

Psychoanalytiker sprechen gar vom „Entthronungstrauma" der Erstgeborenen, das manchmal bis ins Erwachsenenalter nachwirke. Nicht nur die Beziehung zum jüngeren Geschwisterkind, auch das Verhältnis zur Mutter kann dadurch belastet werden: Es wird von einer Ambivalenz geprägt, die sich durch Zuneigung auf der einen und Misstrauen auf der anderen Seite ausdrückt.

Fordert in dieser Situation die Mutter das ältere Kind auch noch auf, dem jüngeren Geschwister Liebe entgegenzubringen, kann es zu tiefen seelischen Konflikten kommen: Gibt das „entthronte" Kind zu, das Geschwister nicht zu lieben, muss es befürchten, dass sich seine Mutter noch weiter von ihm abwendet.

Von diesem Entthronungstrauma sind die Spätergeborenen zwar nicht betroffen, aber auch sie müssen sich durchboxen. Häufig kompensierten sie, so ein Ergebnis von Sulloways Lebenslauf-Forschungen, fehlende Kraft durch Witz, seien einfühlsamer und aufgeschlossener für Abenteuer und Neues.

Unter anderem fand Sulloway unter den frühen Anhängern von Lehren, die das Weltbild auf den Kopf stellten – wie etwa Darwins Evolutionstheorie – fünfmal mehr Später- als Erstgeborene. Auch rund drei Viertel jener Menschen, die Martin Luthers Reformationsbewegung zuströmten, waren seiner Studie zufolge Spätergeborene. Und sie stellten einige der größten Rebellen und Innovatoren, darunter Karl Marx und Charles Darwin.

Unter den Erstgeborenen fanden sich dagegen überproportional viele Staats- und Regierungschefs.

Andere Studien belegen, dass Erstgeborene heutzutage besser ausgebildet sind (sie gehen im Schnitt ein Jahr länger zur Schule); dass sie mehr verdienen, mehr Nobelpreise gewinnen und sehr viele Firmenchefs stellen.

Als Forscher die Unterlagen von rund 250 000 norwegischen Wehrdienstleistenden sichteten, stellten sie fest,

WAS WIR IN EINEM PARTNER SUCHEN, HÄNGT AUCH VON DEN GESCHWISTERN AB

dass die ältesten Söhne einer Familie beim Intelligenztest durchschnittlich 2,3 Punkte mehr erreichten als später geborene. Dabei machte es keinen Unterschied, ob ein Junge als Erster zur Welt gekommen oder durch einen Tod in diese Position nachgerückt war – ein Indiz für die Familiendynamik als Ursache.

DOCH VIELE WISSENSCHAFTLER sehen Sulloways Thesen skeptisch, denn etliche seiner Studien vergleichen Erstgeborene aus einer Sippschaft mit Zweit- und Drittgeborenen aus anderen. Sie unterscheiden nicht zwischen den Familien, sondern behandeln alle gleich. Weil Familien aber unterschiedlich sind und in vielfältigen sozialen Verhältnissen leben, lässt dies nur bedingt verlässliche Aussagen zu.

Und selbst Sulloway räumt ein, dass Faktoren wie der Altersabstand oder das Verhältnis zu den Eltern den Effekt des Rangplatzes aushebeln können.

Zudem sind viele jener Personen, auf deren Lebensläufen seine Thesen basieren, zu einer Zeit aufgewachsen, in der Kinder je nach Geburtsposition viel eher als heute mit ganz bestimmten Erwartungen konfrontiert wurden. Die Gesellschaft ordnete sie sozial und ökonomisch ein: Die Position des Hoferben oder Thronfolgers wurde meist mit Erstgeborenen besetzt, jüngere Töchter wurden ins Kloster geschickt, jüngere Söhne in die Kolonien oder

ZWÖLFJÄHRIGE MÄDCHEN WOLLEN SO SEIN WIE IHRE ÄLTERE SCHWESTER

zum Militär abgeschoben. Das alles hatte Einfluss darauf, welche Eigenschaften Menschen entwickelten.

In Zeiten individueller Selbstverwirklichung aber sind die Erwartungen an den Einzelnen zumeist nicht mehr mit dessen Geburtsposition verbunden.

„Im Licht harter sozialwissenschaftlicher Forschung bleibt von den Unterschieden zwischen den Positionen nicht viel übrig", meint etwa Hartmut Kasten. Ob man sich beispielsweise von einer talentierten Schwester angespornt fühle oder ob sie einem Minderwertigkeitskomplexe verursache, hänge schließlich nicht nur davon ab, ob sie älter ist, sondern auch von ererbten Wesenszügen.

TROTZ ALLER Meinungsverschiedenheiten aber stimmen die Forscher darin überein, dass Kinder in der Familie ihre Nische suchen. „Sie wollen als Individuen einen Platz und eine Bindung an die Eltern finden. Das gelingt etwa, indem sie sich von ihren Geschwistern unterscheiden", erläutert der Psychologe Jürg Frick.

Diese Entwicklung führt oft zu zickzackförmigen Konstellationen: Ist der älteste Bruder aufbrausend, wird die nächstjüngere Schwester betont gelassen, das Nesthäkchen zeigt dann wieder Temperament.

Zu besonders heftigen Auseinandersetzungen und Rivalitäten kommt es vor allem, wenn weniger als vier Jahre Altersunterschied zwischen Geschwistern liegen. Sind es mehr als sechs, freut sich ein Kind leichter über die Triumphe des anderen.

Gerade das Sich-Einlassen auf das Anderssein des Geschwisterkindes schafft aber auch Nähe und Vertrautheit: Immer wieder reibt man sich am anderen, geht dann auf ihn zu und verträgt sich wieder. Ein Zeichen dafür ist die Anhänglichkeit, die bei den jüngeren Geschwistern oft schon mit acht Monaten zu beobachten ist. Sie lachen, wenn das ältere Geschwisterkind kommt, und freuen sich, mit ihm zu spielen. Später, in unbekannten Situationen, sind sie in seiner Nähe angstfreier und aufgeschlossener.

Entwicklungspsychologen gehen davon aus, dass solch wechselseitige Identifikation eine wichtige Rolle bei der

Vincent, 18 (rechts): »Wir haben keinen regelmäßigen Kontakt. Wenn, eher per E-Mail. Wir haben aber ein gutes Verhältnis zueinander, auch wenn wir uns nur grob kennen.«

Jo, 25: »Wir haben einen mittleren Bruder, Ingmar, 23. Zu ihm habe ich ein engeres Verhältnis, wir beide hatten früher schon gemeinsame Freunde und Bands.«

Vincent: »Ich habe mich früher manchmal ein wenig außen vor gefühlt. Heute habe ich Verständnis dafür. Meine Brüder waren mir immer Vorbilder.«

Emily, 10: »Wir spielen ganz oft zusammen. Eine Zeit lang haben wir am liebsten gespielt, dass Jossi ein Kaninchenkänguru ist und ich die Besitzerin.«

Joseph, 8: »Ich spiele eigentlich noch lieber mit meinem älteren Bruder, der ist schon 15 Jahre alt. Aber leider ist der gerade für ein halbes Jahr in Schanghai.«

Emily: »Ich bin in einem Jugendzirkus. Ich jongliere da zum Beispiel.«

Joseph: »Das interessiert mich überhaupt nicht. Da gucke ich allenfalls zu.«

Emily: »Ich bin total froh, einen älteren und einen jüngeren Bruder zu haben. Da ist man so geschützt in der Mitte.«

Joseph: »Wir Brüder verbünden uns manchmal gern gegen unsere Schwester.«

Emily: »Ich bin eher ein Papakind.«

Joseph: »Butschibär (der ältere Bruder) und ich sind Mamakinder. Die größte Gemeinsamkeit von meiner Schwester und mir ist unser gemeinsames Hobby: Kronkorken sammeln. Wir haben schon mehr als 500 verschiedene.«

Entwicklung von Identität und Persönlichkeit spielt. Bewundert der jüngere seinen älteren Bruder, eifert er ihm vielleicht nach, um einen ähnlichen Platz zu besetzen. Doch wahrscheinlich wird er sich für eine andere Sportart entscheiden. Oder seine Geschicklichkeit nicht am gleichen Modellbauschiff ausprobieren.

Identifizieren sich Geschwister zu sehr miteinander, eifern sie dem anderen besonders häufig bei riskantem Verhalten nach. So zeigen Studien, dass Kinder eher zu Zigaretten, Alkohol oder Cannabis greifen und früher Sex haben, wenn größere Geschwister es ihnen vormachen. Das sei bedeutender als das Vorbild der Eltern, so der US-Psychologe Matt McGue nach einer Untersuchung von mehr als 600 Familien: „Eine Zwölfjährige will nicht sein wie ihre Mutter – sie schaut, was ihre 15-jährige Schwester macht."

Häufig bleiben die in der Familie bewährten Rollen in diesem Kreis bis ins Alter erhalten. So kommt es, dass die Tochter bei jedem Weihnachtstreffen die Besonnene ist und ihr Bruder der Familienclown – auch wenn beide sich sonst anders verhalten. Denn außerhalb des Elternhauses definieren sich Menschen meist neu. Weil sie schnell lernen, dass es etwa Kollegen nicht schätzen, wenn man sie herumkommandiert wie die kleine Schwester.

Dennoch bleiben die Spuren der Geschwisterdynamik sichtbar. Was wir etwa in einem Partner suchen oder ablehnen, hängt auch davon ab, was uns die Gefährten der Kindheit vorgelebt haben und in welcher Beziehung wir zu ihnen standen. Forscher unterscheiden verschiedene Identifikationsmuster zwischen Geschwistern. Sie reichen von „Heldenverehrung" bis hin zur distanzierten oder sogar verleugneten Beziehung.

Das spiegelt sich auch in der Berufswahl wider. „Dann entscheidet man sich beispielsweise eben nicht für den gleichen Job wie der Bruder, weil der schon immer technisch begabt war. Oder man schlägt umgekehrt gezielt die Laufbahn der bewunderten Schwester ein", sagt Frick.

GESCHWISTERKINDER SIND IN FRAGEN DER FAIRNESS BESONDERS SENSIBEL

Einen großen Einfluss auf Persönlichkeit und Charakter eines Menschen hat zudem die Frage, ob er mit Geschwistern gleichen oder anderen Geschlechts groß geworden ist. So entwickeln sich besonders feminine, also gefühlsbetonte, empfindsame Mädchen meist aus rein weiblichen Geschwisterreihen – und besonders maskuline Jungs, hart, durchsetzungsfähig und verstandesbetont, aus männlichen Geschwisterreihen.

Auch wenn Zank im Kinderzimmer normal ist und Rivalität ein gesunder Entwicklungsmotor sein kann – manche Hänselei verfolgt uns ein Leben lang. Fühlen wir uns etwa in der Firma stets gering geschätzt, kann das daran liegen, dass eine unaufgearbeitete Geschwisterbeziehung unsere Wahrnehmung verzerrt. Und unterdrückt ein Kind das andere systematisch (etwa körperlich, emotional oder sexuell), kann das noch Jahrzehnte später Depressionen, Selbstzweifel und Beziehungsstörungen auslösen.

Viele Eltern erwarten geradezu, dass ein älterer Bruder den kleinen dauernd schikaniert oder dass sich Geschwister miteinander prügeln. Doch Psychologen warnen davor, solches Verhalten als normal anzusehen. Denn gerade die Verharmlosung von Gewalt ist der Schlüsselfaktor für die Häufigkeit und Schwere der Übergriffe.

Oft ist es für Eltern schwer, die Grenze zwischen „normaler" Geschwisterrivalität und gewalttätigem Verhalten zu erkennen. Wichtig sei es vor allem, auf Gerechtigkeit zu achten, so der US-Entwicklungspsychologe James Dobson. Denn Geschwisterkinder seien in Fragen der Fairness besonders sensibel. Ist ein Kind immer das Opfer, ein anderes der „Täter", sollten Erwachsene unbedingt einschreiten.

WEITGEHEND UNERFORSCHT ist, wie sich das Zerbrechen und Neu-Verflechten von Familienbanden auf Geschwister auswirkt. Demnächst wird wohl mehr als jedes sechste Kind in Deutschland die Scheidung der Eltern erleben. Und etwa eine Million Kinder leben in „Patchworkfamilien", die entstehen, wenn Elternteile mit einem neuen Partner zusammenleben. Dann bilden sich oft Kombinationen aus Stief- und Halbgeschwistern.

Noch mehr Jugendliche wachsen ohne Geschwister auf: Drei von zehn Kindern sind Einzelkinder, in Großstädten beträgt ihr Anteil sogar bis zu 50 Prozent.

Doch entgegen ihrem früheren Ruf handelt es sich dabei keinesfalls nur um verhätschelte und sozial verkümmerte Egozentriker. Vielmehr zeigen Studien, dass Einzelkinder besonders selbstständig und wohl ebenso sozial kompetent sind wie Geschwisterkinder, dazu oft ein hohes Selbstbewusstsein haben.

Denn natürlich ist ein Leben ohne Geschwister in vielem einfacher: keine abgelegten Kleider. Kein kleiner Bruder, der einem nachspioniert. Kein Zoff um die Spielkonsole. Keine quälende Hassliebe. Keiner, der lachend Peinlichkeiten aus den Kindertagen zum Besten gibt.

Aber auch keiner, der herbeieilt, um einen auf dem Schulhof vor Mitschülern zu schützen. □

> **MEMO | GESCHWISTER**
>
> ››› **ZWEI DRITTEL** aller Kinder in Deutschland haben Geschwister.
>
> ››› **BESONDERS HEFTIG** sind Auseinandersetzungen, wenn weniger als vier Jahre zwischen Geschwistern liegen.
>
> ››› **EINZELKINDER** sind keine verkümmerten Egozentriker.
>
> ››› **GESCHWISTERBEZIEHUNGEN** reichen von Heldenverehrung bis zur Verleugnung.

Ute Eberle, 37, ist Wissenschaftsjournalistin in Leiden, Niederlande.
Susanne Gilges, 45, gehört zum Verifikationsteam von GEOkompakt.
David Maupilé, 28, lebt und arbeitet als freier Fotograf in Hamburg.

Literatur: Hartmut Kasten, „Geschwister – Vorbilder, Rivalen, Vertraute", Springer Verlag. Frank J. Sulloway, „Der Rebell der Familie – Geschwisterrivalität, kreatives Denken und Geschichte.", Siedler. Judith R. Harris: „Ist Erziehung sinnlos? Warum Kinder so werden, wie sie sind", Rowohlt.

Jesse, 8: »Eigentlich hatte ich mich auf meinen Bruder gefreut, aber als er dann zur Welt kam, war ich ein wenig eifersüchtig. Und jetzt wäre ich manchmal gern der Jüngere. Denn meine Eltern bevorzugen meinen Bruder.«

Jannes, 3: »Am liebsten spiele ich Raumschiff und Lego mit Jesse. Der gibt mir aber immer Zimmerverbot. Warum, weiß ich nicht.«

Jesse: »Na, weil der mich ärgert. Das passiert etwa viermal am Tag. Letztens habe ich ihm dreiundzwanzigtausendmillionen Jahre Zimmerverbot gegeben. Das galt auch für seine Nachkommen.«

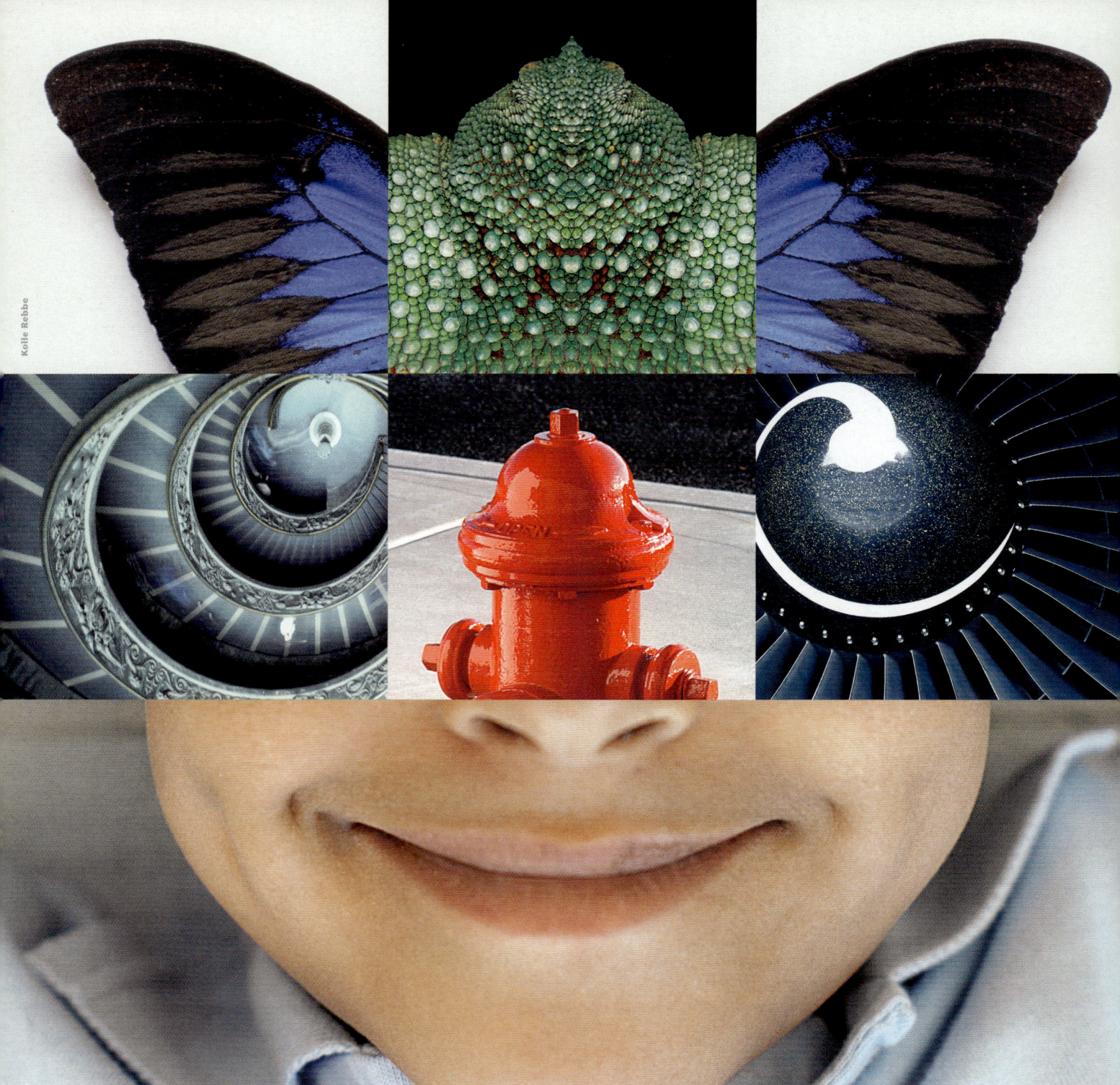

Zeigen Sie Ihren Kindern

Diesen Monat wieder neu: GEOlino – das Magazin für junge Entdecker. Und für alle, die noch mehr erlebe

www.geolino.de

Jetzt im Handel

Das große Extra-Heft von GEOlino.

GEOlino. Wissen macht Spaß

die Gesichter der Welt.

vollen, gibt es außerdem GEOlino extra. In der neuen Ausgabe: Alles rund um das Thema Arktis & Antarktis.

Kinder und Medien

Interview: Jörn Auf dem Kampe und Rainer Harf
Fotos: Olivier Culmann

Prof. Gerald Hüther ist Neurobiologe in Göttingen

GEOkompakt: Herr Professor Hüther, Sie erforschen die Wirkung von Medien auf die Gehirnentwicklung. Können Sie uns eine gute Fernsehsendung oder ein gutes Computerspiel für Kinder empfehlen?
Gerald Hüther: Nein. Solche Empfehlungen bringen uns auch nicht weiter. Denn dann würden wir eine Oberflächendiskussion über die inhaltliche Qualität der Angebote führen – die aber sollten wir vermeiden. Sie müssen gar nicht lange suchen: Sehr schnell finden Sie fünf Studien, die Ihnen zeigen, wie gut etwa der TV-Konsum für Kinder angeblich ist. Weitere fünf Studien hingegen werden belegen, dass Fernsehen schlecht ist. Diese Debatte ist für Eltern nutzlos. Ich rede nicht über Inhalte, ich setze weitaus früher an.

Vor wenigen Jahren noch haben wir Neurobiologen geglaubt, genetische Programme würden im Hirn alles automatisch zusammenstöpseln. Die komplexen neuronalen Netzwerke, die unser Denken, Fühlen und Handeln steuern, hielt man für genetisch programmiert. Inzwischen aber wissen wir, dass sich allein solche Verknüpfungen im Hirn des Kindes langfristig ausbilden, die auch in der konkreten Lebenswelt regelmäßig aktiviert werden. Das, was ungenutzt bleibt, schrumpelt wieder weg. Die genetischen Programme sorgen nur dafür, dass zunächst ein großer Überschuss an Nervenzellverknüpfungen produziert wird.

Um die wichtigsten neuronalen Schaltkreise im Hirn aufzubauen, brauchen Kinder aber vor allem eines: eigene Körpererfahrungen. Und die sammeln sie nicht vor dem Bildschirm, ganz gleich, welches Programm läuft.

Weshalb sind Körpererfahrungen so entscheidend?
Nur wer das richtige Gefühl für seinen Körper entwickelt, kann auch seine kognitiven Potenziale entfalten. Erste Studien beweisen das: Grundschüler, die besonders gut in Mathematik sind, können auch besonders gut balancieren.

Im Sog der virtuellen Welten

TV-Gerät und Computer, Spielkonsolen und Telefon gehören längst zur Ausstattung fast jedes Kinderzimmers. Der Neurobiologe Gerald Hüther untersucht, was im Gehirn eines Heranwachsenden geschieht, wenn er sich in die Welt der elektronischen Medien begibt

Flackernde Bilder auf Monitoren fesseln die Sinne: Der französische Fotograf Olivier Culmann macht seit Jahren Aufnahmen von Menschen vor dem TV-Gerät – hier Kinder in Kerala, Indien

Damit sich im Gehirn wichtige Zellverknüpfungen entwickeln, müssen Kinder Körpererfahrungen machen. Doch vor dem TV-Gerät erstarrt der Leib; Mädchen in Los Angeles, USA

Der Mensch erwirbt die Grundlagen für das dreidimensionale und abstrakte Denken, für die Mathematik, indem er seinen Körper in der Balance zu halten lernt. Sobald ein Kind aber vor einem Fernsehgerät sitzt, spürt es den Körper nicht mehr.

Es wird nicht krabbeln, nicht umherspringen, nicht balancieren, schon gar nicht auf Bäume klettern. Zeit vor dem TV-Gerät ist gestohlene Körperlernzeit.

Kinder sollten sich also möglichst viel bewegen?

Ja, aber es muss nicht immer gleich eine Bergbesteigung sein. Eine der wundervollsten Körperlernübungen ist das Singen. Denn dabei muss das kindliche Hirn die Stimmbänder so virtuos modulieren, dass haargenau der richtige Ton herauskommt. Das ist die feinmotorischste Übung überhaupt und damit eine Voraussetzung für alle späteren, hoch differenzierten Denkweisen. Zudem handelt es sich um eine sehr komplexe, ganzheitliche Gestaltungsleistung. Das Kind muss ja das gesamte Lied im Kopf haben, um exakt zur richtigen Zeit den richtigen Ton zu treffen. Und im Chor lernt es zudem, sich auf andere einzustellen – eine Voraussetzung für soziale Kompetenz.

Und Kinder erfahren dabei darüber hinaus etwas Erstaunliches: Nämlich, dass man keine Angst haben kann, wenn man singt. Inzwischen wissen Neurobiologen, dass das Hirn beim freien Singen nicht in der Lage ist, Angstgefühle zu mobilisieren. Deshalb singen Menschen schon seit Jahrtausenden beim Gang in den Keller. Das tun sie nicht, um Mäuse zu vertreiben.

Wo schlagen sich denn solche Erfahrungen nieder, wo bilden sich die neuronalen Schaltkreise?

»Fernsehen ist für Kinder gestohlene Körperlernzeit«

Im kompliziertesten Teil unseres Hirns, im sogenannten präfrontalen Kortex. Der befindet sich direkt hinter der Stirn. Dort reift unser Selbstbild heran. Und damit auch der Antrieb, sich der Welt zuzuwenden. Handlungen zu planen, Impulse zu kontrollieren und Frustrationen auszuhalten. All das sollte in der frühen Kindheit bis zum Alter von etwa sechs Jahren geformt werden.

Ausbilden können sich die dafür zuständigen Netzwerke im Frontallappen aber nur, wenn das Kind diese Erfahrungen auch wirklich macht. Solche Erlebnisse haben Kinder jedoch vor allem dann, wenn sie sich mit Dingen beschäftigen, die sie verstehen und gestalten können. Aber so etwas wird heute leider immer schwieriger.

Woran liegt das?

Die Welt der Kinder hat sich ebenso stark verändert wie die der Erwachsenen. Wir sind nicht mehr in der Lage, zu begreifen, wie alltägliche Gebrauchsgegenstände im Kern funktionieren. Früher war das anders. Jedes Gerät war verstehbar – das Fahrrad, die Dampfmaschine, sogar das Auto. Ein Kind konnte einen Wecker auseinandernehmen, die Rädchen in seinem Inneren untersuchen und den dahinter liegenden Mechanismus entschlüsseln. Heute, im Informationszeitalter, sind die Dinge oft so komplex, dass wir Ursache und Wirkung schwer oder gar nicht mehr begreifen können.

Wie wirkt sich das auf das kindliche Gehirn aus?

Unser Hirn passt sich stets dem an, was wir mit Begeisterung tun. Im vergangenen Jahrhundert haben sich Menschen für Maschinen begeistert und sich mit ihnen identifiziert. Sie haben dieses Maschinendenken sogar auf sich angewendet. Das färbt auch die Sprache: Wir bezeichnen unser Herz als Pumpe und reden von verschlissenen Gelenken, die ausgetauscht werden.

Nun bricht plötzlich diese neue Epoche an. Es ist schwer zu verstehen, warum etwa der Pfeil auf dem Bildschirm nach rechts wandert, wenn wir die Computermaus bewegen. Dieser Mangel an Sinnzusammenhängen hat zur Folge, dass Kinder irgendwann nicht mehr nach Kausalitäten fragen. Das ist eine einfache Konsequenz der menschlichen Gehirnentwicklung. Die Kinder lernen quasi, dass sie Dinge hinnehmen müssen, ohne den Sinn dahinter zu begreifen.

Viele digitale Medien sind nicht nur nicht verstehbar. Sie sind auch nur eingeschränkt gestaltbar. Ein Beispiel: Sie können beim TV-Gerät nichts weiter verändern als die Programmwahl. Wenn man kleine Kinder das erste Mal vor den Bildschirm setzt, unterhalten sie sich noch mit dem Apparat. Sie sagen dem Hasen, wo der Fuchs lauert. Sie versuchen also, etwas zu gestalten. Das hat sie ihre bisherige Erfahrung – ohne virtuelle Medien – gelehrt.

Nach wenigen Wochen Fernsehkonsum resignieren die meisten, ihr Gestaltungswille versiegt. Sie stellen also einen Teil ihrer Selbstwirksamkeit infrage.

Das aber ist ein wichtiger Bestandteil der kindlichen Entwicklung.

Ja, und der wächst erst durch eigene Erfahrungen im Frontalhirn heran – als hochkomplexes Neuronennetz. Um ihren Erkenntnishorizont zu erweitern, müssen Kinder neue Wahrnehmungen in einen Sinnkontext unterbringen. Unser Gehirn kann nämlich nur dann etwas lernen, wenn es die neuen Eindrücke an ein bereits vorhandenes Muster anhängen kann, das sich durch frühere Erfah-

Vor dem Monitor bemerken manche Kinder nicht, dass sie Durst haben; Junge in Beijing, China

rungen ausgebildet hat. Das ist ein hochkreativer Prozess. Das Kind versucht also, das Neue in das Alte einzufügen. Dafür wühlt es gewissermaßen zunächst in seinem Hirn herum. Eine produktive Unruhe entsteht, bis das Erregungsmuster plötzlich passt. Dann verwandelt sich das Chaos im Gehirn in Harmonie. Das ist das berühmte Aha-Erlebnis.

Und dabei wird das Belohnungszentrum aktiv. Nervenzellen schütten Glückshormone aus. Jedes kleine in eigener Leistung erbrachte Erfolgserlebnis wirkt so beglückend, als hätte man ein wenig Kokain und Heroin gleichzeitig genommen. Dagegen ist es ungeheuer schwer, vor einem ablaufenden Film etwas in Eigenleistung passend zu machen. Daher sollten kleine Kinder bis zur Einschulung möglichst gar nicht in Kontakt mit Fernsehgeräten oder Computern geraten.

Aber die Handlung in einem Buch ist doch auch vorgegeben. Lesen ist ebenfalls passiv.

Wenn ein Kind liest, geschieht hirntechnisch eine ganze Menge: Buchstaben werden in Worte übersetzt, Worte und Sätze verwandeln sich in Bilder, in Vorstellungswelten. Was es gelesen hat, erscheint vor seinem geistigen Auge. Rotkäppchen geht in den Wald. Da sieht kein Kind die Buchstaben. Es ist eine un-

Kinder brauchen Herausforderungen, an denen sie wachsen können. Vor dem Bildschirm sind sie passiv und nicht mehr auf die eigene Fantasie angewiesen; Los Angeles, USA

glaubliche Fantasieleistung, aus Schwarz und Weiß ein Bild zu formen. Dagegen ist ein Harry-Potter-Film gar nichts. Bevor man die Fantasie einschalten kann, ist das nächste Bild schon da. Nur das, was man sich selbst erarbeitet, bringt einen wirklich weiter.

Sie sind also der Überzeugung, dass Kinder Aufgaben brauchen?

Entscheidend für die Hirnentwicklung sind echte Herausforderungen, Abenteuer. Angeln mit dem Onkel, ein Baumhaus bauen oder einen Berg besteigen. Abenteuer haben uns alle stark gemacht.

Inzwischen können Neurowissenschaftler diesen Zusammenhang sogar nachweisen: Kinder müssen im Leben möglichst viele Herausforderungen meistern, damit die wichtigsten Vernetzungen in ihrem Hirn entstehen. Kinder brauchen also eine Welt, in der es möglichst interaktiv zugeht. Und zwar nicht in der Virtualität, sondern in realen Lebenszusammenhängen.

Können sie ihre neuronalen Netze im Hirn nicht auch in späteren Jahren noch aufbauen?

Wenn die kritische Phase verstrichen ist und wichtige Vernetzungen für die Körperregulation nur dürftig herausgeformt worden sind, verfügt ein Kind über kein gutes Körpergefühl. Dennoch bleibt das Gehirn das ganze Leben lang formbar. Auch ein Acht- oder Zehnjähriger profitiert noch nachträglich von allen Körpererfahrungen, die er jetzt macht.

Aber die Motivation, seinen Körper zu trainieren, wird eine ganz andere sein. Der Lernprozess läuft nicht mehr intuitiv und automatisch ab. Die Kinder schämen sich wegen ihrer Defizite, werden gehänselt – und lernen mit Angst. Das ist keine gute Grundlage.

Vorausgesetzt, im Alter von sechs Jahren sind die wichtigen neuronalen Netze im Gehirn angelegt: Sind Kinder dann vor allen medialen Gefahren geschützt?

Nicht unbedingt. Denn manche Heranwachsenden laufen Gefahr, sich in den virtuellen Welten zu verlieren.

Sie meinen Computerspiele?

Ja, unter anderem. Denn gefährlich wird es, wenn digitale Medien von Kindern benutzt werden, um die Grundbedürfnisse zu befriedigen. Davon haben alle Menschen zwei.

Erstens: Ich will dazugehören.

Zweitens: Ich will etwas leisten.

Im ersten Bedürfnis drückt sich die Sehnsucht nach Verbundenheit aus, im zweiten die Sehnsucht nach Freiheit.

Jungs leiden in unserer Gesellschaft vor allem daran, dass sie zu selten Gelegenheit geboten bekommen, etwas zu leisten. Sie finden keine echten Aufgaben, an denen sie wachsen können. Doch genau darüber bauen Jungs ihr Selbstverständnis, ihre Identität auf.

Manche Eltern wissen offenbar auch schon nicht mehr, was überhaupt eine Aufgabe ist, an der ihr Kind wachsen kann. Solch eine Aufgabe muss sich das Kind selber suchen. Sie muss wirklich schwer sein und einige Zeit dauern. Und am Ende ist es so wie bei einer Bergbesteigung: Man sitzt da oben und ist einfach nur noch glücklich. Es gibt ein Indiz dafür, wann ein Kind eine echte Aufgabe gelöst hat: Danach braucht es kein Lob von außen. Es ist sich selbst genug.

Heute finden vor allem Jungs ihre Aufgabe darin, dass sie Computerspiele bis zur Perfektion trainieren. Denn dort können sie in Wettkämpfen zeigen, wie gut sie sind. Aber das sind eben keine Aufgaben, die ihnen helfen, sich im realen Leben zurechtzufinden.

Welche Kinder sind besonders gefährdet?

Rund 40 Prozent der deutschen Schulkinder gehen mit Angst in die Schule. Vor allem die Jungs sitzen nach der Schule erst mal am Computer. Die brauchen mindestens ein, zwei Stunden Ballerspiele. Indem sie in der virtuellen Welt Abenteuer bestehen, Monster abschlachten und zu Siegern werden, finden die Kinder aus der Ohnmacht, aus der angestauten Aggression heraus. Durch eine eigene Leistung bauen sie ihren Frust ab.

Das Belohnungssystem tritt also wieder in Aktion.

Genau. So, als ob die Kinder eine wunderbare, neue Lernerfahrung gemacht hätten. Diese Erfahrung bezieht sich aber auf eine Lebenswelt, die es in Wirklichkeit gar nicht gibt. Neurobiologisch ist das fatal: Das Kind trainiert sein Hirn für Lebenssituationen, die es nur auf dem Bildschirm vorfindet.

Computer erzeugen zudem eine Illusion von Kontrollierbarkeit. Spielt ein Kind dagegen mit einem anderen Kind, erfährt es, dass in Wirklichkeit nicht alles kontrollierbar ist. Ein anderer Mensch macht eben nicht immer das, was man selber will.

Außerdem spüren viele Jungs beim Spielen ihren Körper gar nicht mehr. Sie haben kein Bedürfnis mehr zu schlafen, reagieren nicht auf Signale wie Hunger und Durst. In Südostasien sind bereits die ersten computerabhängigen Jugendlichen vor dem Bildschirm verhungert und vertrocknet.

Sie sprechen vor allem von Jungs. Was machen die Mädchen am Computer?

Die chatten vor allem im Internet. Mädchen haben ja stärker als Jungs das Bedürfnis, dazuzugehören und Beziehungen aufzubauen. Und wenn das nicht so recht klappt, wird gewissermaßen das Chatten als eine Ersatzbefriedigung für die fehlende Nähe und Bindung eingesetzt. Mit einer Freundin, auf die ich mich verlassen kann, muss ich nicht alle fünf Minuten schwatzen. Dass die Mädchen so viel chatten, ist eher ein Zeichen dafür, dass sie eigentlich verunsichert sind und sich nicht auf die Festigkeit der Beziehung verlassen können. Ähnlich wie Küken, die nach ihrer Mutter rufen.

Und die realen sozialen Kontakte veröden?

Das muss ja zwangsläufig so sein. Wir können eine echte Beziehung zu einem Menschen ja nur dann pflegen, wenn wir auch mit ihm zusammen sind. Alles andere ist eine virtuelle Beziehung.

In virtuellen Räumen sind Menschen ja nicht in ihrer Ganzheitlichkeit prä-

> »Kinder brauchen eine Welt, in der es möglichst interaktiv zugeht«

sent: Die riechen nach nichts. Die stinken nicht. Und bewegen sich auch nicht komisch. All diese Eigentümlichkeiten einer lebendigen Begegnung kommen gar nicht vor. Sondern nur noch das geschriebene Wort beim Chatten.

Woran können Eltern erkennen, dass ihr Kind in den Sog der virtuellen Welt geraten ist? Und wie können sie ihre Kinder vor der drohenden Verarmung schützen?

Wenn ein Kind lieber vor dem Computer sitzt, als draußen herumzurennen, zu toben und mit anderen zu spielen, wenn es also seinen natürlichen Bedürfnissen nicht mehr nachgeht, dann wird es bedenklich. Dann sollten Eltern reagieren. Aber nicht, indem sie Verbote aussprechen.

Vielmehr müssen sie versuchen, ihren Kindern Herausforderungen in der realen Welt zu bieten, denen sie sich stellen können. Abenteuer, unerwartete Ereignisse, überraschende, vielleicht sogar gefährliche Situationen, die ein Kind meistern kann, um daran zu wachsen. Mütter und Väter müssen also etwas anderes neben diesen breiten Computer-Autobahnen im Gehirn ihres Nachwuchses etablieren.

Manche Eltern melden ihre Sprösslinge bei asiatischen Kampfschulen an, bei einem Wanderurlaub mit Zeltlager oder bewegen sie dazu, kleinere Kinder zu betreuen. Vielleicht hilft es einigen der Heranwachsenden ja sogar, alten Menschen beim Umgang mit dem Computer und dem Internet zu helfen.

Diese Kinder werden sich später mit anderen Menschen austauschen und gemeinsam Probleme lösen können. Denn ihre Eltern haben ihnen in den wichtigen Jahren der Hirnreifung ein breites Spektrum an realen Erfahrungswelten geboten.

Jene Kinder, die dagegen in die Computerwelten abtauchen, lernen dort allzu schnell, dass alles funktioniert, wenn man nur den richtigen Knopf drückt. Die tolerieren keine Fehler mehr, halten Frustrationen nicht stand und sind nicht mehr in der Lage, ihre Impulse zu kontrollieren. In der echten Welt finden sie sich nicht mehr zurecht.

Sind Kinder dagegen Teil einer lebendigen Gemeinschaft und erleben wie etwa bei den Pfadfindern echte Abenteuer, geraten sie viel seltener in den Sog virtueller Welten: Die spielen weniger am Computer und schauen bei Weitem nicht so viel fern. Auch im späteren Leben entwickeln sie weniger Angststörungen und sind nicht so verunsichert. Das werden in der Regel recht gestandene Persönlichkeiten.

Selbst wenn da eine solch gestandene Persönlichkeit heranreift: Wie alle jungen Menschen wird auch dieses Kind Computerspiele und das Internet ausprobieren.

»Kein Kind wird mit einer Computersucht geboren«

Es wird sich wie seine Mitschüler etwa ein Chat-Profil einrichten wollen. Welche Gefahren sind damit verbunden?

Kein Kind wird mit einer Computersucht geboren. Und es sind nie die starken, beziehungsfähigen und lebenslustigen, nie die offenen, neugierigen und gestaltungsfreudigen Kinder, die in den Bann der elektronischen Medien gezogen werden. Für diese Kinder sehe ich keine Gefahren.

Sie werden Computer als das erkennen, was sie sein sollen: großartige Hilfsmittel für die effektive Nutzung des Gehirns. Das Internet werden sie als gigantischen Wissensspeicher entdecken, der es ihnen ermöglicht, Fragen des realen Lebens zu beantworten.

Was aber geschieht im Gehirn eines zehnjährigen Kindes, wenn es zufällig auf eine Internetseite mit pornografischem oder grausamem Inhalt gerät? Erlebt es da nicht einen großen Schock?

Nicht unbedingt. Das kommt immer auf die jeweilige Medienkarriere und das familiäre Umfeld an.

Das, was bei uns Erwachsenen furchtbare Brutalität signalisiert, lernen manche Sprösslinge als eine von vielen Formen des Umgangs miteinander kennen. Ein Kind, das durch den passiven Medienkonsum abgestumpft ist, wird erst einmal gar nicht bewerten, was es dort sieht. Seine Erfahrung sagt ihm, dass auf diesem Bildschirm alles Mögliche passiert. Da rennt der Fuchs hinter dem Hasen her. Da lachen die Leute, wenn Donald Duck und Pluto ein ums andere Mal plattgefahren werden – und danach wieder aufstehen. Da hauen sich muskelbepackte Wrestler vor gröhlendem Publikum die Schädel ein. Und nun sieht das Kind, dass da zwei Menschen miteinander schlafen oder sich gegenseitig die Köpfe abschneiden.

Die Eltern haben ihm die natürliche Abscheu abgewöhnt. Denn es hat schon früh die Erfahrung gemacht, dass es keinen Sinn hat, sich viele Gedanken darüber zu machen. Es hat gelernt, dass es eben nicht unbedingt verstehen kann, was da über die Mattscheibe flimmert.

Wie aber reagieren Heranwachsende, die noch kaum Erfahrung mit passivem Medienkonsum gemacht haben?

Das Hirn eines solchen Kindes wird versuchen, dieses neue Bild, egal wie verstörend es sein mag, an ein altes, bereits vorhandenes anzuhängen, um es zu verstehen. Es wird die Eindrücke als eine Form des zwischenmenschlichen Umgangs abspeichern. Ganz wichtig ist in einem solchen Fall, dass die Eltern dann deutlich machen: Das ist kein erstrebenswertes Miteinander. Wenn das einer mit dir im echten Leben machen würde, dann täte das furchtbar weh.

Kinder brauchen also nicht nur Aufgaben, an denen sie wachsen können, sondern auch Menschen, die sie leiten.

Ja, sie brauchen dringend Vorbilder, die ihnen helfen, sich nicht in fragwürdigen Gemeinschaften oder in fragwürdigen Aufgaben zu verlieren. Falsch wird es immer dann, wenn Kinder ihre Potenziale nicht entfalten können.

Damit sind wieder die Erwachsenen gefragt. Die Computerindustrie bedient ja nur eine Nachfrage. Solange es aber genügend Eltern gibt, die gar nicht verstehen, dass ihre Kinder Bedürfnisse haben, die sie in der realen Welt nicht stillen können, wird das Angebot an digitalen Medien zunehmen. Und wenn Kinder unter diesen Bedingungen aufwachsen, suchen sie sich dort Aufgaben, an denen sie wachsen können.

Es lohnt sich, darüber nachzudenken, was aus einer Gesellschaft wird, deren

Anfangs versuchen Kinder, mit den TV-Figuren zu sprechen – doch sie resignieren schnell und akzeptieren, dass sie selbst nichts gestalten können; Mädchen in Venice, USA

Kinder sich aus dem richtigen Leben verabschieden. Mit dem Ergebnis, dass sie ein Gehirn bekommen, das optimal angepasst ist an ein virtuelles Leben im Internet und in Computerspielen.

Können Sie das auch neurologisch nachweisen?

Das zeigen die ersten Studien: Nirgendwo sonst lernt man Fingerfertigkeit so gut wie beim Bedienen einer Tastatur oder beim Schreiben einer SMS. Das hinterlässt Spuren im Gehirn. So ist beispielsweise in den vergangenen zehn Jahren jene Hirnregion, die den Daumen steuert, bei vielen Jugendlichen viel größer geworden. Dort haben sich immer feinere, dichtere Vernetzungen ausgebildet, die ihnen erstaunlich schnelle Daumenbewegungen ermöglichen. Die Jugendlichen entwickeln ihr Hirn so, dass es optimal an diese Erfordernisse angepasst ist.

Die Frage ist nur, ob es in Zukunft in unserer Gesellschaft entscheidend ist, dass man seinen Daumen möglichst schnell bewegen kann. Kinder können das noch nicht beantworten – Eltern aber sollten dazu in der Lage sein. ◻

Professor Dr. Gerald Hüther, 57, ist Leiter der Zentralstelle für Neurobiologische Präventionsforschung der Universitäten Göttingen und Mannheim/Heidelberg. **Jörn Auf dem Kampe** und **Rainer Harf** sind GEOkompakt-Redakteure.

Literatur: Wolfgang Bergmann, Gerald Hüther, „Computersüchtig. Kinder im Sog der modernen Medien", Patmos Verlag.

Bonn, Sommer 1955. Vor einem Bonbon-Automaten hat sich eine Schar Rollerfahrer versammelt. Im Durcheinander des Wiederaufbaus nach dem Krieg wuchsen Jungs zumeist autonomer und weniger beaufsichtigt heran als heutzutage und erlebten in den vormals ausgebombten Großstädten, was vielen Söhnen von heute fehlt: Abenteuer und Freiraum

| Jungs in der Krise |

Das vergessene Geschlecht

Ende eines Selbstbildes: Die Jungen sind nicht mehr die Stärkeren, sie unterliegen den Mädchen längst in vielen Schuldisziplinen, erweisen sich als unflexibler, gewalttätiger und anfälliger für Krankheiten. Pädagogen und Soziobiologen finden verblüffende Erklärungen für den Niedergang der großen, kleinen Helden

Vesper im Freien und ohne strenge Aufsicht: Eigenverantwortung war in den 1950er Jahren noch ein natürlicher Bestandteil der Kindheit. Heute lassen viele Eltern ihre Kinder kaum noch unbeaufsichtigt. Besonders Jungs leiden unter dieser Überbehütung

Die Spielkameraden waren zahlreich im Jahr 1956, wie hier auf dem Schutt eines Kölner Hinterhofs. Die Jungen stießen überall in Deutschland noch auf autoritäre Strukturen, an denen sie sich orientierten. Heute fehlen ihnen oft die Vorbilder

Text: Henning Engeln
Fotos: Josef H. Darchinger und Eugen Sauter

Die Wilma-Rudolph-Oberschule im Berliner Stadtteil Zehlendorf gerät im Juni 2008 in die Schlagzeilen. Zwei 14-Jährige drängen einen 13-jährigen Mitschüler in die Jungentoilette, schlagen ihn und filmen die Attacke mit dem Mobiltelefon. Sie wollten den Jungen offenbar mit Gewalt dazu anstiften, anderen Schülern ihre Telefone zu rauben.

Bereits im Juni des Vorjahres haben Jugendliche in Berlin eine 58-jährige Lehrerin mit einer Stahlrute angegriffen, um ein schlechtes Zeugnis verschwinden zu lassen. Im Jahr davor ist der Leiter einer Grundschule niedergeschlagen worden, und ein Zwölfjähriger hatte einer 62-jährigen Lehrerin so heftig ins Gesicht geschlagen, dass sie mit einer Platzwunde über dem Auge im Krankenhaus behandelt werden musste.

Offenbar hat die Bereitschaft zugenommen, Konflikte körperlich aggressiv und mit Brutalität zu lösen – zumindest innerhalb einer kleineren Gruppe von Jugendlichen, die zudem immer jünger werden. (Ob Kinder und Jugendliche allgemein gewalttätiger geworden sind oder sich vielleicht nur die Wahrnehmung durch Öffentlichkeit und Medien verändert hat, ist umstritten; immerhin wurde laut einer Studie der Universität Bochum von 2005 jeder siebte Achtklässler bei Prügeleien so drangsaliert, dass er ärztlich behandelt werden musste.)

Fest steht zudem: Aggression ist ein Problem, das vor allem die Jungs betrifft – unter den Tatverdächtigen bei Körperverletzungen sind 83 Prozent Jungen. Parallel dazu gibt es weitere beunruhigende Daten und Fakten über das männliche Geschlecht. Sie offenbaren eine besorgniserregende Entwicklung.

So sind Jungs drei- bis neunmal häufiger als Mädchen von der Aufmerksamkeits-Defizit-Hyperaktivitäts-Störung betroffen (die Angaben schwanken je nachdem, welche diagnostischen Kriterien angewendet werden). Und Schätzungen zufolge kommen auf ein Mädchen mit Leseschwäche zwei bis drei Jungen.

Noch dramatischer ist die schulische Bilanz der Jungs: Sie sind später schulreif, bringen schlechtere Leistungen, bleiben häufiger sitzen und brauchen mehr Nachhilfeunterricht. An Haupt-, Sonder- und Förderschulen machen Jungen heute rund 70 Prozent der Schüler aus.

Und: unter den rund 80 000 Jugendlichen, die pro Jahr die Schulen ohne Abschluss verlassen, sind doppelt so viele männliche wie

Die Jungs werkeln, die Mädchen schauen zu. Das althergebrachte Rollenverständnis wurde in den 1950er Jahren wie hier in Schwaben noch nicht infrage gestellt. Inzwischen jedoch hat die Gesellschaft die Töchter immens gefördert – und dabei womöglich die männlichen Nachkommen vernachlässigt

Wer hat den tollsten Roller, wer ist der Schnellste? Konkurrieren und der Beste sein zu wollen, da sind sich Forscher und Pädagogen einig, ist typisch männliches Verhalten – wie hier in Bonn 1955

Toben, lautstark angeben und etwas riskieren – so sind Jungs seit Urzeiten. Vermutlich sind diese Eigenschaften genetisch angelegt

weibliche Schüler. Zudem erreichten 2006 von den 18- bis 21-Jährigen nur 26,1 Prozent der Jungen die Hochschulreife, während es bei den Mädchen 33,8 Prozent waren.

Galt das männliche Geschlecht früher als das durchsetzungsfähigere, manchmal auch „überlegene", zumindest aber dominierende, haben sich die Verhältnisse offenbar grundlegend gewandelt.

Was sind die Ursachen dafür? Werden Jungen benachteiligt, so eine verbreitete These, weil sie heutzutage überwiegend unter weiblicher Regie aufwachsen? In Kindergarten und Grundschule erziehen inzwischen fast ausschließlich Frauen, und zu Hause dominieren die Mütter, während Väter häufig stark von ihren Jobs beansprucht werden – oder gar getrennt von der Familie leben.

Hat sich die Gesellschaft zu sehr auf die Förderung von Mädchen konzentriert und dabei die Jungen vergessen? Oder berührt das Problem viel grundsätzlichere Fragen?

Denn das, was einst als typisch männlich galt, scheint heute nicht mehr zeitgemäß zu sein – weil sich die Gesellschaft gewandelt hat. Vielleicht ist das früher „starke" Geschlecht einfach nicht flexibel genug, um sich an die moderne Welt anzupassen. Mehr noch: Womöglich sind Männer aufgrund ihrer archaischen biologischen Ausstattung dazu gar nicht in der Lage. Dann wären sie sozusagen ein Auslaufmodell.

Die Verlierer der Evolution.

NOCH IN DEN 1960ER JAHREN hatten es Männer einfacher. Es herrschten klare Rollenbilder: Frauen mussten in erster Linie den Haushalt führen und die Kinder versorgen, und sie waren sozial wie finanziell abhängig von den Männern. Doch dann wurden Geschlechterrollen infrage gestellt – Eltern, Lehrer und Erzieher bemühten sich, Mädchen die gleichen Bildungschancen zu bieten, und förderten sie gezielt.

Der Erfolg blieb nicht aus. Frauen haben inzwischen viele typische Männerberufe erobert, besetzen Führungspositionen, bekleiden bedeutende Ämter.

In der Schule, so belegt es die PISA-Studie, zeigen Mädchen inzwischen sprachlich deutlich bessere Leistungen als Jungs. Sie verstehen geschriebene Texte besser und können sie besser nutzen, um Aufgaben zu bewältigen. Manche Fachleute vermuten sogar, dass vor allem die schlechten Leistungen der Jungen zu Deutschlands miserablem Abschneiden bei der Studie geführt haben. In der naturwissenschaftlichen Grundbildung, früher

Bei Regenwetter verzogen sich Kinder in den 1950er Jahren irgendwohin zum Malen, notfalls unter den Tisch. Computer und TV-Geräte gab es noch nicht

eine Domäne der Jungs, liegen beide Geschlechter inzwischen gleichauf, und selbst in Mathematik haben die Mädchen den einstigen Rückstand fast aufgeholt.

Sie stören auch weniger im Unterricht und arbeiten konstruktiver mit. Sie lesen mehr als Jungen (die lieber mit dem Computer spielen oder fernsehen) und haben eine kreativere Freizeitgestaltung: Sie nutzen nicht nur elektronische Medien, sondern verbringen ihre Zeit auch mit Tanzen, Sport, Musizieren oder Basteln.

Sind die Frauen also in modernen Zeiten die überlegene Variante des *Homo sapiens*? Können sie nun ihre Qualitäten ausspielen, nachdem die Jahrtausende während Unterdrückung durch die Männer fast vollständig überwunden ist?

Dass es biologische Unterschiede zwischen den Geschlechtern gibt, bezweifelt inzwischen kaum noch ein Forscher. Und die Differenzen beginnen früh: Bereits im Mutterleib strampeln weibliche Babys weniger als männliche. Und neugeborene Mädchen betrachten die Bilder eines menschlichen Gesichts länger als ein abstraktes Gebilde, während es bei den Jungen genau umgekehrt ist.

Forscher schließen daraus, dass Frauen in der Regel eher an Gefühlen, Männer dagegen eher an abstrakten Systemen, also technisch interessiert sind.

Zahlreiche Untersuchungen belegen zudem deutlich unterschiedliche Vorlieben für Spielzeuge bei ein- bis zweijährigen Kindern. Mädchen bevorzugen Puppen, Plüschtiere oder Puppengeschirr. Ältere basteln, malen und verkleiden sich gern, zeigen mehr feinmotorisches Geschick.

Jungen widmen sich dagegen lieber Autos oder Robotern und werden von „katastrophenträchtigen" Objekten angezogen – etwa einer mit Wasser gefüllten Blumenvase oder einem vollen Aschenbecher.

Solche Vorlieben treten schon in einem Alter auf, in dem sich die Kinder ihres eigenen Geschlechts noch nicht bewusst sind, und entwickeln sich offenbar unabhängig

Noch bis in die 1960er Jahre herrschten klare **Rollenbilder**

davon, ob die Eltern ihnen typische Geschlechterrollen vorleben oder nicht. Auch Kinder von Naturvölkern zeigen vergleichbare Vorlieben beim Spielen: Mädchen verwenden Objekte als Puppen, bevorzugen Tanz- und Ballspiele, während Jungen mit Gegenständen experimentieren, sich raufen und in Wettkämpfen messen.

Die Münchner Psychologin Doris Bischof-Köhler zieht daraus den Schluss, dass es sich um eine spontane Wahl der Kinder handelt, die nicht in erster Linie von den Eltern ausgelöst wird, sondern auch eine genetische Basis hat. Viele Pädagogen und Erzieherinnen sind inzwischen ebenfalls davon überzeugt, dass Mädchen und Jungen von Geburt an unterschiedlich sind.

Jungen toben mehr, werden schneller handgreiflich, werfen weiter und treffen besser. Sie sind konkurrenzorientierter, risikobereiter, erkunden gern Unbekanntes, neigen zu Selbstüberschätzung und Imponiergehabe. Das lässt sie in der Schule leichter anecken. Mädchen dagegen sind fürsorglicher, sozial sensibler und kommunikativer – und damit für Lehrer im Umgang angenehmer.

Frauen schließlich, so zeigen viele Tests, verfügen im Allgemeinen über bessere verbale Fähigkeiten als Männer. Die haben dafür Vorteile im quantitativ-mathematischen und im analytischen Denken.

Mit solchen Unterschieden korrespondieren einige Befunde am Gehirn. In den Sprachzentren der Frauen sind die Nervenzellen besonders dicht gepackt und manche Hirnregionen vergrößert: etwa in der Stirnrinde, die an der Kontrolle von Gefühlen mitwirkt. Beim Mann sind Regionen im Schläfenlappen besonders gut ausgeprägt, die bei der Raumerfassung eine Rolle spielen.

Es gibt noch weitere bemerkenswerte Unterschiede zwischen den Geschlechtern: Schon bei der Geburt sterben mehr männliche als weibliche Säuglinge, auch der plötzliche Kindstod (siehe Seite 150) betrifft sie häufiger. Sie werden schneller krank und leiden wesentlich öfter an Asthma, Jungs sind zudem häufiger von Unfällen betroffen. Männer ernähren sich nicht so gesund, treiben weniger Sport, nehmen eher Drogen und leiden häufiger an Krankheiten. Ihre Lebenserwartung liegt in westlichen Gesellschaften im Durchschnitt sechs bis sieben Jahre unter der von Frauen.

> *Jungs erkunden gern* **Unbekanntes.** *Und überschätzen sich oft*

EINE ERKLÄRUNG für die schwächere Konstitution des männlichen Geschlechts könnte dessen besondere genetische Ausstattung liefern. Denn ob sich ein Körper weiblich oder männlich entwickelt, bestimmen die Geschlechts-Chromosomen, von denen es zwei Sorten gibt: das größere X- und das sehr kleine Y-Chromosom. Ist

Mit allen Sinnen genießen – und in der Natur bestehen. Das stärkt Jungs seit jeher. Einmal erwachsen, achten die meisten Männer heute aber weniger als Frauen auf ihre Gesundheit und sterben früher

ein Y-Chromosom vorhanden, entsteht ein Mann. Da alle Chromosomen paarweise vorhanden sind, besitzen Männer neben dem Y-Chromosom auch ein X-Chromosom. Frauen fehlt das Y-Chromosom; stattdessen enthalten alle ihre Körperzellen je zwei X-Chromosomen.

Nun liegen aber auf dem X-Chromosom mehr als 1000 Gene, während das winzige Y-Chromosom weniger als 100 Gene enthält. Frauen verfügen mit ihren beiden X-Chromosomen deshalb für jedes dieser Gene über zwei Ausführungen, die jeweils als Sicherheitskopie dienen. Männer dagegen sind darauf angewiesen, dass alle Gene ihres einen X-Chromosoms funktionieren – oder müssen Schwächen in Kauf nehmen.

Jungs haben andere LERNSTILE als Mädchen

IST DAMIT ALSO BELEGT, dass die Jungen von ihrer Biologie her benachteiligt sind? Dass sie von der Natur mit bestimmten Charaktermerkmalen ausgestattet werden, die es ihnen etwa in der Schule heute schwerer machen als den Mädchen?

Ganz so einfach ist es nicht. Zum einen handelt es sich bei allen Befunden immer um Mittelwerte. Das bedeutet: Ein Individuum kann weit aus dem stereotypen Rollenbild herausfallen – ein Junge etwa durch soziale Fähigkeiten auffallen, ein Mädchen durch mathematische.

Zum anderen stehen Umwelt und biologische Faktoren stets in komplizierten Wechselwirkungen zueinander. Und die können Unterschiede manchmal sogar noch verstärken.

Beispiel Spielzeug: Eine Untersuchung zeigte, dass erwachsene Testpersonen Säuglinge im Alter von wenigen Monaten je nach vermeintlichem Geschlecht unterschiedlich behandelten. Wurde den Probanden suggeriert, bei den Babys handele es sich um Mädchen, boten sie ihnen zum Spielen eher Puppen an, glaubten sie einen Jungen vor sich zu haben, gaben sie ihnen Autos.

Die Kinder wiederum gingen auf dieses Verhalten besonders bereitwillig ein, wenn es ihrem geschlechtstypischen Interesse entsprach – Jungen etwa bevorzugten Autos gegenüber Puppen, Mädchen reagierten umgekehrt. Doris Bischof-Köhler: „Natur und Umwelt wirken eben immer zusammen."

Das zeigen auch die pädagogischen Experimente der 1968er-Generation: Damals versuchten Eltern, ihre Sprösslinge ohne Rollenstereotype zu erziehen und Mädchen und Jungen gleich zu behandeln. Die Eltern erwarteten, dass sich die Geschlechtsstereotype verringern würden. Doch das Gegenteil trat ein, die Unterschiede verstärkten sich: Jungen wurden noch aggressiver, und es gelang ihnen, die Mädchen massiv zu unterdrücken.

Das geschlechtstypische Verhalten ist also ein interaktiver Prozess, der von vielen Faktoren gesteuert wird.

Das bedeutet aber auch, dass es keineswegs unabänderlich festgelegt ist. Selbst wenn Jungen andere Interessen, Neigungen und Fähigkeiten haben als Mädchen, können sie mit entsprechender Förderung und Ermunterung Dinge erlernen, die ihnen normalerweise schwerfallen.

OHNE EINE SOLCHE FÖRDERUNG und Ermunterung aber haben die Jungen heute Probleme, sich in einer weiblich orientierten pädagogischen Welt in ihrer Eigenart

Schule in den 1950er Jahren, wegen Umzugs einmal draußen. Es herrscht Disziplin – und Trennung zwischen den Geschlechtern

zu behaupten. Und dass wir in einer solchen Welt leben, davon sind viele Pädagogen, Soziologen und Psychologen inzwischen überzeugt.

Ein Kind hat heutzutage eine gute Chance, bis zum Ende des Grundschulalters keinerlei männlichen Pädagogen zu erleben. Denn nur rund zwei Prozent des Personals in Kindergärten sind Männer, in Schulkindergärten sind es etwa fünf Prozent, und in der Grundschule gibt es rund 13 Prozent männliche Lehrer.

Dadurch aber sind Jungen heute benachteiligt – das zumindest vermuten Fachleute wie der Hamburger Pädagoge Frank Beuster. Denn weiblichen Erziehungskräften falle es schwerer, auf die speziellen Eigenheiten und Bedürfnisse des männlichen Geschlechts einzugehen.

Jungen sind körperlich aktiver und aufsässiger, konkurrieren stärker, messen gern ihre Kräfte und versuchen sich durchzusetzen. Auch ihre größere Kampfeslust, ihre Neigung zum Angeben und Dominieren sowie ihre höhere Risikobereitschaft tragen zu Problemen bei. Mädchen dagegen passen sich leichter in die schulischen Strukturen ein und arbeiten eher konstruktiv mit.

Der Bozener Entwicklungspsychologe Wassilios Fthenakis hält es inzwischen sogar für erwiesen, dass Lehrerinnen Jungen systematisch benachteiligen und bei gleicher Leistung schlechter benoten. Unser Bildungssystem produziere enorme Ungerechtigkeiten für Jungs, so Fthenakis.

Hinzu kommt ein weiteres Problem: In den vergangenen gut 30 Jahren wurden Mädchen speziell gefördert. Es gab zahlreiche Programme, um ihnen den Zugang zu naturwissenschaftlich-technischen Fächern zu erleichtern. Weibliche Rollenbilder sowie Klischees oder Hürden für junge Frauen im Schulalltag wurden abgebaut. Dagegen berücksichtigte man in den Lehrplänen und Unterrichtsmethoden nur wenig die Schwierigkeiten von Jungen – etwa ihre Schwächen beim Lesen und Schreiben –, ihre emotionalen Bedürfnisse und Interessen.

Im Zuge der Frauenemanzipation wurden die Jungen also quasi vergessen oder zumindest vernachlässigt: in der Annahme, sie hätten als das „starke" und lange dominierende Geschlecht keine besondere Aufmerksamkeit nötig und würden sich schon durchsetzen. Und während die Mädchen damit beschäftigt waren, sich ein neues Bild des Weiblichen und der Frau anzueignen, haben es die Männer versäumt, sich mit ihrer Rolle auseinanderzusetzen.

Zudem wachsen viele Jungen ohne Vater auf: Rund drei Millionen Alleinerziehende gibt es in Deutschland, davon sind 80 Prozent Frauen.

Und selbst in intakten Familien kann es vorkommen, dass der Vater wenig präsent ist: Tagsüber ohnehin abwesend, kommen viele Männer abends erschöpft von der Arbeit heim und haben keinen Elan mehr, sich mit ihren Sprösslingen zu befassen.

Väter aber gehen anders mit Kindern um. Schon vor Babys schneiden sie eher Grimassen, stimulieren sie stärker mit Geräuschen und optischen Reizen. Später spornen sie die Kinder zu Bewegungen an: zum Laufen, Fahrradfahren, Fußballspielen, Schwimmen. Sie toben mit ihren Söhnen, vermitteln „männliche" Eigenschaften – etwa Durchsetzungsvermögen – und sind Vorbild bei handwerklich-technischen Hobbys. Deshalb sind Väter immens wichtig für die Söhne.

Das belegen unter anderem jahrzehntelange Studien der Universität Oxford an Tausenden von Kindern. Jungen, die ohne Vater leben, haben demnach häufiger ein geringes Selbstbewusstsein, gehen weniger gern zur Schule, neigen eher zu Depressionen oder Selbsttötungen und haben später ein größeres Risiko, kriminell oder obdachlos zu werden. Dabei reicht es an Zuwendung offenbar schon aus, wenn sich der Vater – etwa nach einer Scheidung – regelmäßig um den Sohn kümmert, auch wenn er nicht im selben Haushalt lebt. Stiefväter können ebenfalls einen positiven Einfluss haben.

Die Folgen all dieser Entwicklungen sind heute zu erkennen: Es gibt kein klares oder gar positives Bild vom Mann.

Mehr noch: „Typisch männlich" ist ein eher negatives Etikett geworden. All das sowie der Mangel an männlichen Vorbildern in Schule und Familie erschwert es Jungen, so die Ansicht vieler Experten, eine männliche Identität zu entwickeln.

VERMUTLICH GIBT ES VIELE GRÜNDE für die Krise des männlichen Geschlechts. Letztlich aber seien die Ursachen nicht eindeutig, so der Hannoveraner Kinderpsychologe Wolfgang Bergmann. Es gebe weder fertige Antworten noch elegante Erklärungen. Jungen seien immer auf der Suche nach einer Bindung, einem Halt, einer Art männlichem Sehnsuchtsbild. Dieses Vorbild aber – dieses „So will ich sein" – fehle ihnen heute. Und das mache den größten Teil der Probleme aus.

Und während die meisten jungen Frauen ihr Leben schon früh flexibel planen – also an eine spätere Kombination aus Karriere, Familie und Kinder denken –, orientiert sich die Mehrheit der jungen Männer nach wie vor an einem traditionellen Männerbild, konstatiert der Bielefelder Sozialwissenschaftler Klaus Hurrelmann. Sie sähen sich als Hauptenährer der Familie, der weder im Haushalt noch bei der Kindererziehung wichtige Aufgaben zu übernehmen bereit sei. Und es falle ihnen schwer, ihre soziale Rolle in der modernen Gesellschaft zu definieren.

Jungs stromerten früher viel draußen umher, ohne dass sich die Eltern Sorgen machten

Hurrelmann glaubt, dass die Probleme der jungen Männer eng mit diesem Rollenverständnis zusammenhängen. Seiner Ansicht nach gibt es einen archetypischen Kern von Männlichkeit, ein tief in der Persönlichkeit verankertes Muster des Rollenverhaltens (bei Frauen ein entsprechendes Muster der Weiblichkeit).

Beim Mann ist dieses Rollenverhalten durch Aktivität gekennzeichnet, es dient der Sicherung der Existenz als Individuum (bei Frauen steht die soziale, einfühlsame Lebensführung im Zentrum). Es ist mit Begriffen wie Selbstbehauptung, Abgrenzung, Ausweitung des Selbst, Eroberung des sozialen Raums, Selbstkontrolle und -disziplin verbunden.

Nach Hurrelmann müsste es für Pädagogen heute zunächst darum gehen, an dieses stereotype Rollenmuster anzuknüpfen, um es letztlich durch ein flexibleres Muster abzulösen. Dazu gehöre zum Beispiel, jungen Männern Freude am Leben in einer sozialen Gemeinschaft oder mehr Sensibilität für den eigenen Körper mit seinen Stärken und Schwächen zu vermitteln. Wichtig sei dabei, die Eigenheiten der Jungen zu berücksichtigen – etwa ihre Bedürfnisse nach Bewegung –, über neue Formen körperlicher Aktivität nachzudenken und transparente, klare Umgangsformen, Rituale und Symbole zu finden.

Andere Fachleute wie die Grundschulpädagogin Klaudia Schultheis von der Katholischen Universität Eichstätt-Ingolstadt plädieren dafür, die Schulen so zu ändern, dass sich die Jungen wohler fühlen: ihnen mehr Pausen und Bewegung zuzugestehen sowie den Lehrstoff stärker zu strukturieren, ihnen mehr Gelegenheit zum Wettbewerb, mehr Anweisungen und klarere Rahmenbedingungen zu geben. Und sie verstärkt zum Bauen, Experimentieren sowie zum Hantieren mit technischen Geräten anzuregen.

> **MEMO | JUNGEN**
>
> 》》》 **NUR 26 PROZENT** der Jungen machten 2006 das Abitur – aber 34 Prozent der Mädchen.
>
> 》》》 **LEGASTHENIE** und ADHS-Syndrom treffen Jungs viel häufiger.
>
> 》》》 **IN DEN KINDERGÄRTEN** gibt es nur zwei Prozent männliche Erzieher.

Den Frauenüberschuss in der Erziehung hält Schultheis dagegen nicht für das entscheidende Problem: „Es ist bekannt, dass Jungen auf Männer anders reagieren, zum Beispiel aufmerksamer sind, und dass die Männer eine Vorbildfunktion haben. Aber wir wissen bislang nicht, ob es sich nachteilig auswirkt, wenn Jungen in der Grundschule nur von Frauen unterrichtet werden. Dazu gibt es kaum Forschungsergebnisse."

Die Eichstätter Forscherin betont, dass man die Geschlechter entsprechend ihrer Lernstile und Lernbedürfnisse unterschiedlich zu behandeln habe. Es müsse eine „geschlechtersensible" Schule geben, und Klaudia Schultheis glaubt, dass es möglich ist, Lehrerinnen einen Unterrichtsstil zu vermitteln, der auch den Jungen entspricht.

BEI ALLEN SCHWIERIGKEITEN der kleinen Männer darf ohnehin eines nicht vergessen werden: Frauen sind längst nicht überall im Vorteil, vor allem nicht später im Leben. So haben fünf Jahre nach Beendigung des Studiums mehr Männer eine Arbeitsstelle als Frauen, obwohl anfangs mehr Studentinnen als Studenten an den Start gingen. Und der weibliche Anteil bei den erfolgreichen Promotionen liegt deutlich unter 50 Prozent.

Auch wenn es ums Geld geht, herrscht noch lange keine Gleichheit: Im Jahr 2005 verdienten weibliche Angestellte durchschnittlich 29 Prozent weniger Geld als ihre männlichen Kollegen. Selbst für vergleichbare Tätigkeiten bekamen Frauen ein um 17 Prozent geringeres Gehalt als Männer.

Klaudia Schultheis formuliert es so: „Wenn Jungen die Schule erst einmal durchlaufen haben, stellen sich ihnen keine Probleme mehr." □

Der ehemalige Lehrer **Eugen Sauter**, Jg. 1921, porträtierte in den 1950er Jahren schwäbisches Dorfleben. Der 1925 geborene **Josef H. Darchinger** gilt als einer der wichtigsten politischen Fotografen der Bonner Republik.

Literatur: Doris Bischof-Köhler, „Von Natur aus anders", Kohlhammer. Wolfgang Bergmann, „Kleine Jungs – große Not", Beltz. Frank Beuster, „Die Jungenkatastrophe", Rowohlt. Klaudia Schultheis et al., „Kinder: Geschlecht männlich. Pädagogische Jungenforschung", Kohlhammer.

Kinderrechte

»Ich möchte nicht zurück zu Mama«

Im April 1874 zeigt ein Mann namens Henry Bergh die Pflegemutter der neunjährigen Mary Ellen an, weil sie das Kind brutal misshandelt hat. Er überzeugt das Gericht davon, dass die Frau bestraft werden muss. Und sorgt mit der Gründung einer Kinderschutzorganisation dafür, dass Heranwachsende erstmals verbriefte Rechte erhalten

Text: Hauke Friederichs

Mit schnellen Schritten eilen die beiden Männer durch das schäbige Treppenhaus an der 41st Street im New Yorker Armenviertel „Hell's Kitchen". Sie klopfen an die Tür der Familie Connolly. Nichts regt sich. Sie stoßen die Tür auf und treffen auf die 38-jährige Mary Connolly. Man zeigt ihr die Anordnung eines Richters. Die Frau tritt zur Seite.

In einer Ecke kauert ein neun Jahre altes Mädchen. Es trägt Lumpen, die Arme und Beine sind voller Striemen und blauer Flecke. Vom Haaransatz über die linke Augenbraue bis zur Wange zieht sich ein nässender Schnitt. Rasch tragen die Männer Mary Ellen – so heißt das Mädchen – hinaus, hüllen sie in eine Decke und fahren zum höchsten Gericht der Stadt.

Dort warten an diesem 9. April 1874 der angesehene Philanthrop Henry Bergh sowie zahlreiche Journalisten. Ihnen hat Bergh, der Präsident der New Yorker Tierschutzgesellschaft, eine unglaubliche Geschichte versprochen, die ihr Blut zum Kochen bringen werde.

Der 60-jährige Bergh braucht die Medien, um mit deren Hilfe den Richter von seiner ungeheuerlichen Idee zu überzeugen: Er will durchsetzen, dass Kinder eigene Rechte erhalten, dass der Staat sie schützt. Und dass brutale Eltern und Vormünder für das Misshandeln, Ausbeuten und Vernachlässigen von Minderjährigen bestraft werden.

Henry Bergh, 1813 als drittes Kind einer wohlhabenden New Yorker Familie geboren, studiert einige Semester Rechtswissenschaften, arbeitet ab 1863 als Sekretär der US-Gesandtschaft in Russland. Eines Tages stößt er bei einer Kutschfahrt durch St. Petersburg auf einen Eseltreiber, der mit einer Peitsche auf sein Tier eindrischt.

Der Mann hat den Esel vor einen Karren voller Brennholz gespannt. So sehr das Tier auch zieht, der überladene Wagen bewegt sich nicht. Bergh steigt aus der Kutsche und herrscht den Mann an, mit dem Prügeln sofort aufzuhören. Der Russe gehorcht – und wirft so lange Holz vom Wagen, bis der Esel die Last bewegen kann.

In diesem Moment begreift Bergh, dass er mit energischem Auftreten das Leben von Tieren schützen kann. Er quittiert einige Monate später den Dienst, kehrt nach New York zurück und gründet 1866 die ASPCA, den ersten Tierschutzverein Amerikas.

Von nun an greift Bergh ein, wann immer er davon erfährt, dass Droschkenfahrer ihre Kutschen überladen, Metzger das durstige Schlachtvieh nicht tränken und Unterweltgrößen bei Hundekämpfen ihre Rüden aufeinanderhetzen. Er bringt Tierquäler vor Gericht, gewinnt viele Prozesse und erreicht, dass der Tierschutz im amerikanischen Recht verankert wird.

Ein Gesetz, das auch Kinder schützt, gibt es nicht. Was Eltern mit ihren Nachkommen anstellen, ist deren Privatangelegenheit. Prügelstrafe und Kinderarbeit sind akzeptiert. Noch immer gilt ein Spruch der alten Griechen: „Wer nicht geschunden wird, wird nicht erzogen." 1867 verurteilt ein Gericht einen Vater, der seinen Sohn totgeprügelt hat, zu einer Strafe von gerade einmal 250 Dollar.

SIEBEN JAHRE SPÄTER, am 7. April 1874, kommt die methodistische Gemeindeschwester Etta Angell Wheeler in Berghs Büro. Sie macht Hausbesuche in New Yorks Armenvierteln und berichtet von einem Mädchen namens Mary Ellen Connolly, das mit der Peitsche geschlagen werde, erzählt von ihrem Schreien, ihrem stundenlangen Weinen.

MARY ELLEN trägt Lumpen, ihr Körper ist voller Striemen, als sie vor Gericht ihre Aussage macht

Mrs. Connolly ist nicht Marys leibliche Mutter – sie hat das Kind, wohl eine Halbwaise, aus einem Heim geholt und lässt es im Haushalt wie eine Sklavin schuften.

Drei Monate lang bemüht sich die Gemeindeschwester um Unterstützung für Mary Ellen. Bittet Polizei, Sozialbehörde, den Pastor um Hilfe. Und hört jedes Mal: „Was jemand im eigenen Heim mit der Familie macht, ist seine Sache."

Drei Jahre zuvor hat Bergh bereits ein anderes Mädchen vor einem sadistischen Vormund gerettet. Doch damals interessierte das in New York kaum jemanden. Mary Ellens Geschichte will er nun zum öffentlichen Präzedenzfall machen – mithilfe der Zeitungen.

Er versorgt die Reporter mit Informationen, und so berichten sie detailliert über den Prozess. Nie zuvor haben

ZWAR TRITT SCHON 1886 im Bundesstaat New York ein Gesetz in Kraft, das Kinder vor Fabrikarbeit schützen soll. Doch selbst zu Beginn des 20. Jahrhunderts müssen Minderjährige noch in der Industrie arbeiten – wie dieses Mädchen in einer Baumwollspinnerei in South Carolina

Medien einem misshandelten Kind derart viel Aufmerksamkeit gewidmet.

„Ich weiß nicht, wie alt ich bin", sagt das Mädchen vor Gericht aus. „Ich darf nicht mit anderen Kindern spielen. Ich war auch noch nie draußen, auf der Straße. Wenn Mama weggeht, sperrt sie mich im Zimmer ein. Ich schlafe auf dem Boden auf einem Stück Teppich. Mama hat mich fast jeden Tag geschlagen und ausgepeitscht – warum, weiß ich nicht. Ich möchte nicht zurück zu Mama."

Am fünften Prozesstag ziehen sich die Geschworenen zur Beratung zurück. Nach nur 20 Minuten wird Mrs. Connolly schuldig gesprochen und zu einem Jahr Strafarbeit im Gefängnis verurteilt. Der Fall Mary Ellen ist nun Gesprächsthema in New York, dann in den USA, schließlich in Europa.

1875 GRÜNDET Henry Bergh in New York die weltweit erste Kinderschutzorganisation

Das Mitleid ist groß. Wohlhabende Ladys beschenken die Kleine mit Kleidern, Puppen und Zuckerstangen, zahlreiche Adoptionsangebote gehen ein. Doch Mary Ellen wächst bei Etta Wheelers Schwester auf. Sie behält Narben auf den Armen zurück und bleibt ein ängstliches Kind.

Henry Bergh gründet im Dezember 1874 mit anderen Bürgern eine Gesellschaft zum Schutz der Kinder. Am 27. April 1875 – genau ein Jahr nach der Verurteilung Mary Connollys – geht daraus die weltweit erste Kinderschutzorganisation hervor. Die New York Society for the Prevention of Cruelty to Children (NYSPCC) rettet in den ersten acht Monaten ihres Bestehens 72 Minderjährige vor brutalen Vormündern und bringt 62 Fälle von Kindesmisshandlung vor Gericht.

Schritt für Schritt kämpft sich die NYSPCC voran. 1886 tritt ein Gesetz in Kraft, das Kinder vor Fabrikarbeit und Ausbeutung in Betrieben schützen soll. 1889 wird der Tabakverkauf an Minderjährige unterbunden, zudem dürfen sie nicht mehr in Bordellen wohnen.

Die NYSPCC wird zum Vorbild: Nach einem Besuch in New York gründet ein Engländer 1883 in Liverpool eine Kinderschutzorganisation. In Berlin lassen Bürger 1898 den „Verein zum Schutze der Kinder gegen Ausbeutung und Misshandlung" registrieren.

Regierungen und Parlamente nehmen die Anregungen der NYSPCC auf. 1896 führt das Deutsche Reich Strafen für Eltern ein, die ihre Kinder misshandeln oder sich nicht um sie kümmern. Der Einsatz des Rohrstocks in der Schule bleibt allerdings in Deutschland noch bis 1973 erlaubt. Und erst im Jahr 2000 verbietet der Gesetzgeber Eltern die körperliche Züchtigung ihrer Nachkommen.

Im Bürgerlichen Gesetzbuch steht seither: „Körperliche Bestrafungen, seelische Verletzungen und andere entwürdigende Maßnahmen sind unzulässig."

Hauke Friederichs, 27, ist Absolvent der Hamburger Henri-Nannen-Schule.

Literatur: Eric A. Shelman, Stephen Lazoritz, „Out of the Darkness: The Story of Mary Ellen Wilson", Dolphin Moon.

| Erziehung |

Verstörende Mischung aus Ordnung und Chaos: In vielen Familien demütigen sich die Mitglieder – anstatt einander zu belohnen; eine Inszenierung der US-Fotokünstlerin Julie Blackmon

Der schwierige Balanceakt

Wutanfälle und Trotzattacken, Schimpfen und Heulen. Eltern verstricken sich bei der Erziehung oft in eine endlose Kette von Konflikten mit ihren Kindern. Nach etlichen Studien meinen Forscher nun zu wissen, was der beste Erziehungsstil ist – und wie man ihn Eltern beibringt

Text: Christoph Kucklick
Fotos: Julie Blackmon

geht das: Kinder erziehen ohne Schimpfen, Schreien, Ausrasten? Ohne sich in eine Kette von Konflikten zu verhaken? Gelassen gar und ruhig? Wegen dieses Traums sitzen sie beisammen, drei Elternpaare und zwei Mütter, und sie erlernen: positive Erziehung.

Es ist die zweite Stunde, der Kurs nennt sich Triple P, „Positive Parenting Program", und zunächst schildern die Teilnehmer ihren täglichen Frust. Eine Mutter berichtet von dem „völlig verkorksten Nachmittag" heute. Mia wollte einfach nicht aufräumen, „ich habe sie angebrüllt, sie war wütend und quengelig, und ich wusste überhaupt nicht mehr, wie ich da herauskomme".

Eine andere berichtet von ihrem Sohn, der gerade eine Macho-Phase durchmache. „Im Auto schnauzt der mich an, ob ich nicht endlich mal abbiegen wolle. Zu Hause schimpft er, warum das Essen noch nicht fertig sei – und das von einem Sechsjährigen!" Sie müsse sich sehr zusammenreißen, ihm nicht „dauernd eine zu scheuern". Aber was, fragt sie schüchtern, könne sie stattdessen tun?

Andere melden Erfolge. Ein Vater hat sich, angeregt vom Triple-P-Lernziel, „klare, ruhige Anweisungen" zu geben, davon verabschiedet, seine dreijährige Tochter in Frageform anzusprechen: Möchtest du essen, willst du dein Zimmer aufräumen, wollen wir ins Bett gehen?

„Anna sagte immer nur ‚nö', und ich musste auf sie einreden, was immer in Streit endete."

Dem Vater fiel es nicht leicht, sich umzustellen, weil er das Fragen als „irgendwie demokratischer, nicht so autoritär" empfand. Doch die deutliche Ansprache an seine Tochter funktioniere tatsächlich besser.

Eine Mutter hat „positive Bestärkung" erprobt und ihren Sohn gezielt gelobt. „Es war unglaublich, wie Paul regelrecht in Begeisterung geriet – und wie positiv ich plötzlich war." Sie hat eine Liste geführt, wie oft es noch zum Streit gekommen ist. Die Kurve zeigt nach unten.

Dann legt die Trainerin eine neue Folie auf den Projektor: „Förderung der kindlichen Entwicklung" und „Strategien für eine positive Beziehung zum Kind". Die Teilnehmer zücken Block und Bleistift.

KANN MAN ES SO LERNEN? Oder ist Triple P nur eine weitere Mode auf dem Erziehungsmarkt?

Vermutlich nicht. Denn was so trügerisch einfach daherkommt, beruht nicht auf den Eingebungen eines selbst ernannten Therapeuten, sondern ist einer der wenigen Elternkurse, deren Erfolg wissenschaftlich belegt ist. Die Grundlagen zu dem Elterntraining wurden in den USA und Australien gelegt, wo man sich seit Längerem ganz pragmatisch der Frage widmet: Was können Mütter und Väter besser machen?

Antworten gibt es viele, aber erst jetzt verheißen methodisch solide Studien sichere Erkenntnisse darüber, ob und wie Eltern auf ihre Kinder einwirken. Die Daten sind überraschend eindeutig:

• Eltern haben, anders als in den vergangenen Jahrzehnten immer wieder behauptet, einen enormen Einfluss auf die Entwicklung ihrer Kinder;

• es lässt sich ziemlich genau bestimmen, worin eine gute, eine effektive Erziehung besteht;

• Eltern können diese effektive Erziehung erlernen.

Alle drei Erkenntnisse verstehen sich wahrlich nicht von selbst. Denn seit rund 40 Jahren herrscht schrille Kakophonie im Erziehungsgewerbe. Wer erzieht wen, Eltern die Kinder – oder umgekehrt? Muss Erziehung

> Die Anforderungen an Kinder steigen immer weiter an – und so wird die Erziehung immer schwieriger

In ihrer Arbeit „Domestic Vacations" hat die US-Fotokünstlerin und dreifache Mutter **Julie Blackmon** Szenen des alltäglichen Familienlebens visualisiert.

Ungewollt bringen manche Eltern ihren Kindern bei, dass sie nur durch aggressives Verhalten bekommen, was sie wollen

Viele Eltern erziehen ihre Kinder permissiv: Sie fördern deren Unabhängigkeit, vermeiden aber Konflikte und verlangen kaum Mitarbeit im Alltag

überhaupt sein, oder wäre es besser für alle Leidtragenden, darauf zu verzichten? Und um wen dreht es sich eigentlich: um kleine Tyrannen und flüchtende Väter oder um die lieben Kleinen und aufopferungsvolle Mütter?

Jedes Menschenbild sucht nach einer eigenen Erziehungslehre: von der subjektiven Methode über die anlassorientierte zur antiautoritären. Und jeder redet mit.

Erziehungsratgeber füllen in den Buchhandlungen mittlerweile etliche Regalmeter. Da gilt „Jedes Kind kann schlafen lernen" ebenso wie „Bloß nicht alles richtig machen". Da hilft der „ultimative Survival-Guide für junge Eltern", wenn „Kinder Kinder mobben". Aber nur, wenn Eltern zuvor die „moralische Intelligenz" ihrer Zöglinge gefördert haben – falls die überhaupt noch vorhanden sind, denn: „Deutschland frisst seine Kinder".

Und natürlich ist an der verbreiteten Sorge über die Kinder etwas dran: Jugendgewalt, überforderte Lehrer, Berichte von chaotischen Montagmorgen in den Schulen, unkonzentrierte Kinder – sie stehen als Symptome dafür, dass die Erziehung schwieriger wird oder zumindest auf neue Verhältnisse reagieren muss.

Die Anforderungen an die Kleinen, das ist unumstritten, steigen sprunghaft an; zudem sind immer häufiger beide Eltern berufstätig, die Kontrolldichte hat zweifelsohne abgenommen.

Darüber hinaus macht eine Schar konkurrierender Erzieher Eltern ihre Rolle streitig: Fernsehen, Internet, Schule, gleichaltrige Freunde der Kinder. Das lässt viele Mütter und Väter an ihrem Einfluss zweifeln.

Um wie viel problembeladener die heutige Jugend aufwächst als frühere Generationen, ist freilich kaum messbar. Historische Vergleiche sind tückisch, weil Daten fehlen und ähnliche Symptome im Laufe der Zeit unter sehr unterschiedlichen Begriffen verbucht wurden.

Ist beispielsweise die „Hyperaktivität" tatsächlich ein neues Phänomen – oder nur ein Modebegriff? Oder gar ein altbekanntes Symptom, das nur durch Verstädterung und die Zerstörung kindlicher Bewegungsräume zusätzliche Brisanz erhält?

In Deutschland gelten, je nach Studie, rund 17 Prozent der Kinder als verhaltensauffällig. Allerdings: Höchstens die Hälfte der Kinder, die als „schwierig" gelten, sind dies später auch noch als Jugendliche. Die allermeisten Kinder werden nach einem Stör-Höhepunkt im Alter zwischen zwei und fünf Jahren immer ruhiger, immer weniger aggressiv.

Offenbar wachsen mindestens 70 bis 80 Prozent der deutschen Kinder ohne gravierende Probleme auf.

DOCH WENN IM KINDERZIMMER der Streit tobt, helfen solche Zahlen wenig. Dann suchen Eltern klare Strategien für den Alltag, Tipps, die ihnen das Handwerk des Erziehens erleichtern. Und es besteht kein Zweifel daran, dass manche Kinder mit schwierigem Temperament zur Welt kommen: Sie schreien oft, sind schwer zu beruhigen, weniger aufmerksam.

Eltern tragen daran keine „Schuld". Aber die meisten Erwachsenen reagieren darauf mit aggressivem Erziehungsverhalten, was die Probleme nur verschärft und die Kinder schon früh auf eine ungünstige Entwicklungsbahn bringt. Lernen Mutter und Vater dagegen, ihr eigenes Verhalten genauer zu beobachten und effektiver zu handeln, können „Problemkinder" gut gedeihen.

Den wohl beeindruckendsten Beweis elterlicher Bedeutung hat Marion Forgatch unternommen, eine Wissenschaftlerin am „Social Learning Center" in Eugene, Oregon. Ihre „experimentelle Interventionsstudie" funktioniert im Prinzip wie ein Medikamententest: Forscher verabreichen einer Gruppe von Eltern ein systematisches Elterntraining, das ihre Erziehungskompetenz verbessern soll.

> **Mütter, die brüllen, haben Kinder, die das Gleiche tun. Väter, die demütigen, werden gedemütigt**

Anschließend beobachten sie, ob sich das Verhalten der Kinder dieser Probanden ändert im Vergleich zu Kindern, deren Eltern kein Training erhalten haben. Nur so lässt sich die alles entscheidende Frage beantworten, ob Eltern einen kausalen Einfluss auf ihren Nachwuchs haben.

Für ihre „Oregon-Scheidungsstudie" rekrutierte Marion Forgatch 238 Mütter. Sie waren seit Kurzem geschieden, lebten ohne Partner und hatten mindestens einen Sohn zwischen sechs und zehn Jahren. Es handelte sich um verzweifelte Frauen, von denen viele in erdrückender Armut lebten. Die meisten hatten über den Trennungszwist die Erziehung vernachlässigt, etliche Jungen zeigten Verhaltensauffälligkeiten: Sie gehorchten selten und schlugen sich häufig.

Die Mütter wurden per Zufallsverfahren aufgeteilt – und erhielten in der einen Gruppe gut dreieinhalb Monate lang jeweils rund eine Stunde pro Woche ein Elterntraining; dabei erlernten sie effektivere Erziehungstechniken, übten in Rollenspielen, wie sie Konflikte mit ihren Söhnen ohne Streit austragen oder wie sie die Jungen motivieren konnten.

Den anderen Müttern sagte man, sie stünden auf einer Warteliste; also machten sie weiter wie zuvor.

Zweieinhalb Jahre später ließen die Ergebnisse keinen Zweifel: Den Söhnen der trainierten Mütter ging es in allen Belangen besser. Im Vergleich zu den anderen Kindern waren sie weit weniger aggressiv, verübten weniger Straftaten, waren seltener depressiv, trieben sich seltener mit anderen Problemkindern herum, gehorchten eher. Selbst ihre Lesefähigkeit hatte sich verbessert, und ihre Lehrer bewerteten sie als positiv verändert.

Auch die Frauen hatten von dem kurzen Training profitiert. Sie litten seltener unter Depressionen, ihr Jahreseinkommen lag nun – ein verblüffendes Ergebnis – im Schnitt um 2000 Dollar höher als das der untrainierten Mütter, und sie hatten ihre neuen Partner viel seltener gewechselt, hatten also entscheidende Risikofaktoren ihres Lebens reduziert. Nicht nur traten sie ihren Söhnen gegenüber entschiedener auf, sie gewannen allgemein an Lebenskompetenz.

Die Kontrollgruppe hatte sich dagegen bei allen Indikatoren verschlechtert: Mütter und Söhne waren aggressiver, depressiver, sie stritten sich noch häufiger, und die Kinder gehorchten noch widerwilliger als zu Beginn der Studie. Sie waren in der typischen Abwärtsspirale dysfunktionaler Familien. Häufig also bedarf es offenbar nur eines kleinen Anstoßes, um verborgene Potenziale von Eltern dauerhaft zu aktivieren.

Aus den Studien erwuchsen weitere Erkenntnisse. Denn es wurden ja nicht nur Eltern getestet, sondern auch verschiedene Angebote von Training. Die Ergebnisse der Versuche zeigen also nicht nur, dass Erziehung einen Unterschied macht, sondern auch, welche Techniken das kindliche Wohl stärker fördern als andere.

Wie also sah das Training aus, das Eltern weiterhalf? Die Antwort: ziemlich genau so wie Triple P.

ELTERNSCHULUNGEN WIE DIESE beruhen überwiegend auf einem verhaltenstherapeutischen Ansatz. Sie suchen nicht – wie die sogenannten kognitiven Therapien – die Persönlichkeit der Eltern und Kinder zu ergründen, und sie unternehmen auch keine langwierigen Gesprächstherapien. Sie gehen vielmehr davon aus, dass Eltern sich meist ungewollt falsches Verhalten angewöhnt haben: einen ineffektiven Umgang mit ihren Kindern, den es zu korrigieren gilt.

Der große Vorteil dieses Ansatzes: Es ist belegt, dass er wirksam ist. Eltern vermögen ihr Verhalten zu ändern, Kinder können davon profitieren. Bei kaum einer anderen Therapieform wurde ein Erfolg so deutlich nachgewiesen. Sie beruht in großem Maße auf den Forschungen eines Mannes: Gerald Patterson.

Der 82-Jährige arbeitet wie Marion Forgatch am Oregon Social Learning Center und ist einer der meistzitierten Erziehungsforscher. Die Frage, mit der er sich seit Jahrzehnten beschäftigt: Was läuft in Familien ab, deren Kinder verhaltensauffällig sind?

Minutiöse Beobachtungen brachten die Antwort: Eltern von auffälligen Kindern sind ineffektiv, weil sie ungewollt genau das Verhalten fördern, das sie eigentlich zu verhindern suchen. Sie geben falsche Verhaltensanreize und unterwandern ihre eigenen guten Absichten.

Der Hauptfehler: Statt erwünschtes Kinderverhalten zu fördern, bemühen sie sich, unerwünschtes auszutreiben – durch Drohungen, Schimpfen, Schlagen. Das kann nicht funktionieren, weil Kinder so nicht lernen. Familien verstricken sich dabei in Zwangsverhalten. Ihre Mitglieder versuchen einander nicht durch Belohnung und Aufmerksamkeit zu beeinflussen, sondern durch Bestrafung und Demütigung. Kinder werden so regelrecht auf Aggression trainiert.

Die unheilvolle Dynamik beginnt mit unverdächtigen Momenten. Das Kind wünscht einen Keks. Die Mutter sagt „nein". Das Kind quengelt, die Mutter ignoriert es. Das Kind beginnt zu weinen, dann zu brüllen. Die Mutter bleibt hart. Das Kind wirft sich auf den Boden und steigert sich in einen Wutanfall.

Da gibt die Mutter nach und reicht den Keks, „damit endlich dieses ewige Geschrei aufhört". Sie hat durch ihr Verhalten die Aggression des Kindes zugleich angeheizt und belohnt. Das Kind lernt: Ich muss nur meine Aggression eskalieren, um zu bekommen, was ich will.

Zwei Stunden später. Das Kind weigert sich, sein Zimmer aufzuräumen. Erst predigt die Mutter, dann droht sie: „Ich zähle bis drei, und dann...!" Voller Wut macht sich das Kind an die Arbeit. Diesmal wird die Mutter für die Eskalation belohnt. Und das Kind lernt: Erst wenn die Mutter brüllt, meint sie es ernst.

Das Fatale am gegenseitigen Zwang: Er funktioniert. Das Kind räumt auf. Die Mutter reicht den Keks. Zwang ist erfolgreich, Aggression zahlt sich aus! Das macht sie für Eltern und Kinder gleichermaßen so verführerisch, jeder profitiert davon. Kurzfristig.

Dass Aggression für Kinder tatsächlich zum Erfolg führt, wies Patterson anhand von Interaktions-Analysen nach. Er wertete aus, wie oft Kinder ihre Eltern davon abbringen, sie weiter mit einem Anliegen zu „behelligen".

In kooperativen Familien erreichen sie es in rund 80 Prozent der Fälle – durch Gehorsam: Sie erledigen, was ihnen aufgetragen wird.

In Zwangs-Familien erzielen Kinder die gleiche Quote – aber durch Wutanfälle: Sie zwingen ihre Eltern zur Aufgabe. „Jedes Mal, wenn ich mit ihm streite, weiß mein Sohn, dass er gewonnen hat", sagt ein Vater.

Gehorsam und Aggression sind gleichsam alternative Strategien. Auf welche davon Kinder – unbewusst – zurückgreifen, hängt entscheidend vom Verhalten der Eltern ab. Für Patterson ist mangelnde Folgsamkeit der wichtigste Indikator dafür, ob in Familien etwas

Oft bestärken Sanktionen wie Drohen oder Schimpfen nur das unerwünschte Betragen der Sprösslinge

schiefläuft. „Gehorsam ist die Kernfähigkeit, die ein Kind erlernen muss. Folgt ein Zweijähriger nicht, hat das dramatische Auswirkungen: Er wird notwendiges Sozialverhalten erst sehr viel später erlernen."

ARRETIERTE ENTWICKLUNG heißt dieses Phänomen: Siebenjährige, die sich wie Kleinkinder benehmen. Beobachtungen in zwölf Kulturen, etwa in Kenia, Japan und

Wer erzieht eigentlich wen? Setzen Eltern keine klaren
Grenzen, eskalieren die Konflikte mit den Kindern

Besonders schwer fällt vielen Eltern: ruhig zu bleiben. Dabei lautet eine
Regel, dass nicht sie, sondern die Konsequenzen sprechen sollen

den USA, haben ergeben, dass Mütter und Väter überall auf einem ähnlich hohen Maß an Folgsamkeit bestehen: Je nach Alter müssen Kinder 70 bis 85 Prozent der elterlichen Anweisungen nachkommen.

Zwangsprozesse aber sabotieren den Gehorsam. Denn sie funktionieren nur vorübergehend, und langfristig wirken sie verheerend. Stetig mehr Aggression ist nötig, um sich durchzusetzen, die Familien tappen in die Eskalationsfalle. In manchen Haushalten kommt es alle fünf Minuten zum Streit, in Extremfällen sogar jede Minute.

Kinder, die in solchen Verhältnissen groß werden, haben bereits Zehntausende von Nahkämpfen hinter sich, ehe sie in den Kindergarten oder die Schule kommen – sie sind Veteranen der Familienfront.

Aber auch falsch eingesetztes Lob und wahllose Liebe können kindliches Zwangsverhalten fördern. Die Forscher fanden vielerlei Abstufungen der Fehlverstärkung und haben ein kleines Kompendium elterlicher Zwangs-Typen zusammengestellt:

• Da sind die „überschwänglichen Lober". Susanne Kaspar* gehört zu diesem Typus. Ihr dreijähriger Sohn Moritz hat seiner Schwester ein Kuchenstück geklaut. Die Mutter fährt dazwischen, will ihm das Stück entwinden; dann hat sie Bedenken, zu autoritär zu wirken, und lobt ihn rasch dafür, dass er den Kuchen so geschickt geklaut hat, dass dieser nicht einmal heruntergefallen ist. Moritz beißt herzhaft zu, er hat gelernt: Er muss nur raffiniert genug sein, dann kommt er mit vielem durch.

• Da sind die „gleichgültig Liebenden". Sie umarmen ihr Kind, sie streicheln es, sie lieben es über alles – auch wenn es sich völlig danebenbenimmt. Solche Eltern sind besonders überrascht, wenn ihr Kind aus dem Ruder läuft; doch die Schwelle für Aufsässigkeit liegt sogar besonders niedrig, weil die Eltern kaum Grenzen setzen. „Das Problem dabei ist nicht ein Übermaß an Liebe", kommentiert Gerald Patterson, „sondern die Verstärkung für unrichtiges Verhalten."

• Da sind die „Sphinx-Eltern". Aus Angst, ihr Kind zu verzärteln, loben oder belohnen sie es so selten wie möglich. Gisela Meinhardt* hat in einem Vertrag detailliert festgelegt, welche Aufgaben ihr „schwieriger" zehnjähriger Sohn im Haushalt erledigen muss. Erfüllt er alle Pflichten, verkneift sie sich jede Anerkennung, denn: „Regeln sind dazu da, eingehalten zu werden, dafür darf es keine Belohnung geben." Sie missachtet das oberste Gebot der Lerntheorie: Man lernt vor allem durch Belohnung, durch positive Verstärkung.

• Da sind die „Förderer der Hilflosigkeit". Sie treten oft im Team auf. Eva Kleine* macht alles für ihren siebenjährigen Sohn Luka. Er kann sich ohne ihre Hilfe morgens nicht anziehen – Luka hat sie durch etliche Wutanfälle erzogen, ihm alles abzunehmen. Die Mutter wiederum hat ihn durch ihr Entgegenkommen auf Hilflosigkeit trainiert. Der Vater rastet regelmäßig aus, allmorgendlich liegt der Familienfrieden in Scherben.

• Schließlich sind da noch die „eisernen Bestrafer". Sie glauben, Kinder würden nur durch Strafen lernen oder sogar durch Schmerz. Doch wer straft, wird selbst bestraft. Auszählungen von Familienkonflikten ergaben, dass Kinder auf jene Elternteile, die am häufigsten strafen, am häufigsten durch Verweigerung und Aggression reagieren. Mütter, die brüllen, haben Kinder, die das Gleiche tun. Väter, die demütigen, werden gedemütigt.

> **Mit positiver Verstärkung arbeiten Eltern nur selten. Dabei gilt das gleichsam als erzieherisches Zaubermittel**

In allen Familien herrscht eine strenge Form der Gegenseitigkeit. Daraus ergibt sich im Umkehrschluss eines der wesentlichen Prinzipien der Erziehung, vielleicht jedes menschlichen Zusammenlebens: Was man bekommen will, das muss man geben. Nach Pattersons Ansatz reduziert sich Erziehung so auf einen schmucklosen, nüchternen Kern. Er lautet: Effektive Erziehung ist der richtige Umgang mit Verhaltensverstärkungen.

Wer von Kindern ein bestimmtes Benehmen erwartet, muss es positiv bekräftigen durch Lob, Belohnungen, Aufmerksamkeit. Und unerwünschtes Betragen sollte so wenig wie möglich verstärkt werden – das ist der schwierige Part. Die üblichen elterlichen Sanktionen wie Drohen und Schimpfen sind riskant, weil auch sie bestärken und allzu leicht in den Zwang führen.

BEWUSSTHEIT, GEGENSEITIGKEIT, Konsequenz, positive Unterstützung – viele Eltern folgen intuitiv diesen Prinzipien. Doch auch in diesem Normalbereich mühen sich die meisten Mütter und Väter damit, die verschiedenen Erziehungsanteile auszubalancieren: Soll ich liebevoller oder strenger sein, das Kind eher führen oder es ausprobieren lassen, eng überwachen oder die lange Leine geben?

Forscher haben dieses Rätsel gelöst, indem sie Familien von Glückskindern beobachteten: Machen die Eltern, deren Kinder besonders zufrieden, schulisch erfolgreich und sozial akzeptiert sind, irgendetwas anders als jene, deren Kindern es weniger gut geht?

Diese Erziehungsstilforschung hat weltweit ungezählte Studien hervorgebracht, kaum ein anderes psychologisches Problem ist so intensiv durchleuchtet worden. Und alle Untersuchungen weisen in die gleiche Richtung: Eltern „prosozialer" Kinder unterscheiden sich von anderen nicht dadurch, dass sie liebevoller oder strenger oder motivierender sind. Sondern sie erziehen anders, weil sie all dies gleichzeitig sind: zugeneigter und strikter und fördernder.

Sie wirken als Maximalisten, sie verstehen es, die drei entscheidenden Dimensionen der Erziehung miteinander zu vereinen: Sie schenken viel Liebe; sie setzen klare

* Namen geändert; Red.

Regeln und bestehen konsequent auf deren Einhaltung; und sie fördern die Persönlichkeit, die Kreativität ihres Kindes.

MAN HAT DIESEN STIL „autoritativ" genannt. Er umfasst ein ganzes Bündel von Tugenden wie Warmherzigkeit, Aufmerksamkeit, Gespür für den jeweiligen Entwicklungsstand des Kindes, aber auch so praktische Dinge wie *monitoring* – also das Wissen darum, was ein Kind anstellt, wenn es nicht zu Hause ist, wie seine Freunde heißen, wo es nach der Schule spielt.

Autoritative Mütter und Väter sind keine Übereltern. Doch sie unterscheiden streng zwischen Verhalten und Persönlichkeit, nie beantworten sie schlechtes Benehmen mit Angriffen auf die Person: Sätze wie „Du Trottel, du Versager" gehören nicht in ihren Wortschatz. Zugleich verlangen sie von ihren Kindern ein hohes Maß an Kooperation und angemessenen sozialen Umgangsformen.

Es ist offenbar diese Mischung aus Anspruch und Anteilnahme, die autoritativ erzogene Kinder lebenstüchtiger macht. Sie verfügen meist über größeres Selbstbewusstsein, sind seltener depressiv, ängstlich oder aggressiv, sie absolvieren die Schule meist ohne Probleme und konsumieren weniger Drogen.

Der autoritative Stil ist auch in anderen Kulturkreisen wirksam. Ganz gleich, welche Werte damit vermittelt werden, egal, ob in China, Schottland, Pakistan, Australien oder Deutschland untersucht wird – die autoritative Erziehung erweist sich überall als überlegen. Offenbar ist sie keine westliche Erfindung, sondern eine Art universales Rezept, das die Lernfähigkeit von Kindern besonders gut unterstützt.

Das wird deutlich im Vergleich mit den anderen Erziehungsstrategien. Insgesamt unterscheiden die Forscher vier Stile:
- den autoritativen,
- den autoritären,
- den permissiven,
- den vernachlässigenden.

Jeder dieser Stile bewegt sich im breiten Normbereich, hat dennoch seine eigene Charakteristik – und erzeugt bei Kindern ein jeweils typisches Verhaltensprofil.

Autoritäre Eltern setzen klare Regeln und verlangen strikte Einhaltung, darin sind sie den autoritativen gleich. Doch zugleich gehen sie wenig auf die kindlichen Belange ein, erklären ihre Vorgaben selten, können sich kaum auf die Welt des Kindes einlassen. Ihr Wort ist Gesetz. Die Zöglinge haben meist keine Probleme in der Schule, auch von Drogen und Jugendgangs halten sie sich fern – aber ihr Selbstbewusstsein ist gering, sie trauen sich weniger zu und sind leichter zu erschüttern.

Permissiv, also erlaubend erzogene Kinder wirken wie das Spiegelbild dazu: Sie haben Probleme, Schuldisziplin zu üben oder sich von Drogen fernzuhalten, sie neigen zu emotionalen Ausbrüchen, weil ihre „Selbstregulation" gering ist; aber sie gehen mit kräftigem Ego in die Welt. Ihre Eltern haben ihnen selten Grenzen gesetzt, Konflikte meist vermieden, kaum Mitarbeit im Haushalt verlangt, aber immer begeistert die Unabhängigkeit ihrer Kinder gefördert.

Der vernachlässigende Stil erklärt sich von selbst: Ihn praktizieren Eltern, die sich weitgehend aus der Erziehung zurückgezogen haben, ihren Kindern wenig Führung, aber auch wenig Aufmerksamkeit schenken. Erziehung per Autopilot. Solche Minimalpflege schadet den Kindern weit mehr als zu viel Autorität oder zu viel Toleranz.

> »Wenn..., dann...«-Sätze sind wohl die beliebtesten im Kinderzimmer – und fast immer enden sie in Geschrei

Es gibt Hinweise – aber keine gesicherten Daten –, dass unter deutschen Dächern der permissive Stil besonders populär ist. Eltern hierzulande räumen ihren Kindern erhebliche Freiheiten ein und scheuen sich, klare Grenzen zu ziehen.

AUCH UNTER LEHRERN ist das Laisser-faire verbreitet. Bei einer detaillierten Befragung wusste knapp die Hälfte der Pädagogen nicht, wie sie reagieren sollte, wenn etwa ein Mädchen ein anderes auf dem Schulhof boxt. Die meisten entschieden sich fürs Räsonieren, also für langwierige Erklärungen, gepaart mit vagen Andeutungen möglicher Strafen (siehe auch das Interview Seite 142).

Das sind die modernen Erziehungsprobleme: Unsicherheit, Hilflosigkeit. Auf den Schulhöfen und in den Kinderzimmern.

Die autoritative Balance wäre die Antwort darauf, sie ist der Königsweg der Erziehung – darin sind sich Experten einig. Auch Triple P hat sich diesem Ziel verschrieben, die acht Hamburger Eltern streben ihn an. Die „Prinzipien des Positive Parenting Program sind so einfach, dass sie jeder Fünfjährige verstehen kann", sagt Professor Kurt Hahlweg von der TU Braunschweig, der deutsche Initiator des Programms.

Der erste Schritt jeder Erziehungsveränderung lautet: beobachten und zählen. Ganz konkret. Was tut mein Kind, welches (un)erwünschte Verhalten zeigt es – und wie oft? Es ist ein Wirklichkeitstest, der Eltern zu erfassen zwingt, was ihr Kind tatsächlich tut.

Der Aha-Effekt, der dabei üblicherweise eintritt, verrät, wie sehr ein ungeprüfter Eindruck täuschen kann. „Ich habe mich durch die Übung gefragt: Was ist eigentlich meine Beziehung zu meinem Kind?", erzählt eine Mutter. „Und festgestellt, dass es viel mehr schöne Momente zwischen uns gibt, als ich gedacht hatte."

Der zweite Schritt ist stets: Verhalten benennen, das die Kinder verändern sollen. Familienregeln aufstellen. Und wieder: sich konkret ausdrücken.

Nicht: Paul soll sich anständig benehmen. Sondern: Er soll aufhören, seine Schwester zu kneifen. Schon bei diesem Schritt verdampfen viele Probleme, entschärfen sich Konflikte. Ist das Verhalten wirklich so schlimm, dass ich es ändern möchte; und mit welcher Begründung?

Dazu gehört auch eine effektive Art, Kinder anzusprechen. Das geht so: auf Augenhöhe mit dem Kind, wofür man sich hinknien sollte; im Abstand von etwa einer Armeslänge, weil Kinder sich sonst nicht angesprochen fühlen; in klaren Worten und ganz ruhig.

Eltern, die diese scheinbar banale Technik erstmals versuchen, nachdem sie zuvor lange Zeit ihre Wünsche irgendwie in Richtung Kind adressiert hatten, berichten von regelrechten Erweckungserlebnissen. Eine Mutter schwärmt: „Es funktioniert sensationell! Und es ist so einfach. Warum bin ich nicht selbst darauf gekommen?"

Viele Mütter und Väter wundern sich, wo dann noch das Problem liege, wenn Erziehung sich auf so einfache Prinzipien reduzieren lässt.

Die Antwort: in der Praxis.

„Die neuen Erkenntnisse immer wieder umzusetzen, und zwar täglich in vielen unterschiedlichen Situationen, ohne in alte Routinen zurückzufallen – das ist das Schwierigste", sagt die Hamburger Triple-P-Trainerin Gabriele Steentjes.

Der dritte Schritt: das Kind loben, belohnen. Gewünschtes Verhalten fördern, nicht überschwänglich, aber konsequent.

Das ist erstaunlich schwer, wie der Triple-P-Initiator Kurt Hahlweg beobachtet hat: „Es ist überraschend, wie selten Eltern mit positiver Bestärkung arbeiten." Dabei gilt das gleichsam als erzieherisches Zaubermittel.

Gabriele Steentjes vermutet, dass vielen Müttern und Vätern die Vergangenheit im Weg steht: „Wir sind oft in strafender Atmosphäre aufgewachsen und daher gewohnt, alles über negative Äußerungen zu regulieren, durch Verbote und Maßregelungen."

Das Ziel von Triple P dagegen: Zwangsprozesse in Belohnungssysteme zu verwandeln. Manche Eltern müssen Zuspruch regelrecht üben. In einem Rollenspiel soll ein Vater seinem Sohn ein Lob zollen; er denkt einige Momente nach und bellt dann: „Schön, dass du endlich mal tust, was ich dir dauernd sage."

Da wird verständlich, weshalb zum Training auch konkrete Übungen für „beschreibendes Lob" gehören.

Besonders heikel ist dann der vierte Schritt: Strategien im Umgang mit Problemverhalten. Etwa der Vorschlag, auf Drohungen zu verzichten. „Wenn..., dann..."-Sätze sind vermutlich die häufigsten im Kinderzimmer: Strafverheißung als letzte Waffe.

Triple P empfiehlt stattdessen „logische Konsequenzen" – weil Kinder nicht durch Worte lernen.

Max will morgens nicht die Hose anziehen? Gut, dann geht er im Schlafanzug in den Kindergarten. Paula und Franziska streiten sich lauthals, welcher Videofilm laufen soll? Also bleibt der Fernsehapparat eine Viertelstunde lang aus. Nicht reden – handeln.

Der Vorteil für Eltern ist: Sie können ganz ruhig bleiben. Doch gerade das fällt vielen schwer: Nicht sie, sondern die Konsequenzen sprechen. Das erleben Eltern in Zeiten, in denen „Reden" als höchste Erziehungstugend gilt, als narzisstische Kränkung.

Noch umstrittener unter Triple-P-Kritikern sind nur „Stiller Stuhl" und „Auszeit". Sie bilden die äußersten Mittel der positiven Erziehung: Kinder, die sich partout nicht beruhigen, müssen je nach Alter für zwei bis zehn Minuten in eine Ruhezone, zum Abkühlen. Diese „Strafe" soll Brüllen und Schlagen ersetzen.

Aber viele Eltern empfinden sie nur als moderne Variante von „Ab in den Kohlenkeller!" Doch um die Auszeit haben die Forscher ein ganzes Kompendium von Empfehlungen gebaut, um sie auf ihren Kern zu fokussieren: die Vermeidung von Verstärkung, Reizarmut.

Getreu Gerald Pattersons Erkenntnis: Nur Nicht-Verstärken schwächt Verhalten. Es ist, ohne Zweifel, das schwierigste Element des Elterntrainings.

Die frühere Lehrerin Gabriele Steentjes war skeptisch, als sie vor einigen Jahren zum ersten Mal davon hörte. Bis sie die Technik in ihrer damaligen Grundschulklasse einführte. „Ich habe danach nur noch einmal brüllen müssen, ansonsten haben die Kinder den Stillen Stuhl problemlos akzeptiert." Diese Erfahrung hat Gabriele Steentjes derart überzeugt, dass sie sich zur Triple-P-Trainerin ausbilden ließ.

Rund 70 Prozent der Eltern verändern nach einem guten Training dauerhaft ihr Verhalten. Forscher halten die Wirksamkeit von Elternausbildung inzwischen für so hinreichend belegt, dass sie vorschlagen, in Zukunft solche Kurse bereits an Schulen anzubieten, spätestens aber werdenden Eltern während der Schwangerschaft. Das könnte langfristig Verhaltensstörungen, Kriminalität und Schulproblemen vorbeugen.

„Wir wissen nicht alles über Erziehung", sagt Gerald Patterson, „aber wir wissen genug, um Eltern und Kindern zu helfen – und damit der Gesellschaft."

Dr. Christoph Kucklick, 45, ist stellvertretender GEO-Chefredakteur.

MEMO | ERZIEHUNG

》》》 **IN DEUTSCHLAND** gelten rund 17 Prozent der Kinder als verhaltensauffällig.

》》》 **DIE MEISTEN KINDER** werden nach dem fünften Lebensjahr ruhiger.

》》》 **ES GIBT VIER ERZIEHUNGSSTILE:** den autoritativen, den autoritären, den permissiven und den vernachlässigenden.

》》》 **ZWANG UND AGGRESSION** sind zwar erfolgreiche Mittel – aber nur kurzfristig.

》》》 **FORSCHER** sind sich einig: der autoritative Erziehungsstil ist der effektivste.

Schule und Erziehung

»Nur in der Gemeinscha Tugenden des menschlic

Bernhard Bueb ist der bekannteste Kritiker des deutschen Erziehungswesens. Seine These: Kinder leiden vor allem unter fehlender Zuwendung von Erwachsenen und einem Mangel an Gemeinschaften. Sein Vorschlag: Ganztagsschulen und Erlebnispädagogik sollen ihnen zu mehr Selbstvertrauen verhelfen

GEOkompakt: Herr Bueb, Sie haben mehr als 30 Jahre Erfahrung als Lehrer. In Ihren Büchern ermutigen Sie Eltern dazu, ihre Kinder zur Disziplin zu erziehen. Waren Sie selbst ein aufmüpfiges Kind?
Bernhard Bueb: Nein, ich war ein sehr braves, aber auch sehr schüchternes Kind. Ich versuchte, es allen recht zu machen. Meine frühe Kindheit habe ich in Süd-Rhodesien verbracht, dem heutigen Simbabwe. Dort hatten die Briten meine Familie interniert. So bin ich quasi hinter Stacheldraht aufgewachsen. Aber in der Erinnerung war meine Kindheit wunderbar. Das lag daran, dass es unter den 2000 internierten Deutschen eine große Kindergemeinschaft gab.

Nach dem Zweiten Weltkrieg, 1947, zog meine Familie nach Stuttgart. Ich war damals neun Jahre alt. In Deutschland fand ich eine Großfamilie vor – mit Onkeln und Tanten, Vettern und Cousinen. Auch dort bin ich also in den Genuss eines Lebens in Gemeinschaft gekommen. Eine Erfahrung, die jedes Kind machen sollte.

Weshalb ist es für Kinder wichtig, innerhalb einer Gruppe aufzuwachsen?
Nur in der Gemeinschaft kann ein Kind die Tugenden des menschlichen Zusammenlebens erlernen, etwa Toleranz. Das kann ein Kind nicht durch Belehrung verinnerlichen. Es muss im Umgang mit Gleichaltrigen, der „Peergroup", selbst erleben, wie schwer es etwa ist, zu akzeptieren, dass andere Kinder die gleichen Rechte haben. Oder dass ein anderes Kind auch einmal im Spiel gewinnen darf. Diesen Gemeinsinn können junge Menschen nur in einer Gemeinschaft erfahren.

Kinder sind aber doch auch grausam zueinander. Wie kann man sie in einer solchen Gruppe davor bewahren?
Man darf Gemeinschaften von Kindern oder Jugendlichen niemals sich selbst überlassen. Das endet unausweichlich im Chaos. Kinder sollten stets unter der Aufsicht von Erwachsenen stehen. Das ist für mich eine ganz feste Regel. Natürlich werden Kinder auch in einer Gemeinschaft die Schattenseiten des Menschen kennenlernen. Ebenso wie die eigenen unschönen Gefühle, etwa Neid oder Eifersucht.

Und wie sollen sie mit solchen schmerzhaften Gefühlen zurechtkommen?
Auch das bedarf der klugen Leitung von Erwachsenen. Deren Aufgabe ist es, den Kindern zu zeigen, wie man mit solchen natürlichen Regungen fertig wird. Sie sollten einem Kind verständlich machen, wann und warum ein Gefühl wie Neid aufflammt. Nämlich dann, wenn ein Kind nicht an sich glaubt und immer denkt, andere hätten es besser.

Es muss daher lernen, sich selbst anzunehmen. Und das kann es am besten in einer von Erwachsenen betreuten Gemeinschaft. Nur wenn es sich selbst annimmt, kann es auch andere Menschen akzeptieren. Schon in der Bibel steht: „Liebe Deinen Nächsten wie Dich selbst." Psychologisch ist der Satz sehr klug.

In welchem Alter sollten Eltern ihren Nachwuchs mit außerfamiliären Gemeinschaften vertraut machen?
So früh wie möglich. Schon mit einem halben Jahr sollten Eltern ihre Sprösslinge in eine Kindertagesstätte einführen. Denn je früher Kinder anderen Kindern begegnen, mit ihnen spielen, essen und bei ihnen übernachten, desto früher erfahren sie zum Beispiel, dass nicht immer alles im Überfluss vorhanden ist. Dass man bestimmte Dinge teilen muss. Bereits ein Einjähriger ist in der Lage zu begreifen, dass ein anderes Kind das gleiche Recht auf ein Stück Schokolade hat.

Wie haben Sie Ihre Kindheit erlebt?
Ich hatte einen älteren Bruder, der sehr viel begabter war als ich. Er war zweifellos ein strahlendes Kind – ich dagegen war ziemlich mittelmäßig und unsicher. Er starb mit 13 Jahren. Da war ich elf.

Ich habe zwar keine Erinnerung daran, aber viele Menschen haben mir später erzählt, dass ich gelitten hätte unter die-

Dr. Bernhard Bueb, 70, war 30 Jahre lang Leiter des Internats Schule Schloss Salem. In seinen Büchern „Lob der Disziplin" und „Von der Pflicht zu führen" fordert er, dass Eltern und Lehrer bei der Erziehung wieder stärker auf Disziplin und Gehorsam setzen sollten. Seine Kritiker werfen ihm vor, er wolle die gesellschaftlichen Verhältnisse der 1950er Jahre wiederherstellen.

ft lernen Kinder die hen Zusammenlebens »

Kinder, so Bueb, brauchten Gleichaltrige, um soziale Verhaltensregeln zu erlernen. Ein Zeltlager etwa fördere Toleranz und Gemeinsinn

sem älteren Bruder, der so in der Sonne stand. Nach dem Tod meines Bruders wurde ich in die Rolle des Ältesten gehoben. Meinen Eltern ging es damals psychisch sehr schlecht. Dadurch wurde mir schon als junger Mensch eine außerordentlich große Verantwortung aufgeladen. In gewisser Weise hat mir das meine Jugendlichkeit genommen.

Und dennoch blieben Sie schüchtern?

Ja, sehr sogar. Ich hatte keinerlei Selbstwertgefühl, und ich mochte mich lange Zeit nicht. Das ist wirklich erstaunlich, da die ganze Geschichte meiner Kindheit dem widersprach. Aber ich hatte Schwierigkeiten, mich so anzunehmen, wie ich war. Ich fand mich zum Beispiel furchtbar hässlich, mochte

Neuseeländische Kinder beim Rugby. Fairplay lernen – so lautet in angelsächsischen Ländern das höchste Ziel des Sportunterrichts

mich nicht im Spiegel sehen. Daher ging ich ungern in Kaufhäuser mit diesen großen Spiegeln.

Waren Sie ein guter Schüler?

Ganz im Gegenteil. Ich war ein ständiger Schulversager. Als ich 1949 aufs Gymnasium kommen sollte, sagte meine Volksschullehrerin zu meinen Eltern, sie hätten einen sehr sympathischen Jungen, nur leider sei er ein wenig dumm. Sie riet ihnen davon ab, mich aufs Gymnasium zu schicken. Aber meine Eltern gehörten zum Bildungsbürgertum und glaubten natürlich, ihre Kinder seien klug.

Ich kam also aufs Gymnasium. Und blieb prompt in der fünften Klasse sitzen. Bis zur achten Klasse habe ich mich nur gequält. Ständig haben die Lehrer zu meinen Eltern gesagt: „Befreien Sie den Jungen doch von der Last. Nehmen Sie ihn vom Gymnasium."

Dann passierte etwas ganz Entscheidendes: In der achten Klasse kam eine neue junge Englischlehrerin an unsere Schule, Fräulein Kaiser. Sie war die erste unter meinen Lehrern, die mir zu verstehen gab: Du bist nicht dumm. Sie überbrachte mir diese Botschaft so glaubhaft, dass ich ihr vertraute.

Von dem Jahr an fasste ich Mut. Von da an glaubte ich an mich. Ich wurde zwar nie ein richtig guter Schüler. Aber ich habe eine vorzeigbare Gymnasialkarriere hingelegt.

Zum Glück also hatten sie eine verständnisvolle, warmherzige Lehrerin. Warum haben Sie dann das „Lob der Disziplin" geschrieben – und nicht das „Lob der Liebe"?

In der heutigen Zeit glauben wir, Liebe allein würde genügen. Viele Eltern denken, es reiche aus, einfach Vorbild zu sein und die Kinder zu lieben. Ich aber behaupte: Es ist ganz entscheidend, dass man Kindern etwas abverlangt, dass man sie herausfordert, dass man ihnen etwas zutraut. Diese Englischlehrerin hat mir dadurch Vertrauen geschenkt, dass sie mir Aufgaben zugetraut hat, als andere Lehrer das längst aufgegeben hatten.

Aber sie hat mir auch Disziplin abverlangt. Denn Disziplin ist ein Mittel, mit dem Eltern Kinder ausstatten sollen, damit sie Aufgaben lösen oder selbst gesetzte Ziele erreichen können. Dabei geht es um die Sekundärtugenden: Ordnungssinn, Pünktlichkeit, Fleiß, Anstrengungsbereitschaft. Und diese Disziplin lernen Kinder nur durch Gewöhnung.

Es ist vor allem die Fähigkeit, verzichten zu können, die einem zur zweiten Natur werden muss. Schauen Sie sich erfolgreiche Menschen an: Sie können verzichten. Sie ritualisieren ihr Leben. Das ist ganz selbstverständlich für sie.

Deshalb fordern Sie auch Rituale als ein zentrales Element in Gemeinschaften?

Ja, denn Rituale in Gemeinschaften sind enorm hilfreich. So sollten Kinder mit ihrer Familie möglichst immer um die gleiche Zeit die Mahlzeiten einnehmen. Das ordnet den Tag. Kinder schlafen durch Rituale auch besser ein: Wenn der Vater ihnen etwas vorliest, die Mutter singt oder mit ihnen betet. Ebenso helfen Rituale in der Schule. Schüler sollten etwa stets aufstehen und ruhig werden, wenn der Lehrer die Klasse betritt. Sie erfahren dadurch, wie nützlich es ist, seine Zeit rational einteilen zu können: den Tag, die Woche, das Jahr. Sie erfahren so den Nutzen von Disziplin.

Max Weber beschreibt Askese, Arbeit und rationale Lebensführung als die großen Sekundärtugenden, die unsere Wirtschaft und Gesellschaft voraussetzen. Diese Tugenden sollten Menschen schon ganz früh üben. Ein Kind sollte beispielsweise einsehen, dass es darauf verzichten muss, einen Erwachsenen ganz allein in Anspruch zu nehmen. In der Gemeinschaft kann es erfahren, dass es noch andere Kinder gibt, die ebenso einen Anspruch darauf haben.

Warum waren Sie als Kind so schüchtern: Fehlte Ihnen trotz der Gemeinschaft der Mut?

Mir fehlte es eher an Selbstbewusstsein, eine Herausforderung anzunehmen und Aufgaben lösen zu wollen. Ich weiß noch genau, wie ich vor den Hausaufgaben saß. Es war immer eine solche Überwindung für mich, weil ich mir nichts zutraute. Und da hat diese eine Englischlehrerin das Selbstvertrauen in mir geweckt. Sie hat sich Zeit für mich genommen und mir durch ihre Zuwendung das nötige Selbstvertrauen gegeben.

Das ist ohnehin das größte Geschenk, das Erzieher, ob Lehrer oder Eltern, ihren Kindern machen können: Zeit.

Nehmen sich denn die Eltern heutzutage nicht mehr Zeit als je zuvor?

Nein, ganz und gar nicht. Junge Menschen leiden unter zwei Defiziten: unter einem Mangel an Zuwendung von Erwachsenen – und unter einem Mangel an gestalteten Gemeinschaften. In Deutschland verbringen Väter mit ihren Kindern im Schnitt etwa 20 Minuten „hochwertige Zeit" am Tag. Damit meine ich Zeit, in der sie etwas mit ihren Kindern unternehmen. Gestaltete Zeit. Zeit in einer Gemeinschaft.

Kinder leben heute in Zufallsgemeinschaften oder sind den Medien ausgeliefert. Die Straßengemeinschaften gibt es nicht mehr, das Vereinswesen nimmt ab, die Jugendarbeit der Kirchen geht zurück: Zu viele Kinder verbringen ihre Zeit zum Beispiel vor dem TV-Gerät oder verlieren sich im Internet.

Es gibt schlicht zu wenige Erwachsene, die sich um Kinder kümmern. Selbst Lehrer haben heute nicht mehr genug Zeit für Kinder. Die unterrichten im Dreiviertelstundentakt. Fünf bis sechs Stunden am Vormittag. Dann verlassen sie die Schule. Für Kinder, die in Not sind und dringend mit einem Lehrer sprechen wollen, ist das fatal.

Ganz anders sieht das aus, wenn Lehrer auch nachmittags in die Schule kommen und sich mit den Kindern beschäftigen – mit ihnen Fußball spielen, Theater spielen, die Hausaufgaben beaufsichtigen. Daher plädiere ich für Ganztagsschulen. In unserem derzeitigen Schulsystem gibt es außerdem einen Mangel an Führung. Erzieher sollten endlich wieder den Mut zu Autorität haben.

Sind mit Autoritäten nicht auch Gefahren verbunden?

Nein, denn Autorität bedeutet nichts anderes als „rechtmäßig ausgeübte Macht". Insofern ist Autorität immer gut. Wenn Macht jedoch missbraucht wird, also nicht rechtmäßig ausgeübt wird, ist sie keine Autorität mehr. Schlechte Autorität ist keine Autorität. Vor Machtmissbrauch aber kann uns kein Gesetz bewahren. Kein Regularium kann dafür ausgeklügelt genug sein. Dagegen schützt einzig und allein der Charakter des Machtinhabers.

Und damit bin ich bei einem weiteren Manko unseres Schulsystems. Die Charakterbildung – die ja ganz zentral ist – wird völlig vernachlässigt. In angelsächsischen Ländern spielen Gemeinsinn und Charakter eine viel größere Rolle. Das Spiel, der Sport, die Gemeinschaft stehen dort weit mehr im Zentrum. Das höchste Ziel heißt: Fairplay lernen.

Ein Argument für Ganztagsschulen?

Ja. Nachmittags können die Kinder dort unter der Führung von Lehrern Sport treiben, Exkursionen in die Natur unternehmen, Theater spielen. Und durch Mitverantwortung Selbstvertrauen gewinnen. Schülermitverantwortung also als spielerische Einübung von Politik, wo sie Zivilcourage und Mut lernen.

Kinder sollten es als Privileg empfinden, zur Schule zu gehen. In Salem nehmen wir jeden Morgen Urinproben von zufällig ausgewählten Schülern: Wer Drogen genommen hat, muss die Schule sofort verlassen – und *das* empfinden die Schüler als Strafe.

Das mag ja in Salem wirken. Denn Kinder fassen es als Privileg auf, auf eine solche Eliteschule zu gehen. An staatlichen Hauptschulen sieht das ganz anders aus.

»Charakterbildung wird in unseren Schulen völlig vernachlässigt«

In einer Hauptschule darf man eine solche Strafe natürlich nicht androhen. Hauptschüler zu sein – das sehen viele Kinder heute als ein Scheitern an. Die Ursache dafür liegt darin, dass an Hauptschulen allzu oft das erste und oberste Ziel von Bildung und Erziehung verfehlt wird: das Selbstwertgefühl zu stärken.

Ein Hauptschüler steht morgens auf und sagt sich: „Ich werde heute wieder scheitern." Dann wird er sich den Tag über anstrengen, der Umwelt zu beweisen, dass er scheitert. Er glaubt nicht an

Lehrer sollten mehr als nur Wissensvermittler sein, fordert Bueb. Nur in Ganztagsschulen (hier in Berlin) hätten sie Zeit für gemeinsame Spiele mit ihren Schülern

sich. Er fühlt sich ungeliebt. Er fühlt sich abgeschoben in eine Schulart, die er wie ein Kainsmal auf der Stirn trägt. Und er weiß, dass bis zu 90 Prozent seines Jahrgangs keinen Ausbildungsplatz bekommen werden. Er wächst also ohne Zukunft auf.

So sieht ja auch die Realität aus.

Das muss aber nicht so sein. Ich gebe Ihnen ein Beispiel: Die Hauptschule Innenstadt in Tübingen ist eine wunderbare Schule, deren Erfolg sich unter anderem darin zeigt, dass 75 Prozent ihrer Absolventen entweder einen Ausbildungsplatz bekommen oder einen höheren Abschluss anstreben.

Warum wirken die Schüler so überzeugend auf die Firmen? Erstens ist die Schule eine Ganztagsschule. Und zweitens haben die Lehrer den Mut gehabt, der Erlebnispädagogik den Vorrang vor der akademischen Bildung einzuräumen. Da wird Zirkus gemacht, Theater gespielt, Sport getrieben, schöpferische Medienarbeit gemacht.

Die Lehrer haben es dadurch geschafft, Schülern ein solches Selbstwertgefühl zu vermitteln, dass sie viel eher eingestellt werden. Die Firmen wissen zwar, dass die nicht gut rechnen, schreiben und lesen können – aber sie sind sich sicher, dass sie an sich glauben und das nachholen.

Ist es also wichtiger, an sich zu glauben, als Kulturtechniken zu beherrschen?

Das ist ja das große Missverständnis unserer Halbtagsschulen, unserer Belehrungsschulen: dass sie immer nur an die akademischen Kenntnisse denken, aber nicht an die Bildung der Persönlichkeit.

Um Schüler zur Arbeit zu motivieren, ihnen Selbstwertgefühl zu geben, muss es aber kompetente, charismatische und einfühlsame Lehrer geben. Wo sollen die herkommen?

Das ist tatsächlich ein großes Problem. Es gibt Untersuchungen darüber, weshalb junge Menschen Lehrer werden – mit erschreckenden Ergebnissen: Viele wenden sich aus den falschen Motiven der Pädagogik zu. Etwa, weil sie gerade nichts Besseres finden. Oder weil sie verbeamtet werden wollen.

Aber eben nicht, weil sie Kinder erziehen und bilden wollen.

Da sollte man ansetzen: Man könnte etwa vor oder zu Beginn der Ausbildung Praxisphasen einlegen, bei denen die jungen Menschen Gelegenheit haben, zu prüfen, ob sie für den Beruf geeignet sind. Natürlich erreicht man auch damit nicht, dass ausschließlich Charismatiker Lehrer werden. Es wird immer mittelmäßige Pädagogen geben. Aber auch diese „ordentlichen" Lehrer könnten bereits in der Ausbildung lernen, dass das Ziel von Bildung sein muss, Kinder und Jugendliche in ihrem Selbstwertgefühl zu stärken. Das Kind muss im Mittelpunkt stehen, nicht das Fach.

Es gibt einen wahren Spruch der Reformpädagogik: „Die meisten Lehrer unterrichten Fächer – und nicht Kinder."

Sie würden also die pädagogische Ausbildung verändern.

Die Lehrerausbildung dauert zu lang und sollte sich nicht auf fachliche Ausbildung beschränken. Die Fortbildung im Beruf sollte Verhaltenstrainings und Coachings einschließen.

Und: Schulleiter müssen anordnen dürfen, dass ein Lehrer, der ihnen negativ aufgefallen ist, ein Verhaltenstraining absolviert oder sich einem Coaching unterzieht.

Das heißt, Lehrer sollten strenger kontrolliert werden?

Auch Lehrer brauchen Führung. Sie brauchen einen Schulleiter, der mit ihnen Ziele vereinbart und ihnen einen Spiegel vorhält, damit sie feststellen können, ob sie die Ziele erreichen. Ja, das nennt man Kontrolle.

Der Erfolg einer solchen Kontrolle lässt sich etwa am Friedrich-Schiller-

»Einmal im Jahr sollten die Schüler auch die Lehrer bewerten«

Gymnasium in Marbach beobachten, einem der größten deutschen Gymnasien. Der Direktor, Günter Offermann, hat sämtliche Verwaltungsaufgaben abgegeben und kümmert sich nur noch um die Lehrer. Er bespricht mit ihnen immer wieder, inwieweit sie in ihrem Unterricht das Motto erfüllen, das er über die Schule geschrieben hat: „Jeder kommt ans Ziel."

Er geht ständig durch die Schule. Jeder an dem Gymnasium weiß, dass er auch unvermutet auftauchen kann. Er vereinbart mit den Lehrern Ziele und kontrolliert dann auch, ob sie erreicht werden. Diese Schule hat einen messbaren Erfolg: Nur 0,5 Prozent der Schüler werden im Schnitt nicht versetzt. In Baden-Württemberg liegt der Schnitt dagegen viermal höher.

Durch diese Kontrolle wird aber die Autonomie der Lehrer eingeschränkt.

Die Autonomie ist ein großes Geschenk an die Lehrer. Und sie ist deren größte Gefahr. Denn sie führt zur Vereinzelung. Und zu der Überzeugung, dass man alles selber meistern muss.

Fast kein Lehrer wird zu einem anderen gehen und sagen: „Ich brauche Hilfe." Schon gar nicht zum Schulleiter. Vielleicht mal zu einem Kollegen, zu dem er ein ganz besonders gutes Verhältnis hat. Aber er wird nie im Lehrerzimmer sagen: „Bei mir ist da was schiefgegangen."

Haben Sie als Lehrer je eine Situation erlebt, in der Sie nicht weiterwussten?

Ja, in meiner Anfangszeit an der Odenwaldschule. Ich fühlte mich als großer Pädagoge von der Universität Bielefeld, wo ich mit dem berühmten Reformpädagogen Hartmut von Hentig gearbeitet hatte, und unterrichtete nun eine achte und neunte Klasse. Nach kurzer Zeit brach Chaos aus. Ich hatte eben keine Ahnung von Kindern und Jugendlichen; ich machte mir auch keine Gedanken über die Ziele meines Unterrichts. Ich dachte, die sollen einen bestimmten Stoff lernen.

Dann ging ich in meiner Verzweiflung zur Schulpsychologin. Die erkannte, dass ich Angst vor den Kindern hatte und dass ich keine klaren Ziele verfolgte. Das hat mir unglaublich geholfen.

Es wurde natürlich nicht gleich besser. Aber immerhin bin ich mutiger in die Klasse gegangen und habe immer wieder die Klassenlehrerin gebeten, sich mit in den Unterricht zu setzen. Dann hatte ich erstens mehr Ruhe und zweitens ein Feedback. Die Klassenlehrerin beobachtete genau, wie ich meinen Unterricht gestaltete und ob ich Fehler machte.

Sollte ein Direktor auch das Recht haben, Lehrer zu entlassen, die ihre Ziele nicht erreichen?

Unbedingt. Wenn ein Training auf die Dauer nichts taugt und ein Lehrer sich entweder verweigert oder sich nicht ändert, dann sollte er kündbar sein. So ist es in einer Firma ja auch. Wenn Sie den Schulleiter einer guten Schule fragen, wird er Ihnen genau das Gleiche sagen. Doch in Deutschland können Sie das nicht auf die normale Tour machen. Einem Schulleiter bleibt nichts anderes, als schlechte Lehrer aus der Schule herauszuekeln. Sie gestalten zum Beispiel einen unerträglichen Stundenplan. Sie grüßen den Betroffenen nicht mehr. Bis er oder sie aufgibt und geht.

Das nennt man gemeinhin Mobbing.

Richtig. Aber Sie haben keine andere Chance. Sie können an einer staatlichen Schule in Deutschland einen Lehrer nicht entlassen, weil er schlechten Unterricht gibt oder Kinder ungerecht behandelt.

Zudem fehlt dem Schulleiter das Kontrollinstrument, um wirklich beurteilen zu können, ob Lehrer guten oder schlechten Unterricht erteilen. Das Wissen, das ein Schulleiter über den Unterricht der Lehrer hat, stammt von dem Gerede der Schüler, meistens gefiltert

---

ANZEIGE

Konzentrierter.
Belastbarer.
Ausgeglichener.

Die täglichen Aufgaben im Beruf und privat stellen mit den Jahren wachsende Anforderungen an die Konzentration und Gehirnleistung. Bei nachlassender mentaler Leistungsfähigkeit kommt es darauf an, die Kraftwerke der Gehirnzellen zu aktivieren. **Tebonin®** aktiviert die Energieproduktion in den Gehirnzellen. Für mehr Gehirnleistung und mehr Konzentration bei nachlassender mentaler Leistungsfähigkeit.

Tebonin®
Mehr Energie für das Gehirn.
* Bei nachlassender mentaler Leistungsfähigkeit.

Tebonin® stärkt Gedächtnisleistung und Konzentration.*

Ginkgo-Spezialextrakt EGb 761®

- Pflanzlicher Wirkstoff
- Gut verträglich

Mit der Natur. Für die Menschen.

www.tebonin.de

Tebonin® konzent 240 mg 240 mg/Filmtablette. Für Erwachsene ab 18 Jahren. Wirkstoff: Ginkgo-biloba-Blätter-Trockenextrakt. Anwendungsgebiete: Zur Behandlung von Beschwerden bei hirnorganisch bedingten mentalen Leistungsstörungen im Rahmen eines therapeutischen Gesamtkonzeptes bei Abnahme erworbener mentaler Fähigkeit (demenzielles Syndrom) mit den Hauptbeschwerden: Rückgang der Gedächtnisleistung, Merkfähigkeit, Konzentration und emotionalen Ausgeglichenheit, Schwindelgefühle, Ohrensausen. Bevor die Behandlung mit Ginkgo-Extrakt begonnen wird, sollte geklärt werden, ob die Krankheitsbeschwerden nicht auf einer spezifisch zu behandelnden Grunderkrankung beruhen. Zu Risiken und Nebenwirkungen lesen Sie die Packungsbeilage und fragen Sie Ihren Arzt oder Apotheker. Dr. Willmar Schwabe Arzneimittel, Karlsruhe. Stand: November 2008 T/11/08/1

Das erste und oberste Ziel von Bildung und Erziehung sei es, so Bueb, das Selbstwertgefühl von Kindern zu stärken

durch die Eltern: Das sind zu 80 Prozent Beschwerden, gewichtet nach Sympathie und Antipathie. Das aber ist die ungerechteste Art von Urteil, die man sich überhaupt vorstellen kann.

Was also schlagen Sie vor?

Jeder Schüler sollte einmal im Jahr einen Fragebogen ausfüllen, in dem die Qualität des Unterrichts jedes einzelnen Lehrers abgefragt wird. Den Bogen unterschreibt der Schüler mit seinem vollen Namen und gibt ihn beim Schulleiter ab. Der wiederum hat die Pflicht, auf der Grundlage solcher Fragebögen einmal im Jahr ein Gespräch mit jedem Lehrer zu führen. Dabei kann er ihn loben, oder er kritisiert ihn und bietet ihm Hilfe an. Beides sind Formen der Anerkennung und Wertschätzung, woran es Lehrern so sehr mangelt.

Engere Führung bedeutet immer auch: mehr Regeln, mehr Kontrolle, mehr Ordnung. Sowohl für Lehrer als auch für Schüler. Aber ist es für Kinder nicht wichtig, ein wenig Chaos in die Ordnung bringen zu dürfen?

Ich würde sogar noch weitergehen: Ich habe mir immer Sorgen gemacht, wenn Jugendliche nie aufmüpfig waren, nie widersprochen oder nie gewagt haben, Grenzen zu überschreiten. Ihre Aggressionen wenden sich dann nach innen, die Folge können Depressionen sein. Wenn ein ganz Braver in Salem mal nachts aus dem Fenster gestiegen ist oder andere Regeln gebrochen hat, haben wir ihn zwar bestraft, aber gleichzeitig auch gedacht: „Gott sei Dank ist es endlich passiert." Denn das „Ausbrechen" gehört ja zur Persönlichkeitsentwicklung.

Stichwort „Strafe": Ist es für einen Jugendlichen oder ein Kind nicht sehr schwer, sich aufzulehnen, wenn es dafür prompt bestraft wird?

Dass wir uns darüber freuen, wenn ein ansonsten braver Heranwachsender endlich einmal bestimmte Regeln übertritt, bedeutet ja nicht, dass wir sie deshalb für alle abschaffen. Strafe heißt doch, ein Übel anzudrohen für eine Regelübertretung. Die Erwachsenen leben ganz selbstverständlich mit Strafen. Seit in unserem nächsten Dorf ein Blitzlichtgerät steht und ich zweimal gezahlt habe, fahre ich bereits am Ortseingang mit 50 Stundenkilometern.

Oder Steuern: Menschen zahlen nur Steuern, weil sie Furcht vor Strafe haben. Furcht ist in unserem Leben etwas Positives. Sie ist immer konkret, auf einen Gegenstand bezogen. Im Gegensatz zu Angst, die kein Objekt hat und dadurch lähmt.

Furcht schützt uns vor Gefahren. Ich fürchte mich, überfahren zu werden: Deswegen gehe ich bei Rot nicht über die Ampel. Oder ich fürchte, angesteckt zu werden: Deswegen wasche ich mir die Hände vor dem Essen.

Wie sollte denn eine Strafe ausfallen?

Es gibt fünf Bedingungen, die eine gerechte Strafe auszeichnen.

Erstens: Sie muss vorher bekannt sein. Zum Beispiel: Wenn du unerlaubt fernsiehst, wird die Kiste drei Tage ausgeschaltet.

Zweitens: Sie muss angemessen sein. Das TV-Gerät sollte also nicht drei Monate ausgeschaltet werden.

»Ein junger Mensch muss erfahren, dass er wertvoll ist«

Drittens: Sie muss sofort erfolgen.

Viertens: Das Delikt muss, wenn die Strafe abgedient ist, vergessen werden.

Fünftens: Jede Strafe muss mit einem Hilfsangebot verbunden sein. Das Kind muss das, was es falsch gemacht hat, wieder gutmachen können.

Wenn Sie nach solchen Grundsätzen strafen, gehen Kinder damit sehr viel sportlicher und selbstverständlicher um als mit der Alternative: dem Liebesentzug. Dann bleibt ihnen ja nichts anderes, als sich schmollend zurückzuziehen.

Sie sehen in Strafen einen Liebesbeweis der Eltern an ihre Kinder?

In gewisser Weise schon. Aber natürlich sollten Strafen immer nur das letzte Mittel sein, sie erleichtern es Kindern und Erwachsenen, moralisch zu handeln.

Doch zum wichtigsten Ziel von Erziehung, nämlich Kindern zu Selbstvertrauen zu verhelfen, tragen sie wenig bei. Wissen Sie, ein berühmter antiker Satz heißt: „Werde der, der du bist." Du musst lernen, dich zu akzeptieren, mit deinen Licht- und Schattenseiten. Um diese Erfahrung machen zu können, brauche ich Gemeinschaften und Erwachsene, die an mich glauben.

Ein junger Mensch muss erfahren, dass er wertvoll ist. Er braucht Eltern, die ihn lieben. Er braucht Lehrer, die an ihn glauben. Gleichaltrige, die ihn schätzen. Dann wird er „Ja" zu sich sagen können.

Und das ist auch der einzige Weg, der einen Menschen unabhängig macht von Neid. Die meiste Bosheit in der Welt ist eine Folge mangelnden Selbstwertgefühls. Die Hitlers und Stalins, die jungen Amokläufer, waren alle Menschen ohne jedes Selbstwertgefühl. Die haben all die furchtbaren Taten begangen, weil sie glaubten, dass sie nichts wert sind.

Auch die Notengebung sollte dazu dienen, das Selbstvertrauen zu stärken. Sie sollte immer auch eine Messung des Lernfortschritts sein. Ein Kind, das in Französisch von einer Fünf auf eine Drei aufsteigt, hat ja wesentlich mehr geleistet als ein zweites, das seine Eins gehalten hat. Der Lehrer müsste also dem ersten Kind seine unglaubliche Leistung durch eine gute Note honorieren.

Lehrer sollten sich vornehmen, durch Bildung Kinder individuell zu stärken. Schulen könnten dann zu Einrichtungen werden, in denen junge Menschen das Glück erfahren, an sich glauben zu lernen. Dann wäre die Welt eine bessere. □

Interview: Rainer Harf, Johannes Kückens, Cay Rademacher, Michael Schaper und Jens Schröder.

Literatur: Dr. Bernhard Bueb, „Lob der Disziplin" und „Von der Pflicht zu führen", beide Ullstein.

GEOkompakt

Gruner + Jahr AG & Co KG, Druck- und Verlagshaus, Am Baumwall 11, 20459 Hamburg. Postanschrift für Verlag und Redaktion: 20444 Hamburg, Telefon 040 / 37 03-0, Telefax 040 / 37 03 56 47, Telex 21 95 20. Internet: www.GEOkompakt.de

HERAUSGEBER
Peter-Matthias Gaede
CHEFREDAKTEUR
Michael Schaper
GESCHÄFTSFÜHRENDE REDAKTEURE
Martin Meister, Claus Peter Simon
TEXTREDAKTION
Rainer Harf (Heftkonzept),
Jörn Auf dem Kampe, Dr. Henning Engeln
ART DIRECTOR
Torsten Laaker
BILDREDAKTION
Freie Mitarbeit: Lars Lindemann, Katrin Kaldenberg
VERIFIKATION
Susanne Gilges, Bettina Süssemilch
TEXT-MITARBEIT
Dr. Christoph Kucklick, Susanne Gilges
Freie Mitarbeit: Dr. Bernhard Bueb, Ute Eberle, Hauke Friederichs, Prof. Dr. Gerald Hüther, Ute Kehse, Katharina Kramer, Johannes Kückens, Martin Paetsch, Alexandra Rigos, Jochen Steiner, Bertram Weiß, Sebastian Witte
ILLUSTRATION
Freie Mitarbeit: Jochen Stuhrmann, Tim Wehrmann
CHEFS VOM DIENST
Dirk Krömer
Rainer Droste (Technik)
SCHLUSSREDAKTION
Ralf Schulte;
Assistenz: Hannelore Koehl
REDAKTIONSASSISTENZ: Ursula Arens
HONORARE: Angelika Györffy
BILDADMINISTRATION UND -TECHNIK: Stefan Bruhn
BILDARCHIV: Bettina Behrens, Gudrun Lüdemann, Peter Müller
REDAKTIONSBÜRO NEW YORK: Nadja Masri (Leitung), Tina Ahrens, Christof Kalt (Redaktionsassistenz); 535 Fifth Avenue, 29th floor, New York, NY 10017, Tel. 001-646-884-7120, Fax 001-646-884-7111, E-Mail: geo@geo-ny.com
Verantwortlich für den redaktionellen Inhalt:
Michael Schaper
VERLAGSLEITUNG: Dr. Gerd Brüne, Thomas Lindner
ANZEIGENLEITUNG: Lars Niemann
VERTRIEBSLEITUNG: Ulrike Klemmer, DPV Deutscher Pressevertrieb
MARKETING: Julia Duden (Ltg.), Anja Stalp
HERSTELLUNG: Oliver Fehling

ANZEIGENABTEILUNG: Anzeigenverkauf: Ute Wangermann, Tel. 040 / 37 03 29 32, Fax: 040 / 37 03 57 73; Anzeigendisposition: Carola Kitschmann, Tel. 040 / 37 03 23 93, Fax: 040 / 37 03 56 04

Es gilt die Anzeigenpreisliste Nr. 4/2008

Der Export der Zeitschrift GEOkompakt und deren Vertrieb im Ausland sind nur mit Genehmigung des Verlages statthaft. GEOkompakt darf nur mit Genehmigung des Verlages in Lesezirkeln geführt werden.

Bankverbindung: Deutsche Bank AG Hamburg,
Konto 0322800, BLZ 200 700 00
Heft-Preis: 8,00 Euro · ISBN 978-3-570-19787-5

© 2008 Gruner + Jahr Hamburg
ISSN 1614-6913

Litho: 4mat Media, Hamburg
Druck: Mohn Media Mohndruck GmbH, Gütersloh
Printed in Germany

GEO-LESERSERVICE

FRAGEN AN DIE REDAKTION
Telefon: 040 / 37 03 20 73, Telefax: 040 / 37 03 56 48
E-Mail: briefe@geo.de

ABONNEMENT- UND EINZELHEFTBESTELLUNG

ABONNEMENT DEUTSCHLAND — Jahres-Abonnement: 29 €
BESTELLUNGEN:
DPV Deutscher Pressevertrieb
GEO-Kundenservice
20080 Hamburg
Telefon: 01805/ 861 80 00*

KUNDENSERVICE ALLGEMEIN: (pers. erreichb.)
Mo-Fr 7.30 bis 20.00 Uhr
Sa 9.00 bis 14.00 Uhr
Telefon: 01805/ 861 80 00*
Telefax: 01805/ 861 80 02*
E-Mail: geo-service@guj.de

24-Std.-Online-Kundenservice: www.MeinAbo.de/service

ABONNEMENT ÖSTERREICH
GEO-Kundenservice
Postfach 5, 6960 Wolfurt
Telefon: 0820 / 00 10 85
Telefax: 0820 / 00 10 86
E-Mail: geo@abo-service.at

ABONNEMENT SCHWEIZ
GEO-Kundenservice
Postfach, 6002 Luzern
Telefon: 041/ 329 22 20
Telefax: 041/ 329 22 04
E-Mail: geo@leserservice.ch

ABONNEMENT ÜBRIGES AUSLAND
GEO-Kundenservice, Postfach, CH-6002 Luzern;
Telefon: 0041-41 / 329 22 20, Telefax: 0041-41 / 329 22 04
E-Mail: geo@leserservice.ch

BESTELLADRESSE FÜR GEO-BÜCHER, GEO-KALENDER, SCHUBER ETC.

DEUTSCHLAND
GEO-Versand-Service
Werner-Haas-Straße 5
74172 Neckarsulm
Telefon: 01805/ 06 20 00*
Telefax: 01805/ 08 20 00*
E-Mail: service@guj.com

SCHWEIZ
GEO-Versand-Service 50/001
Postfach 1002
CH-1240 Genf 42

ÖSTERREICH
GEO-Versand-Service 50/001
Postfach 5000
A-1150 Wien

BESTELLUNGEN PER TELEFON UND FAX FÜR ALLE LÄNDER
Telefon: 0049-1805/ 06 20 00, Telefax: 0049-1805/ 08 20 00
E-Mail: service@guj.com

*14 Cent / Min. aus dem deutschen Festnetz, Mobilfunkpreise können abweichen

BILDNACHWEIS/COPYRIGHT-VERMERKE

Anordnung im Layout: l. = links, r. = rechts, o. = oben, m. = Mitte, u = unten

Titel: Jean Bernard Adoue/zefa/Corbis
Editorial: Werner Bartsch für GEOkompakt: 3 o.; Lars Lindemann: 3 u.l. + r.
Inhalt: Horst A. Friedrichs/Ag. Anzenberger: 4 o.; Tim Wehrmann für GEOkompakt: 4 m.l.; Shobha/Contrasto/laif: 4 m.r.; Olivier Culmann/Tendance Floue/Ag. Focus: 4 u.l.; Christian Liewig/dpa: 4 u.r.; David Maupilé: 5 o.; J.H. Darchinger: 5 m.; Julie Blackmon: 5 u.
Stationen der Kindheit: Jochen Stuhrmann für GEOkompakt: 6/7
Das Wunder der frühen Jahre: Erickson/Plainpicture: 8/9 + 20/21; Arnaud Bizalion: 10/11; EveArnold/Magnum/Agentur Focus: 11 o.; Corinne Malet/Getty Images: 11 u.; Joseph McNally/Getty Images: 12/13; Rosanne Oslen/Getty Images: 13 o.; Yumiko Kinoshita/Anyone/Getty Images: 13 u.; J.C. Moschetti/REA/Laif: 14/15; Julie Blackmon 14 o. + 16 u.; Marthanna Yater: 14 u.; Barbara Peacock/Getty Images: 16 o.; Curtis Johnson/Getty Images: 16/17; Andreas Reeg: 18/19; Anne Rearick/Vu/Laif: 19 o.; (Re)view/Mauritius Images: 19 u.; Hugues De Wurstemberger/Vu/Laif: 20 o. + u.; David Stewart: 22/23; Lillian Bartsam: 23 o.; C. Doury/Vu/Laif: 23 u.
Die Welt des Ungeborenen: Tim Wehrmann für GEOkompakt: 24–31
Aufbruch ins Leben: Horst A. Friedrichs/Ag. Anzenberger: 32/33; Ferdinando Scianna/Magnum/Ag. Focus: 34 o., 34/35 u., 37 u.; Eve Arnold/Magnum/Ag. Focus: 35; Nikos Economopoulos/ Magnum/ Ag. Focus: 37 o.;
Das Jahr eins: Michael Hagedorn: 41 u., 42, +45; Michael Hagedorn/Corbis: 40 o. + u., 41 o., 43, 44, +46; Eva Haeberle/Laif: 47
Die Evolution des Stillens: Vladimir Godnik/bilderlounge/Corbis: 51; Flip Nicklin/Minden Pictures/Picture Press: 52 o.; Interfoto: 52 u.
Wie der Mensch auf die Beine kommt: Getty Images: 56/57; Metzler, V.; Preukschat, E.; Eibl, A.; Brüggemann, G.-P. (2007). Bewegungsanalyse unterschiedlicher Lokomotionen bei gesunden Kindern zw. 18 Monaten bis 12 Jahren: 58; Phototake/Mauritius Images: 59 l.; Photo Researchers/Mauritius Images: 59 r.; Berthold Steinhilber für GEOkompakt: 60
Das stärkste Band im Leben: SHOBHA/Contrasto/Laif: 62/63, 65 + 66; Roy Gumpel/Riser/Getty Images: 69
Die Entdeckung des Wortes: Erik Isakson/Getty Images: 72; Penny Gentieu/Jupiterimages: 73; Bettmann/Corbis: 74; Image Source/Getty Images: 75; Sean Justice/Getty Images: 77
Vom Sinn des Sinnlosen: Andreas Reeg: 80–87
Die Entdeckung der Kindheit: Erich-Lessing/akg-image: 88; akg-images: 89
Von der Liebe unter Rivalen: David Maupilé für GEOkompakt: 90–103
Im Sog der virtuellen Welten: Ronald Frommann/Laif: 106 o.; Olivier Culmann/Tendance Floue/Ag. Focus: 106–111
Das vergessene Geschlecht: J.H. Darchinger: 114/115, 116 u., 118/119+126; Eugen Sauter: 116 o., 117, 121, 123; Eugen Sauter/LMZ: 120, 124/125
»Ich möchte nicht zurück zu Mama«: The George Sim Johnsten Archives of The New York Society for the Prevention of Cruelty to Children: 128; Lewis W. Hine/akg-images: 129 o.; Ullstein-Bild: 129 u.
Der schwierige Balanceakt: Julie Blackmon: 130–138
»Nur in der Gemeinschaft lernen Kinder die Tugenden des menschlichen Zusammenlebens«: Christian Irrgang/A. Focus: 143; Christian Liewig/dpa/picture-alliance: 144; Ronald Frommann/Laif: 146; Ryan McVay/Getty Images: 148; G. Gluecklich/Laif: 150
Was Eltern wissen sollten: Superbild: 150 o., 153 u.; Gusto-images/SPL/Ag. Focus: 150 u.; Jan-Peter Kasper/dpa/Picture-Alliance: 151 o.; Andreas Reeg: 151 u.; Photo New Zealand/Mauritius Images: 152 o.; Martin/Le Figaro Magazine/Laif: 152 u.; Claude Corties/okapia/Picture-Alliance: 153 o.
Vorschau: KPA/Topfoto/Picture-Alliance: 154; Eye of Science/Ag. Focus: 155 o.l.; Intellectual Ventures: 155 o.r.; Bridgeman Art/Getty Images: 155 m.; Time&Life Pictures/Getty Images: 155 u.

Für unverlangt eingesandte Manuskripte und Fotos übernehmen Verlag und Redaktion keine Haftung.

© GEO 2008, Verlag Gruner + Jahr, Hamburg, für sämtliche Beiträge

Einem Teil dieser Auflage liegen folgende Beilagen bei: Plan International und Gruner + Jahr AG & Co KG, Hamburg

Gesundheit und Entwicklung

Was Eltern wissen sollten

Woran können Mütter und Väter erkennen, ob sich ihr Kind normal entwickelt? Welche Vorsorgeuntersuchungen sind ratsam? Auf welche Maßnahmen können sie verzichten? Antworten auf acht grundlegende Fragen

Wann wird eine FRUCHTWASSERUNTERSUCHUNG empfohlen – und welche Gefahr birgt sie?

Vor allem bei Frauen nimmt mit zunehmendem Alter die Wahrscheinlichkeit zu, dass sich in einer ihrer Keimzellen die Erbinformation fehlerhaft verteilt. Wird eine solche Zelle befruchtet, kann der daraus reifende Mensch schwere körperliche wie geistige Schäden davontragen. Befinden sich etwa in der befruchteten Eizelle drei statt wie üblich zwei Kopien des Chromosoms 21, wachsen Kinder heran, die am Down-Syndrom leiden. Andere Erbkrankheiten gehen auf Schäden direkt an den Chromosomen zurück und führen unter anderem zu Minderwuchs und Herzfehlbildungen.

Um schon vor der Geburt solche Krankheiten zu diagnostizieren, raten Mediziner deshalb werdenden Müttern ab 35 Jahren sowie solchen, in deren Familie häufig erbliche Schäden aufgetreten sind, zu einer Fruchtwasseruntersuchung. Dazu entnimmt der Arzt nach der 14. Schwangerschaftswoche mittels einer dünnen Nadel zehn bis 20 Milliliter Fruchtwasser und untersucht darin schwimmende Zellen des Fötus auf Chromosomenschäden.

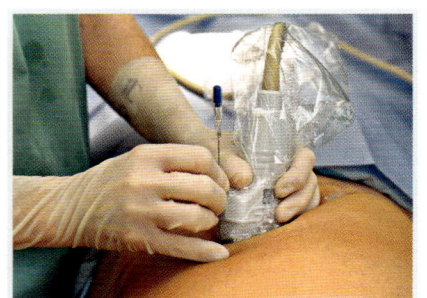

Bereits bei Ungeborenen kann man Chromosomenschäden feststellen – dazu muss ein Arzt der Schwangeren Fruchtwasser entnehmen

Dank dieser Methode vermögen Ärzte solche Schäden mit einer Sicherheit von 99 Prozent festzustellen. Doch das Verfahren ist nicht ohne Risiko: Es kann zu Fruchtwasserverlust, schwachen Blutungen oder einer Infektion kommen. Gelegentlich klagen Frauen auch über wehenartige Schmerzen. Nach einer bis zwei von 200 Fruchtwasseruntersuchungen kommt es sogar zu einer Fehlgeburt.

Im August 2008 haben US-Forscher nun einen neuen Test vorgestellt, mit dem sich Chromosomenschäden bei Embryonen in Zukunft wohl völlig risikolos diagnostizieren lassen. Dafür reichen einige Tropfen Blut der Mutter, in dem auch winzige Mengen embryonalen Erbguts enthalten sind. Mittels moderner molekularbiologischer Verfahren vervielfältigen Wissenschaftler diese Informationen millionenfach und können so eine etwaige Häufung von Erbmaterial erkennen, beispielsweise des Chromosoms 21.

Die Methode ist allerdings noch in der Erprobungsphase und wird wohl erst in einigen Jahren breit angewendet werden.

Sollte ich mein Kind nach der Geburt auf ERBKRANKHEITEN untersuchen lassen?

Auch wenn Schwangerschaft und Geburt ohne Komplikationen abgelaufen sind, sollten Säuglinge früh auf behandelbare Erbkrankheiten getestet werden. Dazu entnimmt der Arzt dem Kind einige Tropfen Blut. Anhand bestimmter Eiweiße und anderer Moleküle, die im Blut vorkommen, kann er erkennen, ob das Baby an einer angeborenen Stoffwechsel- oder Hormonstörung leidet. Eine solche Krankheit (die im Durchschnitt bei einem von 1000 Kindern vorkommt) kann Organe schädigen, zu körperlichen und geistigen Behinderungen und sogar zum Tod führen. Die Behandlung muss daher sofort beginnen.

Zu diesen Erbkrankheiten gehört das Adrenogenitale Syndrom. AGS löst eine frühe Pseudopubertät aus, Mädchen vermännlichen zudem. Dagegen hilft eine Kortisontherapie. Auch die Folgen einer angeborenen Schilddrüsenunterfunktion sowie der „Galaktosämie" (Einschränkungen beim Zuckerstoffwechsel) lassen sich durch eine rasche Behandlung mildern.

Möglicherweise werden in einigen Jahren zum Screening-Programm auch Tests gehören, die das Erbmolekül DNS auf Defekte untersuchen. In Deutschland wird derzeit beraten, ob ein Gentest zur Früherkennung der Stoffwechselstörung Mukoviszidose eingeführt werden soll. Denn die Lebenserwartung der etwa 300 Babys, die jedes Jahr in Deutschland mit dieser Erkrankung zur Welt kommen, hängt vom Zeitpunkt des Befundes ab.

Ärzte, Wissenschaftler und Politiker sind sich jedoch darin einig, dass Kinder nicht auf Erbanlagen für Krankheiten untersucht werden dürfen, die erst im Erwachsenenalter ausbrechen – und die sich nicht präventiv behandeln lassen.

Denn die Betroffenen sollen zumindest eine unbeschwerte Kindheit erleben.

Wenige Tropfen Blut genügen, um ein Kind auf Erbkrankheiten zu untersuchen

Wodurch kommt es zum plötzlichen KINDSTOD?

Manche Babys sterben unerwartet – und scheinbar ohne Grund: Sie sind weder krank, noch zeigen sie Anzeichen einer körperlichen Schwäche. Ganz unvermittelt im Schlaf hören sie auf zu atmen, ihr Herzschlag setzt aus. Sie werden bewusstlos und ersticken.

Der plötzliche Kindstod ist die häufigste Todesart in den ersten Lebensmonaten jenseits des Neugeborenen-Alters, etwa 300 Säuglinge sterben jährlich daran in Deutschland. Doch noch immer haben Mediziner die Ursachen des mysteriösen Syndroms nicht vollständig aufklären können. Immerhin kennen sie mittlerweile einige Umstände, die mit einem erhöhten Kindstodrisiko verbunden sind.

Ärzte empfehlen, Babys während des ersten Lebensjahres stets auf dem Rücken schlafen zu lassen; die Bauchlage steigert die Erstickungsgefahr um das Neunfache. Zudem sollten Säuglinge so ins Bett gelegt werden, dass ihr Kopf nicht von Kissen, Decken oder Kuscheltieren bedeckt werden kann. Die Gefahr einer Atemblockade besteht auch dann, wenn das Baby zu warm zugedeckt ist oder eine Mütze trägt, die verhindert, dass der Körper genügend Wärme abgibt. Weitere Risikofaktoren sind: Rauchen in der Schwangerschaft, Nicht-Stillen des Babys.

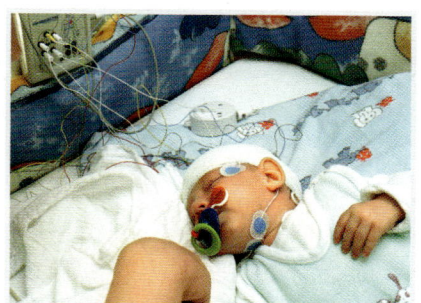

In einem Schlaflabor der Kinderklinik Jena untersuchen Mediziner, was zum plötzlichen Kindstod führen kann

US-Forscher fanden heraus, dass die Gefahr, plötzlich zu sterben, deutlich sinkt, wenn Säuglinge nach dem ersten Monat mit einem Schnuller im Mund einschlafen. Der Grund dafür ist bislang unklar. Andere Studien belegen zudem, dass das Risiko für Babys, die im Zimmer ihrer Eltern schlafen, im Vergleich zu allein schlafenden Kindern um 80 Prozent niedriger ist.

Umstritten ist allerdings, ob Eltern ihre Babys ins eigene Bett nehmen sollten. Zwar können Mütter sie dort bequem stillen, aber die Kinder sind in Gefahr, von den Eltern im Schlaf erdrückt zu werden. Experten raten daher, den Säugling in ein eigenes Bett dicht an das der Mutter zu legen – vorausgesetzt, die Eltern rauchen nicht: Denn die Lungen von Babys reagieren besonders empfindlich auf Tabakqualm in Kleidung oder Haaren der Eltern.

Wie kann ich mein Kind besser vor ALLERGIEN schützen?

Zu den häufigsten chronischen Erkrankungen bei Kindern zählen Allergien. Das Immunsystem reagiert dabei überschießend auf vermeintliche Krankheitserreger wie etwa pflanzliche oder tierische Eiweiße, die für den Organismus eigentlich ungefährlich sind. Die Symptome solcher Fehlreaktionen reichen von Heuschnupfen über starke Hautreizungen bis hin zu Asthma.

Die Möglichkeit, eine Allergie zu entwickeln, wird von den Eltern an ihre Kinder vererbt. Leiden Vater und Mutter an der gleichen Allergie, wird ihr Kind mit einer Wahrscheinlichkeit von über 60 Prozent ebenfalls daran erkranken. Ist *ein* Elternteil Allergiker, beträgt das Risiko für den Nachwuchs etwa 30 Prozent.

Doch selbst bei genetischer Veranlagung können Eltern ihre Kinder vor Allergien schützen. So empfehlen Ärzte, Säuglinge vier bis sechs Monate voll zu stillen und nie in Gegenwart von Kleinkindern zu rauchen. Zudem sollten genetisch vorbelastete Kinder gerade in den ersten Lebensjahren nicht mit Hunden, Katzen und anderen Felltieren im Haushalt aufwachsen.

Bei Verdacht auf eine Allergie ist es möglich, Kinder schon im Säuglingsalter testen zu lassen. Mithilfe einer Blutuntersuchung wird festgestellt, ob das Immunsystem bereits Abwehrstoffe gegen bestimmte Allergene gebildet hat. So können Eltern frühzeitig reagieren. Treten Symptome auf – etwa bei einer Unverträglichkeit gegen ein bestimmtes Nahrungsmittel –, sollten sie die Ernährung des Kindes umstellen.

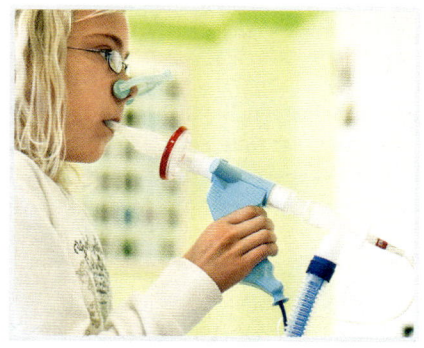

Allergisches Asthma entsteht durch eine Fehlfunktion des Immunsystems. Mit einem Atemtest können Ärzte die Krankheit erkennen

Das bislang einzige Verfahren, nicht nur die Symptome zu verringern, sondern auch die Wahrscheinlichkeit einer Asthma-Erkrankung zu reduzieren, ist die Hyposensibilisierung. Sie wird jedoch in der Regel erst ab dem 6. Lebensjahr empfohlen. Dabei wird den Betroffenen immer wieder das entsprechende Allergen gespritzt oder als Tablette unter die Zunge gelegt – so lange, bis das Abwehrsystem den Stoff irgendwann toleriert und nicht mehr so stark auf ihn reagiert.

In Deutschland ist die Zahl der Kinder mit Allergien in den vergangenen Jahrzehnten deutlich gestiegen. Das könnte auch an immer größerer Hygiene liegen: Die meisten Kinder wachsen in einer an Keimen eher armen Umgebung auf – ihre Körper müssen sich immer seltener mit Bakterien, Viren und Würmern auseinandersetzen. Dadurch wird das Immunsystem unzureichend trainiert und reagiert selbst auf harmlose Substanzen.

Dagegen erkranken Kinder, die auf Bauernhöfen aufwachsen, seltener an Neurodermitis, Heuschnupfen oder Asthma. Vermutlich kommen sie in der ländlichen Umgebung – vor allem in den Ställen und beim Trinken unpasteurisierter Milch – häufiger mit Bestandteilen von Keimen in Kontakt. Auch Heranwachsende, die schon frühzeitig eine Kindertagesstätte besuchen, sind weniger anfällig für Allergien: Der Umgang mit anderen Spielkameraden sorgt für einen regen Austausch von Mikroben.

Ist mein Baby ein **SCHREIKIND** – und wie kann ich es beruhigen?

Alle Babys schreien gelegentlich. Sie beklagen sich zum Beispiel, wenn sie Hunger haben oder frieren, wenn die Windel voll ist, sie Angst oder Schmerzen haben. Manche Säuglinge plärren jedoch besonders häufig, stundenlang und zudem ohne ersichtlichen Grund. Schreien sie mehr als drei Stunden pro Tag, an mehr als drei Tagen in der Woche und mindestens drei Wochen lang, nennen Ärzte sie „Schreibabys". Oft brüllen diese Kinder nachmittags und in der ersten Nachthälfte. Dabei ballen sie ihre Hände zu Fäusten, ziehen ihre Beine an, haben ein gerötetes Gesicht und einen harten Bauch.

Im ersten Vierteljahr des Lebens gilt etwa jeder achte bis zehnte Säugling als Schreibaby. Zwei Drittel der Kinder hören bis zum vierten Monat mit dem übermäßigen Gebrüll auf. Und nur ganz wenige schreien noch im sechsten Monat derart viel.

Die Ursachen dieses Symptoms sind bis heute nicht gut bekannt. Entgegen den Erwartungen scheinen nur wenige Schreikinder an Schmerzen infolge von Krankheiten zu leiden, wie etwa Milchunverträglichkeit oder Sodbrennen. Manche Forscher vermuten hinter dem Phänomen viel eher eine Überreizung des reifenden Gehirns. Womöglich kann das Denkorgan die Flut der ständig einströmenden Reize noch nicht verarbeiten und wird überlastet. Die Säuglinge müssen erst noch lernen, aus dem scheinbaren Chaos um sie herum wichtige Geräusche und Bilder (etwa die Stimme und das Gesicht der Mutter) von unwichtigen zu trennen.

Um ihr Baby zu beruhigen, sollten Eltern es daher nicht mit weiteren Reizen konfrontieren, ihm also kein lärmendes Spielzeug zeigen, ihm nicht auf den Rücken klopfen oder sich hektisch bewegen. Experten raten vielmehr dazu, leise mit dem Kind zu sprechen, ihm etwas vorzusingen oder es ganz ruhig zu schaukeln. Auch sanfte Streicheleinheiten oder ein Schnuller lassen viele Säuglinge zur Ruhe kommen. Manchen Kindern hilft es auch, wenn sie nicht in einem völlig dunklen Zimmer liegen und sie ihre Eltern im Nebenraum sprechen hören.

Wenn jedoch ein Säugling nach sechs Monaten immer noch derart viel schreit oder spuckt, vielleicht sogar Schlafstörungen, Fieber oder Durchfall hinzukommen, sollten Eltern mit ihm unbedingt zum Arzt gehen.

Wenn Säuglinge ohne ersichtlichen Grund stundenlang schreien, überfordern möglicherweise zu viele Reize das kindliche Gehirn

Leidet mein Kind an **ADHS**?

Die Aufmerksamkeits-Defizit-Hyperaktivitäts-Störung, kurz ADHS, ist die häufigste psychische Erkrankung im Kindes- und Jugendalter. Zwei bis sechs Prozent aller Kinder in Deutschland leiden darunter; Jungen drei- bis neunmal öfter als Mädchen (die Angaben schwanken je nach Diagnosekriterium erheblich). Den Betroffenen fällt es schwer, sich auf nur eine Aufgabe zu konzentrieren und angefangene Projekte zu beenden. Sie lassen sich leicht ablenken, vergessen Termine und wirken oft verträumt.

Bis heute gibt es keine eindeutige Erklärung für die Symptome. Die Mehrzahl der Forscher nimmt an, dass die Botenstoffe Dopamin, Serotonin und Noradrenalin in einigen Bereichen des Gehirns der Betroffenen nicht im normalen Gleichgewicht zueinander stehen. Psychosoziale Faktoren wie eine ungünstige familiäre Situation können die Auffälligkeiten verstärken und den Verlauf der Erkrankung beeinflussen.

Offenbar spielen auch genetische Ursachen eine Rolle. So sind die Eltern eines „Zappelphilipps" häufig selbst hyperaktiv. Wo allerdings die Grenze zwischen besonders lebhaft und gestört zu ziehen ist, vermögen Ärzte nicht immer eindeutig festzustellen. Klar ist: ADHS verläuft oft chronisch und ist schwer zu behandeln.

Bei jungen Patienten mit nicht so stark ausgeprägten Symptomen empfehlen Ärzte zunächst eine Verhaltenstherapie, die Eltern und möglichst auch Lehrer einbezieht. Hilft das nicht oder ist die Situation des Kindes so dramatisch, dass etwa ein Schulwechsel droht, sollten zusätzlich Arzneimittel eingenommen werden.

Die besten Behandlungserfolge versprechen dann Medikamente, die den Wirkstoff Methylphenidat enthalten. Er erhöht die Menge des verfügbaren Botenstoffes Dopamin und verbessert auf diese Weise die Fähigkeit zur Selbststeuerung. Das ermöglicht vielen Kindern erst, sich halbwegs zu konzentrieren und so für eine andere Therapieform empfänglich zu sein.

Da etwa jedes zweite an ADHS erkrankte Kind auch noch als Erwachsener an den Symptomen leidet, ist es dann wichtig, die eigenen Stärken (etwa starker Gerechtigkeitssinn, Fürsorge für Schwächere, Kreativität, Verhandlungsgeschick, rhetorische und sprachliche Fähigkeiten) zu kennen und sie bei der Berufswahl zu nutzen.

Ein Kind mit ADHS kann sich kaum konzentrieren. Vermutlich ist bei Betroffenen die Balance verschiedener Botenstoffe in Teilen des Gehirns gestört

Wann sollte ich Hilfe bei einem SPRACHTHERAPEUTEN suchen?

Bereits mit einem Jahr fangen die meisten Kinder an, erste Wörter zu sprechen, und manche Zweijährige beherrschen schon 450 verschiedene Begriffe. Doch nicht alle Heranwachsenden lernen derart rasch: Jedes Kind erreicht die Stufen der Sprachentwicklung mit ganz eigenem Tempo. Selbst wenn ein Zweijähriger nur 50 Worte gebraucht, ist das noch kein Anlass zur Sorge. Eltern sollten die weitere Entwicklung beobachten, aber in der Regel holen Kinder solch einen sprachlichen Rückstand völlig problemlos auf.

Erst wenn sie mit drei bis vier Jahren noch immer keine rechte Lust zeigen, sich verbal zu äußern, wenn sie überwiegend schweigen, auf sprachliche Aufforderungen nicht reagieren oder wenn sie auffallend anders sprechen als andere Kinder im gleichen Alter, liegt mit hoher Wahrscheinlichkeit eine Sprachentwicklungsstörung vor. Fünf bis zehn Prozent der deutschen Erstklässler leiden darunter. Diese Kinder haben häufig einen sehr eingeschränkten Wortschatz, starke Grammatikschwächen, eine fehlerhafte Aussprache oder erhebliche Verständnisprobleme. Sie sollten von einem Logopäden oder Sprachtherapeuten behandelt werden.

Logopäden versuchen, Sprechfehler von Kindern spielerisch zu korrigieren

Reine Sprechstörungen wie das Stottern oder das sogenannte Poltern, bei dem etwa Teile eines Wortes ausgelassen oder umgestellt werden, sind vergleichsweise einfach zu beheben. Hilfreich ist es zum Beispiel, wenn betroffene Kinder mit Handpuppen spielen und dabei reden: Sie schlüpfen in fremde Rollen und stottern weniger oder gar nicht mehr.

Vor allem aber raten Experten dazu, ein Kind beim Sprechenlernen nicht unter Druck zu setzen. Stress verdirbt die Freude an der Sprache – und mindert die Motivation, an sich zu arbeiten. Vielmehr sollten Eltern beobachten, was ihrem Kind Spaß macht, und versuchen, Sprache mit Spielerischem zu kombinieren. Etwa indem sie mit ihm um die Wette reimen, Zungenbrecher einüben oder mit ihm etwas Abenteuerliches erleben und ganz unbefangen darüber reden.

Bei den meisten Kindern setzt die natürliche Sprachentwicklung dann von allein ein.

Soll ich meinen Nachwuchs IMPFEN lassen?

Manche Eltern impfen ihre Kinder nicht, weil sie der Ansicht sind, Krankheiten wie Mumps, Masern und Windpocken würden den sich entwickelnden Geist und Körper stärken. Einige Erziehungsberechtigte befürchten zudem, dass die Nebenwirkungen einer Impfung gefährlicher sind als die Krankheit selbst. Bislang jedoch sprechen alle wissenschaftlichen Untersuchungen gegen diese Vermutungen.

So liegt zum Beispiel das Risiko, an Masern zu erkranken, für ein Kind ohne entsprechenden Immunschutz bei rund 98 Prozent – sobald der Erreger etwa in der Schule, dem Kindergarten oder in der Spielgruppe auftritt. Eines von 1000 infizierten Kindern erleidet eine Gehirnentzündung, jedes sechste Kind stirbt an deren Folgen. Jedes vierte Kind trägt bleibende geistige Schäden davon. Eine Masernimpfung dagegen führt nur in einem von einer Million Fällen zu einer Gehirnentzündung.

Mittlerweile haben wissenschaftliche Studien auch jene Befürchtung der Impfgegner widerlegt, Immunisierungen würden das Risiko für Autismus, Diabetes oder den plötzlichen Kindstod erhöhen. Außerdem: Je mehr Kinder gegen gefährliche Krankheiten immunisiert werden, desto besser sind auch diejenigen geschützt, die aufgrund einer Immunschwäche nicht geimpft werden dürfen. Denn nur wenn große Teile der Bevölkerung gegen die entsprechenden Bakterien und Viren immun sind, können Epidemien verhindert werden, die insbesondere für Kinder mit geschwächtem Abwehrsystem lebensbedrohlich sind.

Mitte 2006 erweiterte die Ständige Impfkommission des renommierten Berliner Robert-Koch-Instituts für Krankheitsüberwachung und Prävention sogar die Liste jener Erreger, vor denen Kinder geschützt werden sollten: Seither gehören Impfungen gegen Pneumokokken und Meningokokken – Bakterien, die etwa Lungenentzündung und Hirnhautentzündung verursachen – zur sogenannten Grundimmunisierung. Mit dieser Serie von Standardimpfungen wird das Kind unter anderem auch vor Kinderlähmung, Diphtherie, Mumps, Keuchhusten und Röteln bewahrt.

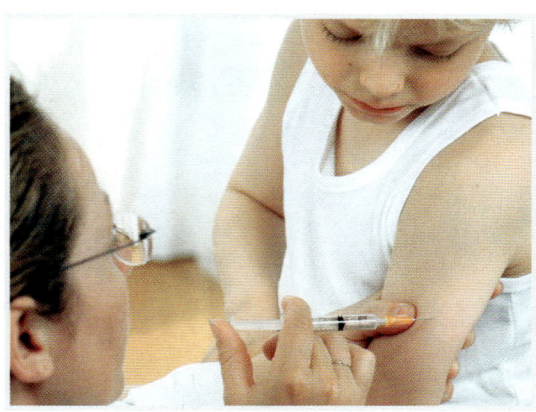

Kinder ohne Impfschutz gefährden ihre Altersgenossen, da sie schnell zu Überträgern von Krankheiten werden

Um Kinder schon in den ersten Jahren ausreichend zu schützen, empfiehlt die Kommission, bereits nach dem zweiten Lebensmonat mit der Grundimmunisierung zu beginnen, die im Alter von 14 Monaten abgeschlossen wird. Allerdings wirken nicht alle Impfungen ein Leben lang. Die Immunisierung gegen Tetanus etwa – eine oft tödlich verlaufende Infektion – muss alle zehn Jahre aufgefrischt werden. □

Texte: Johannes Kückens, Jochen Steiner, Sebastian Witte

Vorschau

Mehr als 1300 Patente meldete Thomas Alva Edison bis zu seinem Tod 1931 an – darunter eines für die erste brauchbare Glühbirne

GEOkompakt Nr. 18 erscheint am 11. März 2009

DIE 100 GRÖSSTEN ERFINDUNGEN

Die Geschichte der Innovation – von der Steinzeit bis heute

Bisher erschienen:

GEBURT DER ERDE Als sich der Blaue Planet formte

DER KÖRPER Wie er sich entwickelt, wie er funktioniert

TECHNIK Nanoroboter, Megajets, denkende Häuser

EVOLUTION DES MENSCHEN Woher *Homo sapiens* kam

GEHEIMNIS NATUR Das Leben der Tiere und Pflanzen

DAS UNIVERSUM Urknall, Galaxien, Leben im All

GENE Wie das Erbgut Körper und Verhalten steuert

DIE URZEIT Panzertiere, Dinosaurier, Terrorvögel